Understanding the Modern MICE Industry

Meeting, Incentive, Convention, Exhibition

현대 MICE산업의 이해

홍성화·서광용·김은미·장미연·김미경 공저

(주)백산출판사

머리말

오늘날 글로벌 경제와 관광산업의 핵심 성장 동력으로 자리 잡은 MICE산업은 회의(Meeting), 인센티브(Incentive), 컨벤션(Convention), 전시(Exhibition)의 네 가지 요소로 구성되며, 단순한 행사 기획과 운영을 넘어 국가 경제와 도시 브랜드 강화, 국제 협력과 산업 발전에 중추적인 역할을 하고 있다. 특히, 4차 산업혁명과 디지털 기술의 발전에 따라 MICE산업은 빠르게 변화하고 있으며, 단순한 이벤트 운영을 넘어 차별화된 콘텐츠와 융복합 전략을 통해 새로운 가치 창출이 요구되는 시대가 되었다.

이 책은 MICE산업에 대한 전반적인 개념과 함께 실무적인 접근 방식을 통해 이 분야를 보다 깊이 있게 이해할 수 있도록 구성하였다. 학문적 연구뿐만 아니라 실무적인 관점에서 MICE산업을 바라보고, 변화하는 시장 환경에 대응할 수 있는 전략과 사례를 제시함으로써 독자들이 MICE산업을 체계적으로 이해하고 실질적인 지식을 쌓을 수 있도록 돕고자 한다.

1장에서는 MICE산업의 개념과 그 중요성을 다루며, 이 산업이 단순한 이벤트 기획을 넘어 지역경제 활성화, 도시 마케팅, 관광산업과의 연계를 통해 국가 경제에 미치는 영향을 살펴본다. 또한, 글로벌 경쟁력을 갖춘 MICE산업으로 성장하기 위해서는 차별화된 서비스 제공과 참가자 경험을 극대화하는 전략이 필수적임을 설명한다.

2장에서는 MICE산업의 성장을 뒷받침할 수 있는 통계적 접근을 다루며, 정확한 통계 데이터가 정책 수립과 전략적 의사결정에 어떤 역할을 하는지 분석한다. MICE산업이 국가적인 지원을 받으며 핵심산업으로 성장하기 위해서는 객관적인 데이터를 기반으로 한 정책적 근거가 필요하다. 따라서 통계 자료를 통해 MICE산업 현황을 알아보고 국제회의산업 육성 정책을 소개한다.

3장에서는 MICE산업에서 융복합 전략이 어떻게 적용되고 있는지를 설명한다. 융복합 전략은 단순한 행사 운영을 넘어 최신 기술, 서비스, 콘텐츠를 결합하여 참가자에게 더욱 풍부하고 차별화된 경험을 제공하는 데 초점을 맞춘다. 이를 통해 MICE산업이 더욱 창의적이고 혁신적인 방향으로 확장될 수 있음을 설명한다.

4장에서는 MICE 행사의 기획 과정과 이를 성공적으로 운영하기 위한 필수 요소들을 다룬다. 철저한 시장 조사와 타깃 설정을 통해 행사 목표를 명확히 수립하고, 예산 편성, 일정 조정, 협력업체 선정 등 체계적인 접근이 필요함을 설명한다. 최근 디지털 기술의 발전으로 인해 하이브리드 이벤트와 스마트 MICE가 확산되면서, 온라인 플랫폼을 활용한 차별화된 경험 제공이 필수적인 요소로 자리 잡고 있으며, 이러한 변화 속에서 창의적인 프로그램 기획이 더욱 중요해지고 있다.

5장에서는 MICE산업의 유치 전략과 마케팅 방법에 대해 설명한다. 세계 각국이 MICE산업을 중요한 성장 동력으로 인식하고 적극적으로 투자하는 가운데, 성공적인 유치를 위해서는 국가 및 지방정부, 컨벤션뷰로, 기업들이 전략적인 협업을 통해 효과적인 마케팅을 전개해야 한다. 온라인 및 SNS를 활용한 마케팅, B2B 및 B2C 마케팅 전략 등을 통해 글로벌 경쟁력을 확보하는 방법을 소개한다.

6장에서는 컨벤션 시설의 중요성을 다룬다. MICE 행사를 성공적으로 운영하기 위해서는 회의장, 전시장, 부대시설 등 다양한 요소를 고려해야 하며, 시설의 규모와 서비스 차별성이 경쟁력을 결정짓는 중요한 요소가 된다. 국내외 주요 컨벤션센터의 사례를 분석하며, 지역 경제와 MICE산업의 시너지 효과를 창출할 수 있는 운영 전략을 제안한다.

7장과 8장에서는 인센티브 투어와 전시회의 역할을 중점적으로 다루고 있다. 인센티브 투어는 참가자의 동기부여와 팀워크 강화를 통해 기업 성과를 향상시키는 중요한 요소로 작용하며, 전시회는 단순한 판매 공간이 아닌 기업의 장기적인 마케팅 전략으로 활용될 수 있는 가능성을 가지고 있다.

9장과 10장에서는 MICE산업의 핵심 조직인 컨벤션뷰로(CVB)와 현지운영대행사(DMC)의 역할을 설명한다. CVB는 MICE 행사의 유치 및 홍보를 담당하며, DMC는 행사 운영과 지역 네트워크를 활용한 맞춤형 서비스를 제공한다. 성공적인 MICE 행사를 위해서는 이러한 기관들의 역할과 협력이 필수적이다.

11장에서는 MICE산업에서의 협상과 계약에 대해 다루고 있다. 회의 기획자, 주최측, 서비스 제공업체 간의 협상은 행사 성패를 좌우하는 중요한 요소이며, 계약이 체결되면 각 주체의 권리와 의무가 명확하게 규정된다. 효과적인 협상 전략과 계약 체결 시 고려해야 할 사항들을 정리한다.

12장과 13장에서는 MICE산업에서 차별화된 경험을 제공하는 유니크 베뉴(Unique Venues)와 최신 미팅테크놀로지의 활용 방안을 살펴본다. 유니크 베뉴는 전통적인 컨벤션 시설과 차별화된 공간 경험을 제공하여 참가자들에게 더욱 인상적인 기억을 남기고, 지역 경제 및 관광 활성화에도 기여한다. 또한, 미팅테크놀로지는 AI, IoT, VR · AR 등의 기술이 하이브리드 행사에서 중요성을 더해가고 있으며, 효율적인 행사 운영과 참가자 경험 향상을 위한 필수 요소로 자리 잡고 있다.

14장에서는 비즈니스 이벤트의 개념과 역할을 조명한다. 비즈니스 이벤트는 단순한 행사 개최를 넘어 무역, 경제 개발, 투자 유치 등 다양한 산업적 가치를 창출하는 중요한 활동으로 인식되고 있다. 글로벌 시장에서 경쟁력을 확보하기 위한 비즈니스 이벤트의 전략과 사례를 분석한다.

마지막으로, 15장에서는 최근 주목받고 있는 ESG 경영과 MICE산업의 지속 가능한 발전 방향을 설명한다. 환경 보호, 사회적 책임, 윤리적 경영을 고려하는 ESG 전략이 MICE산업에서도 중요한 요소로 자리 잡고 있으며, 지속 가능한 행사 운영과 친환경적 접근 방식이 강조되고 있다.

이 책은 MICE산업을 공부하는 학생, 업계 종사자, 정책 결정자, 그리고 새로운 비즈니스 기회를 모색하는 기업 관계자들에게 유용한 정보를 제공하고자 한다. 빠르게 변화하는 MICE산업의 환경 속에서 경쟁력을 갖추고 성공적인 전략을 수립할 수 있도록 본서가 의미 있는 길잡이가 되기를 바란다.

2025년

저자

차례

Chapter 4 MICE 기획 / 53

Chapter 5 MICE 유치와 마케팅 전략 / 83

Chapter 6 국내외 주요 전시컨벤션센터 / 105

Chapter 7 인센티브 투어 / 129

현대 MICE
산업의 이해

CHAPTER

1

MICE산업의 이해

Meeting

Incentive

Convention

Exhibition

CHAPTER

01 MICE산업의 이해

1. MICE의 등장 배경 및 정의

세계화가 가속화됨에 따라 국가 경계를 넘어서는 복잡한 이슈들이 증가했으며, 이를 해결하기 위한 국제적인 논의와 협력의 필요성이 커졌다. 이러한 상황에서 국제적 모임과 행사가 다양한 분야에서 활성화되었다. 초기에는 정부 간 회의가 주요 역할을 담당했지만, 학술 학회, 산업 협회, 기업 회의 등으로 점차 범위가 확장되었고, 이를 통해 컨벤션 산업이 글로벌 비즈니스의 중요한 축으로 자리 잡게 되었다.

컨벤션은 처음에는 올림픽, 월드컵, 세계박람회와 같은 메가이벤트 중심으로 발전했으나 단순히 대규모 국제행사의 개최를 넘어 각 국가와 도시가 경쟁적으로 컨벤션을 유치하면서 산업의 영역이 급속히 확장되었다. 이러한 경쟁에서 핵심 역할을 한 것은 컨벤션뷰로(CVB)와 컨벤션센터였다. 도시별로 컨벤션뷰로를 설립하고 최신 시설을 갖춘 컨벤션센터를 운영하며, 국제적인 행사 유치 및 주최 능력을 갖추기 위해 노력했다.

그러나 컨벤션 산업은 점차 대형화와 다양화의 흐름 속에서 변화와 융합을 요구받았다. 다양한 형태의 산업과 교류가 결합되면서, 기존의 컨벤션과 전시산업의 경계를 넘어 새로운 통합 개념으로 자리 잡은 것이 바로 MICE이다.

MICE는 글로벌 산업의 발전을 주도하는 4가지 주요 구성요소를 포함하며, 각각 다음과 같이 정의된다.

MICE 구성요소

구성요소	정의	주요 특징	사례
Meetings (회의)	기업, 학술기관, 협회, 정부 등이 특정 목적을 가지고 모이는 행사 (예: 포럼, 심포지엄, 워크숍, 세미나, 컨퍼런스)	지식 공유 및 협력 논의, 주최 도시의 이미지 상승, 지역 관광 활성화와 경제적 효과 창출	다보스 포럼(World Economic Forum) : 글로벌 경제와 환경 문제를 논의하는 연례 회의로 스위스 다보스에서 개최, 지역 이미지 제고와 경제적 효과 발생
Incentive Tour (포상관광)	기업이 성과를 달성한 직원, 고객, 협력업체 등을 대상으로 포상 차원의 관광 활동을 제공	직원 동기부여, 팀워크 및 조직 유대감 강화, 기업 내부 교육 및 신입사원 연수 등 다양한 행사 포함	애플사의 포상관광 프로그램 : 성과 우수 직원 대상 해외 리조트 관광 제공, 직원 동기 강화 및 조직 충성도 향상
Convention (국제회의)	특정 주제를 중심으로 한 전문가들의 모임으로 심층적인 논의와 정보 교환이 이루어지는 행사	회의 외에도 전시회, 문화 이벤트, 네트워킹 프로그램 결합. 참가자들이 지역 관광자원을 즐길 수 있는 프로그램 제공	UN 기후변화회의(COP) : 각국 대표가 모여 기후변화에 대한 정책과 행동을 논의, 개최 지역의 국제적 인지도와 경제적 파급효과 창출
Exhibition (전시)	기업, 협회, 정부 등이 제품, 서비스, 기술 등을 전시하여 참관객과 공유하는 행사	신제품 소개 및 시장 개척, 브랜드 이미지 강화. 체험형 및 디지털 전시 확대, 지속 가능성과 친환경 트렌드 도입	CES(Consumer Electronics Show) : 신기술과 제품 발표의 글로벌 전시회, 참가 기업은 신제품 시장 진입, 참관객은 최신 기술 동향 확인

출처 : 선행연구를 통해 저자 재정리

2. MICE산업의 구조

MICE산업은 다양한 이해관계자와 기관이 복합적으로 얽혀서 작동하는 구조를 가지고 있으며, 이를 이해하기 위해서는 관련 단체와 기업의 역할을 명확히 정의하는 것이 중요하다. UNWTO(세계관광기구)는 "Global Meeting Initiative, Volume 1: Basic Concepts and Definitions"에서 MICE산업과 관련된 단체들을 세 가지 주요 범주로 나누고 있다. 이러한 범주는 MICE산업을 구성하는 핵심 요소를 이해하는 데 중요한 틀을 제공하며, 각각의 범주가 산업 전반에 걸쳐 어떻게 기여하고 있는지 살펴볼 필요가 있다.

첫 번째로, MICE산업에서 가장 기본적이고 핵심적인 역할을 하는 범주는 컨벤션, 콩그레스, 컨퍼런스, 세미나, 전시회, 박람회 등 다양한 형태의 행사를 직접 기획하고 운영하는 단체들이다. 이들은 MICE 행사의 성공적인 개최를 위해 목표를 설정하고, 참가자를 모집하며, 프로그램을 설계하는 역할을 담당한다. 또한, 행사 기획 단계부터 예산 관리와 스폰서십 유치, 그리고 효과적인 홍보 전략 수립까지 책임진다. 컨벤션뷰로(CVB)와 같은 지역 기반 조직은 국제적인 행사 유치를 위해 이 범주에 속하며, 해당 지역의 브랜드 이미지를 높이고 경제적 가치를 창출하는 데 중요한 역할을 한다.

두 번째 범주는 MICE 참가자들에게 필요한 인프라와 서비스를 제공하는 기업들이다. 이들은 컨벤션센터, 호텔, 전시공간 같은 물리적 시설을 제공할 뿐 아니라, 숙박, 교통, 관광 프로그램과 같은 부가 서비스를 통해 참가자 경험을 최적화한다. 특히, 숙박과 관광 서비스는 MICE 참가자들의 편의를 도모할 뿐 아니라, 개최 지역의 경제적 이익을 극대화하는 데 중요한 기여를 한다. 예를 들어, 대규모 국제회의나 전시회를 위해 맞춤형 공간을 설계하거나, 참가자들에게 지역 문화를 체험할 수 있는 관광 프로그램을 제공하는 것이 이러한 범주의 주요 역할이다.

세 번째로, MICE 행사 운영에 필수적인 서비스를 제공하는 업체들이 있다. 이들은 음향, 조명, 영상 등 기술적 설비를 지원하며, 케이터링, 통번역 서비스 등 행사의 원활한 진행을 보조한다. 이들 업체는 행사 현장에서 실질적인 운영을 담당하며, MICE 행사 경험을 참가자들에게 효과적으로 전달하기 위한 기술적, 물리적 지원을 제공한다. 이러한 서비스는 행사 품질을 높이고, 참가자 만족도를 극대화하는 데 있어 필수적이다.[1)]

3. MICE관련 이해관계자와 역할

MICE산업 구조를 더 세부적으로 분석하면, 이 산업에 참여하는 이해관계자를 크게 MICE 개최자, 공급자, 중간구매자, 참가자로 구분할 수 있다. 각 주체는 MICE산업의 성공에 기여하며, 이들 간의 유기적인 상호작용은 전체 산업의 효율성을 결정짓는 요소가 된다(이영주, 2020).

1) UNWTO(세계관광기구), Global Meeting Initiative, Basic Concepts and Definitions, Volume 1(부분 재인용)

MICE 개최자는 MICE 행사의 기획과 운영을 총괄하는 중심 역할을 담당한다. 이들은 기업, 협회, 정부기관, 학회, 시민단체 등 다양한 형태를 가지며, 행사를 직접 주최하거나 후원자의 역할을 맡기도 한다. 예를 들어, 기업은 인센티브 투어나 내부 회의를 통해 직원들의 동기를 부여하고 조직 내 소통을 촉진하며, 지식과 정보를 공유하는 기회를 제공한다. 협회는 회원사들의 공통된 목적을 달성하기 위해 MICE 행사를 활용한다. 정보 교환, 교육, 단합과 같은 목적을 위해 MICE 행사를 개최하며, 이를 통해 협회의 활동 범위를 확장하고 회원사의 만족도를 높인다. 정부기관은 국가 또는 지역의 정책적 목표를 달성하기 위해 MICE 행사를 활용한다. 주민 공청회부터 국제 정책 협의회까지 다양한 형태의 행사를 주최하며, 이러한 행사는 개최 지역의 국제적 인지도를 높이고 지역 경제를 활성화하는 데 기여한다.

MICE 공급자는 MICE 행사를 위해 필요한 인프라와 다양한 서비스를 제공한다. 이들은 컨벤션센터, 전시공간, 숙박시설과 같은 물리적 인프라를 제공하는 동시에, 관광 프로그램이나 교통 지원 같은 서비스도 함께 제공한다. 이러한 공급자들은 행사의 성공 여부에 결정적인 역할을 하며, 특히 대규모 행사의 경우 물리적 공간과 프로그램 설계의 적절성이 참가자 경험을 크게 좌우한다.

MICE 중간구매자는 MICE산업에서 공급자와 개최자를 연결하는 중개자 역할을 한다. 주로 컨벤션기획사(PCO)가 이 역할을 맡으며, 이들은 행사의 기획에서 실행까지 모든 과정을 관리한다. 중간구매자는 행사 목적에 따라 프로그램 설계, 회의 기획, 리셉션 운영, 연사 초청, 의전 관리 등 다양한 업무를 수행한다. 또한, MICE 행사에서 필요한 모든 서비스를 조율하며, 공급자와 개최자 간의 원활한 협력을 지원한다. 이들의 전문성은 행사의 성공 여부를 결정짓는 주요 요소로 작용한다.

MICE 참가자는 MICE산업 구조에서 최종 소비자로, 행사의 성격에 따라 초청 참가자와 일반 참가자로 나뉜다. 초청 참가자는 주로 연사, VIP, 전문 패널 등이 포함되며, 일반 참가자는 전시회나 박람회와 같은 공개 행사에 자유롭게 참여할 수 있다. 참가자들은 행사의 직접적인 경험을 통해 네트워킹, 정보 교류, 학습, 비즈니스 기회를 얻으며, MICE 행사가 제공하는 경제적, 사회적 가치를 체감한다.

MICE 이해관계자의 정의 및 역할

구성요소	정의 및 역할	주요 특징	사례
MICE 개최자	MICE 행사의 기획과 운영을 총괄하며, 행사의 목적과 방향성을 결정하는 중심 역할을 수행	- 기업, 협회, 정부기관, 학회, 시민단체 등 다양한 주체 - 직접 행사를 주최하거나 후원자로 참여 - 행사를 통해 조직의 목표를 달성하고 경제적·사회적 가치를 창출	- 기업 : 직원 동기부여를 위한 인센티브 투어 - 협회 : 회원사의 단합과 정보 교환을 위한 컨퍼런스 - 정부기관 : 지역 경제 활성화를 위한 국제 정책 협의회
MICE 공급자	MICE 행사를 위해 물리적 인프라와 다양한 서비스를 제공	- 컨벤션센터, 전시공간, 숙박시설 등 제공 - 관광 프로그램, 교통 지원, 문화 공연 등의 서비스 포함 - 참가자 경험에 직접적 영향을 미치며, 행사의 성공 여부에 결정적 역할	- 컨벤션센터 : ICC JEJU와 같은 다목적 시설 제공 - 숙박시설 : 행사 참가자를 위한 제휴 호텔 운영 - 교통 지원 : 공항-행사장 간 셔틀 서비스 제공
MICE 중간구매자	MICE 공급자와 개최자를 연결하는 중개자 역할 수행	- 컨벤션기획사(PCO)가 주요 역할 - 프로그램 설계, 회의 기획, 연사 초청, 리셉션 운영 등 다양한 업무 수행 - 개최자와 공급자 간의 협력을 조율하고, 전문성으로 행사의 질과 성공을 좌우	- PCO : A기업의 신제품 발표회에서 연사 섭외, 행사 진행 전반을 담당 - DMC(목적지관리회사) : 행사 참가자들에게 현지 투어 프로그램 제공
MICE 참가자	MICE 행사의 최종 소비자로, 행사의 성격에 따라 초청 참가자(연사, VIP 등)와 일반 참가자(전시회 관람객 등)로 구분	- 행사의 직접적 경험을 통해 네트워킹, 정보 교류, 학습, 비즈니스 기회 등을 얻음 - 경제적, 사회적 가치를 체감하며 행사 성공 여부에 중요한 영향을 미침	- 초청 참가자 : 국제회의에서 발표를 맡은 연사 - 일반 참가자 : CES와 같은 전시회 참관객으로서 최신 기술을 경험

출처 : 선행연구를 통해 저자 재정리

4. MICE산업의 파급효과

MICE산업은 단순한 행사 개최를 넘어 정치적, 경제적, 사회문화적, 관광산업적 측면에서 다차원적인 파급효과를 창출하며, 이를 통해 도시와 국가의 발전을 견인하는 핵심 산업으로 자리 잡고 있다. 각 영역에서의 파급효과는 MICE산업의 중요성을 부각시키는 동시에, 전략적인 산업 육성의 필요성을 강조한다(한국관광공사, 2020).

1) 정치적 파급효과

MICE산업은 대규모 국제행사를 통해 개최 도시와 국가의 정치적 위상을 강화하고, 국제 관계를 공고히 하는 데 기여한다.

• **국가와 도시의 위상 강화** : 국가와 도시의 브랜드 이미지를 제고하며, 국제 사회에서의 정치적 위상을 높이는 데 큰 역할	• **외교적 관계 구축과 민간 외교 활성화** : 국가 간, 도시 간 교류의 장을 제공하며, 외교적 신뢰를 형성하고 협력을 촉진
• **정책 교류와 국제 협력 강화** : 정책 교류와 협력 관계를 심화시키며, 지속 가능한 발전 목표(SDGs) 달성을 위한 글로벌 파트너십을 강화	• **국내 정책의 통합적 발전** : 국내 정책의 통합적 발전과 도시 간 균형 발전을 이루는 데 기여

2) 경제적 파급효과

MICE산업은 경제적 측면에서 가장 두드러진 파급효과를 창출하며, 다양한 경로를 통해 지역과 국가의 경제를 활성화한다.

• **참가자 지출을 통한 경제 효과** : 숙박, 식음료, 교통, 쇼핑 등 다양한 업종에서 직접적인 매출 증가가 발생하며, 지역 경제 활성화에 크게 기여	• **고용 창출 효과** : 다양한 인력을 필요로 하며, 기획, 운영, 서비스 등 여러 분야에서 고용을 창출
• **전시산업의 직접적 매출 효과** : 제품과 서비스를 홍보하고 판매를 촉진하는 장을 제공, 글로벌 비즈니스 네트워크를 형성하고 교역을 확대하는 계기를 마련	• **지역산업과의 연계 효과** : 지역 특화 산업과 결합된 MICE 프로그램은 지역 경제의 지속 가능성과 경쟁력을 강화하는 데 기여

3) 사회 · 문화적 파급효과

MICE산업은 경제적 이익을 넘어 개최 지역의 사회와 문화를 발전시키는 데 중요한 역할을 한다.

• 지역 이미지와 국제적 위상 제고 : 개최 도시의 국제적 위상을 높이고, 지역의 긍정적 이미지를 강화	**• 시민의식 향상과 국제화 촉진** : 시민의식 향상과 함께 지역 사회의 국제화를 촉진하며, 글로벌 시대에 적합한 환경을 조성
• 지역 문화의 발전 : 고유의 문화를 세계에 알리는 기회를 제공하며, 지역 예술, 전통, 음식 등을 글로벌 수준으로 끌어올리는 데 기여	**• 정보 교류와 지식 공유** : 지역의 학문적, 기술적 발전을 촉진하며, 창의적이고 혁신적인 지역 사회를 구축

4) 관광산업적 파급효과

MICE산업은 관광과 밀접하게 연계되어 있으며, 관광산업의 질적 성장을 촉진하는 중요한 역할을 한다.

• 관광 비수기 해소와 대규모 관광객 유치 : 지역 관광산업에 활력을 불어넣는다. 이는 계절적 편중을 완화하고, 지속 가능한 관광 발전을 촉진하는 데 기여	**• 관광상품의 다양화와 질적 향상** : 지역 관광상품의 다양화를 촉진하며, 양질의 관광 경험을 제공한다. 이는 참가자의 만족도를 높이고, 관광지에 대한 긍정적 이미지를 심어줌
• 관광 수용 태세 개선 : 숙박시설, 교통, 관광 안내 시스템 등 전반적인 인프라와 서비스 수준이 향상됨	**• 관광 종사자의 전문성 강화** : 관광 종사자들의 전문성과 서비스 수준이 한층 강화되며, 이는 지역 관광산업의 경쟁력을 높이는 데 기여

REFERENCE 참고문헌

박성훈(2018), 『컨벤션 산업의 이해』, 한국관광학회출판부

박의서 외(2019), 『MICE산업론』, 수정 4판, 학현사

이영주(2020), 『글로벌 MICE산업 트렌드와 전략』, 박영사

정숙화(2024), 『전시컨벤션 산업론』, 창조와지식

한국관광공사(2020), 『2020 MICE산업의 경제적 파급효과 분석』

홍선의(2013), 『산업전시론』, 백산출판사

리서치, 「전략, MICE산업의 새로운 가치 공헌 : 지속가능행사 운영」, GMI, Vol. 56

박문수 · 박진(2023), 「국내 MICE산업 생태계의 분석과 시사점」, KIET산입연구원, pp.19-51

장인우(2020), 「국내 MICE산업의 위기와 포스트코로나 시대의 과제」, KDB산업은행 미래전략연구소, 제777호: 4-15

UNWTO(세계관광기구), Global Meeting Initiative, Basic Concepts and Definitions, Vol. 1

현대 MICE
산업의 이해

CHAPTER

2

MICE산업 통계

Meeting

Incentive

Convention

Exhibition

CHAPTER

02 MICE산업 통계

1. MICE산업 통계에 대한 이해

MICE산업이 타 산업에 비해 늦은 출발을 보였지만, 국가차원의 지원을 받고 핵심산업으로 성장하려면 근거로 제시할 수 있는 정확한 통계치가 제시되어야 한다. 하지만 MICE산업은 국제회의분야뿐만 아니라 인센티브 투어와 전시회 등 다양한 분야를 다루고 있기 때문에 산업군 전체를 포함하는 정확한 통계데이터를 제시하기가 쉽지 않은 환경이다. 이런 상황에서 국제협회연합(UIA)과 국제컨벤션협회(ICCA)가 꾸준히 국제회의 개최건수와 관련된 통계를 발표하고 있는데, 관련 산업에 대한 통계자료가 미흡한 상황에서 두 기구의 발표자료는 중요한 의의를 갖는다고 볼 수 있다.

다만, 두 기관이 통계자료를 수집하면서 개최건수와 관련된 사안은 내부규정을 따르고 있는데, 통계데이터 수집대상이 제한적이어서 전 세계에서 발생하는 모든 행사를 반영하지 못한다는 한계점을 보이고 있다. UIA의 경우는 자체적으로 설정한 국제회의 기준에 부합하는 행사만을 대상으로 데이터 수집이 이루어지고 있고, ICCA 역시 내부규정에 의거한 회의시장의 일부만을 조사대상으로 삼고 있다는 한계를 보이고 있다.

그러다 보니 통계집계 시기가 비슷한데도 불구하고 국가와 도시별 개최순위는 두 기관이 서로 다른 모습을 보이는 경우가 있어 정책담당자에게 다소 혼란을 주기도 한다. 따라서 두 기관의 개최순위 발표를 서로 비교하면서 필요한 부분을 발췌해 마케팅자료로 활용하는 것이 바람직하다는 전문가의 조언이 뒤따르고 있다. 한편으로는 두 기관의 발표가 개최건수에 기반을 둔 순위에 중점을 두고 있는데, 그보다 중요한 것은 행사 전체 참가자 수와 체재일수 그리고 소비지출액 등이 더 중요할 수도 있다는 주장도 제기되고 있다(한국컨벤션전시산업연구원, 2012).

문화체육관광부와 한국관광공사는 2009년부터 국제회의를 포함한 MICE산업의 현황을 파악하고 MICE 유치 효과를 분석하기 위해 'MICE산업통계'를 생산해 왔다. 하지만 이는 국가 미승인 통계여서 그동안 조사 결과를 대외에 공개하는 데 일부 제한이 있었다. 하지만 '국제회의 현황조사'가 국가통계로 승인('24.9.11)받으면서 더욱 정확하게 국제회의산업 규모와 파급효과를 분석하고, 이를 바탕으로 효과적인 MICE산업 정책을 수립할 수 있게 되었다. '국제회의 현황조사'는 국제회의 개최시설(사업체)을 대상으로 국제회의 개최 현황, 종사자 현황 및 운영 현황, 국제회의 판로 개척방식 및 애로사항 등 국제회의 산업 진흥정책 수립에 필요한 기초자료를 조사 · 분석하는 통계이다. 조사 결과는 12월 말에 국가통계 포털(kosis.kr)과 한국관광공사 한국관광 데이터랩(datalab.visitkorea.or.kr)을 통해 공표할 계획이다.

2. 세계 국제회의 개최 현황

한국관광공사는 '2023년 국제회의 개최실적 조사'를 통해 ① 개최시설, ② UIA 및 ICCA에 등록된 국제기구 및 학회/협회 등의 주최기관, ③ 국제회의 기획업(PCO), 전시 기획업(PEO)을 대상으로 2022년 한국에서 개최된 국제회의 개최 자료를 수집하여 2024년 11월에 발표하였다. 여기에 제시된 통계치는 2024년 12월 한국관광공사가 주관하여 발간한 '2023년 국제회의 개최실적 조사' 보고서로 그 내용 중 일부를 발췌하여 제시하고 있다.

국제협회연합(UIA : Union of International Associations)은 1907년에 설립된 국제기구로서 매년 5~6월 중에 전 세계 국가/도시별 국제회의 개최실적을 집계하여 순위를 발표하고 있으며 국제컨벤션협회(ICCA : International Congress and Convention Association)는 1963년에 설립된 국제기구로서 매년 5~6월 중에 전 세계 국가/도시별 국제회의 개최실적의 집계 및 순위를 발표하고 있다.

한편 우리나라에서는 국제회의산업 육성에 관한 법률에 따라 국제회의는 국제기구 가입

기관 또는 법인 · 단체가 주최한 회의와 국제기구 미가입 기관 또는 법인 · 단체가 주최한 회의로 구분해 왔다. 그러나 코로나19 감염확산으로 인하여 2020년 11월 10일부터 2022년 12월 27일까지 「감염병의 예방 및 관리에 관한 법률」 제2조 제2호에 따라 「국제회의산업 육성에 관한 법률」이 한시적으로 조정되었다. 이후, 온라인 및 하이브리드 등 비대면 행사 활성화와 행사형태 다변화로 인하여 2022년 12월 28일부터 국제회의산업 육성에 관한 법률이 개정되었다. '2023 국제회의 개최실적'에서는 기존 및 한시적으로 조정된 국제회의산업 육성에 관한 법률을 기준으로 분석하였고 보고서의 내용 중 일부를 발췌하여 국제회의 현황을 살펴보고자 한다.

「국제회의산업 육성에 관한 법률」

구분		내용
기존	국제기구나 국제기구에 가입한 기관 또는 법인 · 단체 주최 회의	5개국 이상의 외국인 참가 전체 참가자가 300명 이상, 그중 외국인 참가자가 100명 이상 3일 이상 진행
	국제기구에 가입하지 아니한 기관 또는 법인 · 단체 주최 회의	회의 참가자 중 외국인이 150명 이상 2일 이상 진행
한시적 조정	코로나19에 따른 국제회의산업 육성에 관한 법률 개정 시행령	2020년 4월 13일부터 2022년 6월 30일 내 개최회의 전체 참가자가 100명 이상, 그중 외국인 참가자가 50명 이상(온라인 참가자 포함) 1일 이상 진행
개정	국제기구, 기관 또는 법인 · 단체가 개최하는 회의	3개국 이상의 외국인 참가 전체 참가자가 100명 이상, 그중 외국인 참가자가 50명 이상 2일 이상 진행

출처 : 한국관광공사(2024), 2023년 국제회의 개최실적 조사

1) 세계 주요 국가별 국제회의 개최 현황

우선 국제협회연합(UIA) 기준, 세계 주요 국가별 국제회의 개최순위를 보면, 벨기에가 1위로 집계되고 있고 그 뒤로 미국 2위, 일본 3위, 한국 4위, 스페인이 5위로 나타나고 있다. 상위 10개 국가 중 전년 대비 증가율은 한국(29.8%), 감소율은 포르투갈(-19.2%)이 가장 큰 것으로 나타나고 있다.

국제협회연합(UIA) 국가별 개최 현황

(단위 : 건, %)

순위	국가	2023		2022		2021	
		건수	증감률	건수	증감률	건수	증감률
1	벨기에	709	9.4	648	68.3	385	13.9
2	미국	633	8.6	583	13.9	512	16.9
3	일본	493	23.6	399	△2.2	408	81.3
4	한국	423	29.8	326	△31.1	473	84.8
5	스페인	395	△14.5	462	165.5	174	81.3
6	포르투갈	375	△19.2	464	209.3	150	212.5
7	오스트리아	367	15.8	317	39	228	68.9
8	영국	322	△2.1	329	41.8	232	24.7
9	프랑스	314	△9.8	348	27.5	273	93.6
10	이탈리아	312	17.7	265	50.6	176	183.9

출처 : 한국관광공사(2024), 2023년 국제회의 개최실적 조사

국제컨벤션협회(ICCA) 기준, 세계 주요 국가별 국제회의 개최순위를 보면, 미국이 1위로 집계되고 있고 그 뒤로 이탈리아 2위, 스페인 3위, 프랑스 4위, 독일이 5위로 나타나고 있다. 대한민국은 11위로 나타나고 있다. 개최건수 분석결과 전년대비 일본(59.2%)과 한국(55.6%)의 증가율은 높았다.

국제컨벤션협회(ICCA) 국가별 개최 현황

(단위 : 건, %)

순위	국가	2023		2022		2021	
		건수	증감률	건수	증감률	건수	증감률
1	미국	690	0	690	702.3	86	53.6
2	이탈리아	553	5.9	522	715.6	64	128.6
3	스페인	505	△4.4	528	486.7	90	157.1
4	프랑스	472	0	472	505.1	78	225
5	독일	463	△4.3	484	563	73	78

6	영국	425	△5.3	449	995.1	41	156.3
7	일본	363	59.2	228	256.3	64	52.4
8	네덜란드	304	20.2	253	716.1	31	55
9	포르투갈	303	3.1	294	390	60	275
10	캐나다	259	11.2	233	1270.6	17	88.9
11	한국	252	55.6	162	165.6	61	8.9

출처 : 한국관광공사(2024), 2023년 국제회의 개최실적 조사

2) 세계 주요 도시별 국제회의 개최 현황

국제협회연합(UIA) 기준, 세계 주요 도시별 개최 현황을 보면 브뤼셀이 1위로 집계되고 있고 그 뒤로 비엔나 2위, 리스본 3위, 도쿄 4위 그리고 서울이 5위를 나타내고 있다.

국제컨벤션협회(UIA) 도시별 개최 현황

(단위 : 건, %)

순위	국 가	2023		2022		2021	
		건수	증감률	건수	증감률	건수	증감률
1	브뤼셀	620	8.8	570	78.7	319	10
2	비엔나	298	16.9	255	30.8	195	78.9
3	리스본	294	△12.5	336	257.4	94	△87.9
4	도쿄	226	12.4	201	△22.1	258	111.5
5	서울	200	47.1	136	△48.7	265	244.2
6	런던	139	△6.1	148	46.5	101	359.1
7	파리	124	△4.6	130	△15.0	153	51.5
8	마드리드	116	△24.7	154	316.2	37	△15.9
9	바르셀로나	115	△21.8	147	119.4	67	△55.3
10	두바이	114	56.2	73	9	67	9.8

출처 : 한국관광공사(2024), 2023년 국제회의 개최실적 조사

국제컨벤션협회(ICCA) 기준, 세계 주요 도시별 개최 현황을 보면 파리가 1위로 집계되고 있고 그 뒤로 싱가포르 2위, 리스본 3위, 비엔나 4위 그리고 바르셀로나가 5위를 그리고 서울은 10위를 나타내고 있다.

국제컨벤션협회(ICCA) 도시별 개최 현황

(단위 : 건, %)

순위	국 가	2023		2022		2021	
		건수	증감률	건수	증감률	건수	증감률
1	파리	156	16.4	134	605.3	19	280
2	싱가포르	152	50.5	101	431.6	19	137.5
3	리스본	151	4.9	144	350	32	357.1
4	비엔나	141	△13.0	162	422.6	31	158.3
5	바르셀로나	139	4.5	133	504.5	22	100
6	프라하	134	3.9	129	658.8	17	70
7	로마	119	50.6	79	393.8	16	166.7
8	마드리드	109	△14.8	128	326.7	30	233.3
9	더블린	104	△1.0	105	3400	3	△57.1
10	서울	103	56.1	66	312.5	16	-33.3

출처 : 한국관광공사(2024), 2023년 국제회의 개최실적 조사

3. 국내 MICE산업 통계 현황

한국관광공사는 2022년 국내에서 개최된 MICE 관련 행사의 실적을 조사하였는데, 규모조사 대상은 회의시설업, 인센티브 수행 여행업, 전시시설업이고 방문, 전화, 이메일, 팩스를 병행한 방법으로 조사하여 진행하였다. 사업체 조사의 대상은 회의시설업, 국제회의기획업, 인센티브 수행 여행업, 전시주최업이고 조사 방법은 대면 면접 조사를 실시하였다. 국내 MICE산업 통계 현황을 살펴보기 위해 '2022 MICE산업통계 조사연구' 보고서의 내용 중 일부를 발췌하였다.

KTO의 MICE행사 정의 및 범위

종류	정의 및 범위
Meeting	• 컨벤션 기준에 부합하지 않지만, 전체 참가자가 10명 이상인 정부, 공공, 협회, 학회, 기업 회의 • 전문회의시설, 준회의시설, 중소규모회의시설, 호텔, 휴양콘도미니엄 등에서 4시간 이상 개최되는 회의
Incentive Tour	• 외국에서 국내로 오는(Inbound) 외국인이 10명 이상 참가하며, 국내 숙박시설에서 1박 이상 체류하는 보상관광
Convention	• 외국인 참가자가 10명 이상이면서 전체 참가자가 250명 이상인 정부, 공공, 협회, 학회, 기업회의 • 전문회의시설, 준회의시설, 중소규모회의시설, 호텔, 휴양콘도미니엄 등에서 4시간 이상 개최되는 회의
Exhibition	• 전시산업발전법에 의해 전시회로 규정된 행사 • 무역전시회, 소비자전시회 및 혼합전시회

출처 : 한국관광공사(2023), 2022 MICE산업통계 조사연구 보고서

1) MICE 종합 현황

2022년에 개최된 MICE행사의 개최건수와 전체 참가자 수, 외국인 참가자 수 모두 전년 대비 증가하였다. 개최건수는 전년 대비 93.5% 증가하였으며, 전체 참가자 수와 외국인 참가자 수는 전년 대비 각각 48.6%, 158.1% 증가하였다.

2021년 대비 MICE 세부산업별 비교

구분	개최건수(건)			전체 참가자 수(명)			외국인 참가자 수(명)		
	21년	22년	증감률(%)	21년	22년	증감률(%)	21년	22년	증감률(%)
미팅	46,046	90,025	95.5	3,064,887	5,245,284	71.1	16,982	72,503	326.9
컨벤션	557	649	16.5	267,644	994,394	271.5	42,046	94,364	124.4
전시	593	672	13.3	5,300,650	6,591,227	24.3	41,315	92,112	123
전체	47,196	91,346	93.5	8,633,181	12,830,905	48.6	100,343	258,979	158.1

주 1) 전년 대비 증감률 = {(22년/21년)−1}*100
2) 인센티브는 2021년에 조사 미실시로 비교분석에서 제외
출처 : 한국관광공사(2023), 2022 MICE산업통계 조사연구 보고서

2019년과 비교할 때, 2022년 한 해 동안 개최된 행사의 개최건수, 전체 참가자 수, 외국인 참가자 수는 모두 감소하였다. 개최건수는 2019년 대비 62.0% 감소하였으며, 전체 참가자 수와 외국인 참가자 수는 각각 60.6%, 77.2% 감소하였다.

2019년 대비 MICE 세부산업별 비교

구분	개최건수(건)			전체 참가자 수(명)			외국인 참가자 수(명)		
	19년	22년	증감률(%)	19년	22년	증감률(%)	19년	22년	증감률(%)
미팅	225,655	90,025	▼ 60.1	20,566,353	5,245,284	▼ 74.5	130,493	72,503	▼ 44.4
인센티브	12,487	1,461	▼ 88.3	553,538	98,911	▼ 82.1	553,538	98,911	▼ 82.1
컨벤션	5,519	649	▼ 88.2	3,656,269	994,394	▼ 72.8	702,827	94,364	▼ 86.6
전시	650	672		8,072,546	6,591,227	▼ 18.4	185,140	92,112	▼ 50.2
전체	241,311	92,807	▼ 62	32,848,706	12,929,816	▼ 60.6	1,571,998	357,890	▼ 77.2

주) 전년 대비 증감률 = {(22년 /19년)-1}*100
출처 : 한국관광공사(2023), 2022 MICE산업통계 조사연구 보고서

2) 미팅 현황

2022년 한 해 동안 개최된 미팅 행사의 개최건수는 전년 대비 모든 지역에서 증가하였다. 전년 대비 전체 참가자 수는 인천, 울산, 충남, 경기, 대구를 제외한 모든 지역에서 증가하였다. 전년 대비 외국인 참가자 수는 광주, 전북, 대구, 경북, 전남, 울산, 충북에서 감소하였다.

[미팅] 2021 대비 지역별 세부산업별 비교

구분	개최건수(건)			전체 참가자 수(명)			외국인 참가자 수(명)		
	21년	22년	증감률(%)	21년	22년	증감률(%)	21년	22년	증감률(%)
서울	11,565	24,305	110.2	443,531	1,200,316	170.6	3,650	5,427	48.7
부산	3,762	9,099	141.9	262,697	607,166	131.1	3,120	4,967	59.2
대구	1,575	4,132	162.3	217,988	186,283	▼ 14.5	531	327	▼ 38.4
인천	2,140	3,233	51.1	89,389	187,030	▼109.2	1,953	2,453	26.6
광주	1,397	3,050	118.3	80,288	182,029	126.7	1,109	196	▼ 82.3

대전	545	1,873	243.7	51,997	159,985	207.7	180	574	218.9
울산	563	667	18.5	56,015	43,288	▼ 22.7	188	173	▼ 8
경기	7,552	8,834	17	688,479	600,755	▼ 12.7	3,172	24,275	665.3
강원	6,567	11,809	79.8	243,188	747,281	207.3	629	25,482	3951.2
충북	993	2,255	127.1	71,760	152,000	111.8	75	72	▼ 4
충남	1,926	4,645	141.2	292,409	249,175	▼ 14.8	173	3,899	2,153.8
전북	1,627	3,547	118	117,641	207,845	76.7	218	121	▼ 44.5
전남	2,055	4,951	140.9	123,046	254,290	106.7	623	548	▼ 12
경북	1,778	3,097	74.2	118,533	154,546	30.4	261	184	▼ 29.5
경남	1,014	3,340	229.4	72,284	176,688	144.4	185	1,917	936.2
제주	986	1,189	20.6	135,642	136,608	0.7	917	1,890	106.1
합계	46,046	90,025	95.5	3,064,887	5,245,284	71.1	16,982	72,503	326.9

주) 전년 대비 증감률 = {(22년 /19년)-1}*100

출처 : 한국관광공사(2023), 2022 MICE산업통계 조사연구 보고서

3) 컨벤션 현황

2022년 한 해 동안 개최된 컨벤션 행사의 개최건수는 전년 대비 대부분 지역에서 증가한 가운데, 울산, 충남, 경남, 강원, 대전에서는 감소하였다. 전년 대비 전체 참석자 수는 울산, 충남, 경남, 강원을 제외한 모든 지역에서 증가하였고 전년 대비 외국인 참가자 수는 울산, 충남, 경남을 제외한 모든 지역에서 증가하였다.

[컨벤션] 2021 대비 지역별 세부산업별 비교

구분	개최건수(건)			전체 참가자 수(명)			외국인 참가자 수(명)		
	21년	22년	증감률(%)	21년	22년	증감률(%)	21년	22년	증감률(%)
서울	51	82	60.8	22,635	173,666	667.2	1,973	2,572	30.4
부산	60	67	11.7	62,839	403,483	542.1	8,133	14,222	74.9
대구	32	70	118.8	15,775	61,665	290.9	2,511	15,983	536.5

인천	13	29	123.1	7,785	25,962	233.5	4,068	5,878	44.5
광주	4	16	300	7,238	31,671	337.6	790	1,747	121.1
대전	15	14	▼ 6.7	10,702	27,799	159.8	1,006	2,108	109.5
울산	4	-	▼ 100.0	2,237	-	▼ 100.0	625	-	▼ 100.0
경기	28	42	50	17,128	52,664	207.5	3,268	6,180	89.1
강원	38	14	▼ 63.2	13,118	10,392	▼ 20.8	437	727	66.4
충북	-	1	-	-	1,760	-	-	10	-
충남	11	-	▼ 100.0	5,979	-	▼ 100.0	496	-	▼ 100.0
전북	-	2	-	-	1,000	-	-	110	-
전남	3	6	100	1,909	8,036	321	173	329	90.2
경북	7	17	142.9	6,299	23,576	274.3	1,151	2,970	158
경남	4	-	▼ 100.0	3,432	-	▼ 100.0	354	-	▼ 100.0
제주	288	289	0.3	90,570	172,719	90.7	17,061	41,528	143.4
합계	557	649	16.5	267,644	994,394	271.5	42,046	94,364	124.4

주) 전년 대비 증감률 = {(22년 /21년)–1}*100

출처 : 한국관광공사(2023), 2022 MICE산업통계 조사연구 보고서

4) 인센티브 투어 현황

2022년 한 해 동안 개최된 인센티브 투어의 개최건수는 2019년 대비 강원과 인천을 제외한 모든 지역에서 감소하였다. 2019년 대비 전체 참가자 수와 외국인 참가자 수도 강원과 인천 지역을 제외한 거의 모든 지역에서 감소하였다.

[인센티브 투어] 2019년 대비 지역별 세부산업별 비교

구분	개최건수(건)			전체 참가자 수(명)			외국인 참가자 수(명)		
	19년	22년	증감률(%)	19년	22년	증감률(%)	21년	22년	증감률(%)
서울	11,149	1,169	▼ 89.5	475,065	74,306	▼ 84.4	475,065	74,306	▼ 84.4
부산	61	5	▼ 91.8	4,256	283	▼ 93.4	4,256	283	▼ 93.4

대구	16	5	▼ 68.8	1,200	275	▼ 77.1	1,200	275	▼ 77.1
인천	18	34	88.9	1,361	2,381	74.9	1,361	2,381	74.9
광주	318	2	▼ 99.4	3,472	75	▼ 97.8	3,472	75	▼ 97.8
대전	21	4	▼ 81.0	600	160	▼ 73.3	600	160	▼ 73.3
울산	13	-	▼ 100.0	430	-	▼ 100.0	430	-	▼ 100.0
경기	398	131	▼ 67.1	32,085	14,280	▼ 55.5	32,085	14,280	▼ 55.5
강원	28	70	150	1,824	6,170	238.3	1,824	6,170	238.3
충북	80	-	▼ 100.0	7,054	-	▼ 100.0	7,054	-	▼ 100.0
충남	36	5	▼ 86.1	900	228	▼ 74.7	900	228	▼ 74.7
전북	22	2	▼ 90.9	1,151	40	▼ 96.5	1,151	40	▼ 96.5
전남	4	2	▼ 50.0	350	20	▼ 94.3	350	20	▼ 94.3
경북	-	3	-	-	30	-	-	30	-
경남	-	28	-	-	564	-	-	564	-
제주	323	2	▼ 99.4	23,790	100	▼ 99.6	23,790	100	▼ 99.6
합계	12,487	1,461	▼ 88.3	553,538	98,911	▼ 82.1	553,538	98,911	▼ 82.1

주) 전년 대비 증감률 = {(22년 /19년)−1}*100

출처 : 한국관광공사(2023), 2022 MICE산업통계 조사연구 보고서

4. 제5차 국제회의산업 육성 기본계획(2024~2028)

문화체육관광부는 2024년 7월 18일, 향후 5년간 우리나라가 세계 국제회의산업에서 중추 국가로 도약할 수 있도록 마련한 '제5차 국제회의산업 육성 기본계획(2024~2028)'을 발표했다. 이 계획은 「국제회의산업 육성에 관한 법률」 제6조에 의해 수립되는 법정계획으로 지난 3월, 마이스 글로벌 도약 선포식에서 발표한 '마이스산업 미래 비전과 전략'을 토대로 민관 협의체 논의를 거쳐 4대 핵심 추진전략과 26개 세부 추진과제를 마련했고 그 내용은 아래와 같다(문화체육관광부, 2024).

먼저, 지역 국제회의 성장단계별 육성 방안을 마련해 지속 가능한 지역 성장모델을 창출한다. 지역의 국제회의 전담조직이 지역전략산업과 연계한 '대표(시그니처) 국제회의'를 발굴

하도록 지원하고, '대표(시그니처) 국제회의'가 '한국판 다보스 포럼'으로 성장할 수 있도록 최대 20년간 집중 육성한다. 그리고 국제회의 유치와 개최 과정에서 인근 지역과 협업할 수 있도록 '국제회의 광역권 협력체계'를 구축해 지역의 역량 결집을 강화한다.

둘째, 해외유치 전담 조직망을 확대하고 세계 대형 국제회의를 더욱 전략적으로 유치한다. 국제기구 본부와 국제회의 유치 전략 국가를 대상으로 한국관광공사 해외 지사에 설치된 유치 전담 조직망을 확대해 유치 주도권을 공고히 하고, 관광공사와 지자체, 지역 국제회의 전담조직, 업계가 함께하는 상시 민관협의체를 운영해 대형 국제회의를 더욱 전략적으로 유치한다. 또한 참가자들의 마음을 사로잡을 수 있는 케이-컬처 체험관광 콘텐츠를 발굴해 국제회의 참가자의 만족도를 높이며 재방한을 유도한다.

셋째, 국제회의 전문 수출지원센터를 개설하고 기술기업 육성 등 산업 기반을 강화한다. 국제회의 기업이 해외 진출 시 현지 정착부터 투자유치까지 수요 맞춤형으로 지원하도록 해외거점 국제회의 전문 수출지원센터를 개설한다. 미래 국제회의산업을 선도할 디지털 신기술(인공지능, 빅데이터 등)을 개발 · 활용하는 국제회의 기술(테크) 기업을 본격 육성하고, 행사 주최자와 참가자의 편의를 높이기 위해 이미 개발된 기술을 국제회의 행사에 적용하는 지원 사업도 추진한다. 또한 국제회의가 자주 열리는 호텔, 콘도미니엄 등의 시설도 국제회의 시설업 대상에 포함될 수 있도록 「관광진흥법」상 국제회의시설업 기준을 완화한다.

넷째, 정부-지자체-민간을 국제회의산업 발전의 '원팀'으로 하여 국제회의산업 진흥과 육성을 위해 협력체계를 강화한다. 「국제회의산업법」에 시도 국제회의산업 기본계획 수립 근거를 마련해 중앙-시도 간 국제회의산업 정책 정합성을 높이고, 국제회의산업 정책 협의회를 운영해 민관이 함께 주요 정책 방안을 모색하고 협력한다. 국제회의산업의 범위를 더욱 명확하게 설정하고 관련 업종을 분야별로 구체화한 '국제회의산업 특수분류'를 제정한다.

제5차 국제회의산업 육성 기본계획

1. 추진 배경

❑ 그동안 국제회의산업은 대표적인 '고부가 관광산업'으로 자리매김

○ 국제회의산업은 대규모 외국인 관광객을 유치하여 호텔, 쇼핑 등 연관산업의 경제적 파급효과가 큰 고부가가치 대표 관광산업임

❑ 팬데믹 이후 국제회의산업의 '빠른 회복' 필요

○ '19년 국제회의 개최건수 대비 38% 수준 감소, 국제회의 개최 등으로 재도약을 위한 변화 필요성 증대

○ 디지털전문인력 고용지원, 국제회의 지원기준 완화 등 팬데믹 대응 정책에도 불구하고 국제회의 기획업 경영환경 지속 악화

❑ 국제회의산업의 '비즈니스 모델 확장'에 따른 정책 대응 요구

○ 국제회의 유치 중심 지원체계에서 지역산업 기반 국제회의 발굴 및 세계적인 K-국제회의로 성장하기 위한 전략적 지원 필요

○ K-국제회의와 문화콘텐츠, 스포츠행사 등과 융합한 국제 이벤트 성장지원으로 국제회의 무대 주도 이미지 각인 필요

❑ 국제회의산업의 '중장기 발전 방향' 제시

○ 새로운 정책환경에 부합하는 국제회의산업의 미래 비전과 전략을 제시하고 국제회의산업 육성을 위한 5년 단위 법정계획 수립 · 추진

2. 계획 성격

❑ 국제회의산업 중장기 발전방향을 제시하는 5년 단위 법정계획

○ 「국제회의산업 육성에 관한 법률」 제6조에 의한 법정계획으로, 한국 국제회의산업의 중장기 발전을 위한 정책목표 및 수단 제시

❑ 전국을 대상으로 국제회의산업의 기본방향을 제시하는 종합계획

○ 국가 수준에서 국제회의 분야 전반에 걸쳐 유관기관 · 업계 · 학계 등 주요 관계자들을 포괄하는 체계적 전략 제시

3. 계획 범위

- ❑ 시간적 범위 : 2024~2028년(5년)
- ❑ 공간적 범위 : 전국
- ❑ 내용적 범위 : 「국제회의산업 육성에 관한 법률」 제6조 제1항에서 규정한 △국제회의의 유치와 촉진 △국제회의의 원활한 개최 △국제회의 인력 양성 △국제회의시설의 설치와 확충 △국제회의시설의 감염병 등에 대한 안전 · 위생 · 방역 관리 △국제회의산업 진흥을 위한 제도 및 법령 개선 △그 밖에 국제회의산업의 육성 · 진흥에 관한 사항

4. 비전 및 목표

비전

지역 상생과 미래 혁신으로
글로벌 국제회의산업 중추국가로의 도약

방향

- ○ (Collaboration) **지역 협력 및 상생**으로 국제회의산업 지방시대 실현
- ○ (Convergence) **창의적 융합**으로 글로벌 국제회의 시장 선도
- ○ (Competitiveness) 국제회의산업 **미래 경쟁력 확보**를 위한 혁신 기반 강화

목표

	〈2019년〉		〈2028년〉
개최건수	1,113건	→	1,400건(세계 1위/UIA)
외국인 참가자 수	83만 명	→	130만 명
외화획득액	20억 달러	→	30억 달러(약 4조 원)

추진전략

1. **지역 성장동력 국제회의산업 육성**
   - 1-1 지역 국제회의 신규수요 창출
   - 1-2 지역 국제회의 유치 · 개최 역량 강화
2. **국제회의산업의 글로벌 시장 선도**
   - 2-1 국제회의산업 글로벌 성장체계 마련
   - 2-2 K-컬처와 국제회의 융합
3. **미래형 국제회의산업 혁신 기반 강화**
   - 3-1 국제회의산업 영역 확장
   - 3-2 국제회의산업 인력확충 및 맞춤형 인력양성 육성

지속가능한 국제회의산업 법 · 제도 마련
- 4-1 국제회의산업 법 · 제도 정비
- 4-2 국제회의산업 정책 기반 조성

5. 중점 추진과제

구 분	추진과제
지역 성장동력 국제회의산업 육성	
Ⅰ-1. 지역 국제회의의 신규수요 창출	① 지역 시그니처 국제회의 성장단계별 육성
	② 지역 국제회의의 유치·개최 지원제도 개편
	③ 지역 기업회의·포상관광 유치 활성화
Ⅰ-2. 지역 국제회의의 유치·개최 역량 강화	① 국제회의복합지구 제도 확대
	② 지역 국제회의의 전담조직 기능 강화
	③ 국제회의 앰배서더(Ambassador) 위상 강화
2. 국제회의산업 글로벌 시장 선도	
2-1. 국제회의산업 글로벌 성장체계 마련	① 글로벌 국제회의 유치 네트워크 강화
	② 대형 국제회의 집중 유치·개최 지원제도 확대
	③ 국제회의 참가자 공항 입국심사 우대
	④ 지속성장 가능한 국제회의산업 환경조성
2-2. K-컬처와 국제회의 융합	① 참가자 대상 문화관광 프로그램 운영 활성화
	② 융복합 국제이벤트 성장지원 확대
	③ 참가자 이색경험을 위한 유니크 베뉴 활용
3. 미래형 국제회의산업 혁신 기반 강화	
3-1. 국제회의산업 영역 확장	① 국제회의시설업 지원업종 확대
	② 국제회의업 맞춤형 해외진출 지원
	③ 국제회의산업의 디지털 기술기반 혁신 창출
	④ 국제회의산업 통합정보 원스톱 플랫폼 구축
3-2. 국제회의사업 인력확충 및 맞춤형 인력양성 육성	① 국제회의산업 인력확충 지원
	② 국제회의산업 맞춤형 인력 교육 강화
	③ 안전한 국제회의 개최 관리
4. 지속가능한 국제회의산업 법·제도 마련	
4-1. 국제회의산업 법·제도 정비	① 국제회의산업 지역·민간 협력 거버넌스 강화
	② 국제회의복합지구 및 국제회의도시 운영성과 평가
	③ 국제회의 관련 기업회의 정의와 유형 체계화
4-2. 국제회의산업 정책기반 조성	① 국제회의산업 특수분류 제정
	② 국제회의산업 국가승인통계 지정 추진
	③ 국제회의 지속성장 성과지표 도입

출처 : 문화체육관광부 홈페이지(www.mcst.go.kr)

REFERENCE

참고문헌

문화체육관광부(2024), 「제5차 국제회의산업 육성 기본계획(2024~2028)」
한국관광공사(2023), 『2022 MICE산업통계 조사연구 보고서』
한국관광공사(2024), 「2023년 국제회의 개최실적 조사」
한국컨벤션전시산업연구원(2012), 『GLOBAL MICE Insight』, Vol. 15

국제컨벤션협회(ICCA)(https://www.iccaworld.org)
국제협회연합(UIA)(https://uia.org)
문화체육관광부(www.mcst.go.kr)
한국관광공사 한국관광 데이터랩(datalab.visitkorea.or.kr)

현대 MICE
산업의 이해

CHAPTER

3

MICE 융복합 전략

Meeting

Incentive

Convention

Exhibition

CHAPTER 03 MICE 융복합 전략

1. 융복합의 개념과 의의

융복합(融複合)은 서로 합쳐짐이라는 뜻이 내포된 융합(融合)과 복합(複合)이 조합된 용어로써 다른 종류의 것이 녹아서 서로 구별 없이 하나로 합해지거나 그렇게 만드는 것을 의미하며, 산업, 기술 측면에서는 다른 기술, 산업을 통합한 전체로 병합하는 것을 의미한다. 즉 융복합은 다른 분야의 경영과 기술, 산업 등이 결합하여 신기술, 신제품, 신서비스 등을 개발함으로써 새로운 가치를 창출하고 기존의 영역을 개선하고 고도화하는 성격을 지니고 있다.

우리 사회는 급속한 발전을 통해 짧은 시간에 산업화와 정보화 시대를 거쳐왔고, 그 과정에서 생산된 다양한 물질자산과 각종 미디어의 발달로 축적된 지식정보자산이 포화상태에 이르게 되었다. 이러한 시대적 배경 속에서 새로운 생산보다는 기존에 생산된 자산들을 어떻게 연결하고 조합하여 새로운 가치를 창출하느냐가 중요해짐에 따라 현 시대에는 융복합이 더욱 광범위하게 전개되고 있다.

산업화와 정보화 시대를 이룩한 배경이 되는 산업혁명, 기술혁명, 정보혁명, IT혁명, 지식혁명 등은 융복합의 등장요인이 되는 주요 산업의 공급과잉, 핵심요소 기술발달, 디지털화, 글로벌화, 소비자의 욕구 변화에 맞추어 융복합이 진행되었으며, 그 융복합의 대상은 산업, 기술, 제품, 콘텐츠, 서비스 그리고 학문 등 거의 모든 분야에 걸쳐 광범위하게 이루어지고 있다.

이러한 융복합의 전개방향으로는 고객 중심적 문제들을 해결하기 위한 솔루션 및 서비스를 개발하는 것으로 널리 인간사회의 이로움을 위한 고도화된 융복합이 향후 산업사회를 지배하게 될 것으로 보인다.

2. MICE산업의 융복합 전략

1) MICE산업 융복합의 의미

MICE산업에서 융복합의 의미는 미팅과 인센티브 투어, 컨벤션 및 전시박람회 분야의 행사에서 각종 아이디어 도출을 통한 새로운 유형의 상품을 개발하는 것을 의미한다. 행사기획 및 운영에 새로운 기술, 서비스 분야가 결합되어 새로운 가치체계와 부가가치를 만들어 고객을 대상으로 새로운 산업(영역)을 창출함으로써 과거와 다른 시장이나 가치를 도출한다는 의미도 포함된다. MICE산업의 특성상 협력적 생태계 구축이 미흡하나, 새로운 신규 시장의 개발과 함께 미래 성장을 주도할 새로운 분야나 서비스의 개발이 시급한 시점에서 융복합의 의미를 찾을 수 있다.

새로운 제품과 서비스를 제공함으로써 수요, 공급 측면에서 새로운 가치체계의 창출을 기대할 수 있으며, 기존에 정체되어 있는 제조, 서비스 등 전통산업에 첨단 기술이나 서비스가 융복합되어 새로운 산업영역으로 재탄생하거나, 제조업 및 서비스업 간의 균형 있는 발전과 산업 간, 지역 간, 계층 간 불균형 해소에 기여할 수 있다.

2) 융복합 MICE 사례

(1) 라스베이거스 CES 2024(산업 간 융합 IT + 전자 + Exhibition)

세계가전전시회(Consumer Electronics Show)는 미국가전협회(CEA: Consumer Electronics Association)가 주관해 매년 열리는 세계 최대 규모의 가전제품 박람회로서 디지털 홈웨어, 하드웨어 및 소프트웨어, 유무선 통신기술 및 기기 등 모든 종류의 가전제품과 첨단IT 신기술이 공개되어 전 세계 전자산업의 흐름을 한눈에 볼 수 있다.

가전제품 중심에서 점차 정보기기로 그 영역을 넓혀왔으며, 오디오, 비디오, 카오디오, 컴퓨터, 하드웨어, 소프트웨어, 위성수신기, 전화기, 계산기, 시계, 카메라, 가정 자동화기기 등 일상생활과 밀접한 제품들이 선보이는 전시회로 가장 유명하다.

1967년 미국 뉴욕에서 제1회 대회가 열린 이후 지금까지 이어지면서 세계 가전업계의 흐름을 한눈에 볼 수 있는 권위 있는 행사로 자리매김하였으며, 1995년부터는 매년 1월 미국 라스베이거스에서 개최하고 있고 매년 2,000개 이상의 업체와 10만 명 이상이 방문해 세계 최대 규모의 전자박람회로 꼽힌다.

• 라스베이거스 CES 2024

출처 : CES홈페이지(https://www.ces.tech/)

2024년 1월 9일부터 12일까지 미국 라스베이거스에서 'CES 2024'가 개최되었다. CES 2024에는 전 세계 150개국에서 4,300여 개 기업이 참가한 가운데 222,967㎡ 면적에 참관객이 약 140,000명 방문하였다.

CES의 대표 키워드는 'All Together, All On'으로 모든 산업과 기업이 다 함께 인류의 문제를 혁신 기술로 해결하자는 의미를 담고 있는데 핵심은 '전 산업의 AI와의 융합'이었다.

CES는 IT와 가전이 융합된 첨단기술 경연의 장이 되고 있으며, 전시와 시연을 통해 참관객의 흥미를 유발하고 있다. 특히, CES를 찾은 사람들이 빼놓지 않고 방문했던 곳이 라스베이거스의 새로운 랜드마크로 등장한 스피어(Sphere)였다. 매디슨스퀘어가든(MSG)이 23억 달러를 들여 7년 동안 건설한 세계 최초, 세계 최대의 구형 공연장이다. 높이 111.6m, 지름 157.3m의 둥그런 외관을 5만 3,000㎡ 규모의 스크린이 감싸고 있다. 약 1만 8,000석 규모의 공연장은 1만 5,000㎡ 규모의 초고해상도 스크린이 천장까지 가득 차 있어 관람객들에게 감동을 선사했다. 또한 스피어의 외부는 미국에서 가장 인기를 끄는 옥외광고판이기도 해 글로벌 기업들의 광고가 이어지고 있다.

(2) 바르셀로나 MWC(산업 간 융합 모바일 + 통신 + Congress)

MWC(Mobile World Congress)는 GSM협회(GSM Association)가 주관해 1987년부터 스페인의 바르셀로나에서 매년 개최되는 행사로 휴대폰 제조업체와 이동통신 업체들이 참가하는 세계 최대 규모의 이동통신산업 전시회로 2024년 110,000㎡ 전시면적에 2,400여 개사, 9만 명 내외의 참관객이 참여했다.

MWC 2024 대주제는 '미래가 먼저다(Future First)'였다. 무선통신이 갖고 있는 잠재력을 최대로 끌어내기 위해 관련된 산업과 기업, 국가 등이 서둘러 힘을 모아야 함을 의미한다. 이를 위해 행사의 메인 테마로 ① 5G와 그 너머(5G and Beyond), ② 모든 것을 연결(Connecting Everything), ③ 인간화된 AI(Humanizing AI), ④ 제조업 디지털전환(Manufacturing DX), ⑤ 게임 체인저(Game Changers), ⑥ 우리의 디지털 DNA(Our Digital DNA)를 선정했다.

NWC는 무선통신 모바일 분야 기술을 중심으로 시작되었으나 점차 인공지능(AI), 증강/가상현실(AR/VR), 사물인터넷(IoT), 클라우드, 콘텐츠, 센서 등 다양한 업종으로 범위를 넓혀가는 중이다.

매년 2월 말에 열리는 MWC는 CES(세계 최대 가전 전시회)와 더불어 스마트폰과 태블릿PC 등 최신 IT 트렌드를 전망하는 척도로 업계 관계자와 소비자들의 주목을 받고 있다.

• 바르셀로나 MWC

출처 : MWC홈페이지(https://www.mwcbarcelona.com/)

(3) 첨단의료산업전시회(의료 + 첨단기술 + Convention)

첨단의료산업전시회(KIMES)는 1980년 1회 대회를 시작으로 한국의료산업발전과 함께 꾸준히 성장해 온 대한민국 최대의 의료기기 및 병원 설비 전문 전시회로 한국의료산업의 선진화에 일조하면서 세계적인 수준의 의료전문 전시회로 발돋움하고 있다. KIMES는 융복합 의료산업의 새로운 시장, 신제품을 선보이고 최신 의료정보와 의료산업의 미래를 제시하는 다양한 컨퍼런스와 세미나를 개최한다. 전시면적은 45,000㎡, 참가업체는 1,350개사, 전시 제품 수는 약 35,000개였고 35개국에서 참여하였다. 참관객 수는 70,000여 명이었다.

첨단의료산업전시회(KIMES)는 디지털 혁신, 글로벌 수출, 의료기기 인허가 등 의료산업 전반의 이슈를 다루는 세미나, 의료 전문인들의 교육 이수를 통해 지식교류의 장과 의료산업의 현재와 미래를 점검하고 발전을 논의하는 컨퍼런스, 국내기업 판로개척 및 국내기업의 글로벌기업과의 전략적 제휴 기회 확보를 위한 수출상담회, 국제 의료 트렌드 교류와 글로벌 네트워크 확대를 위한 프로그램 등으로 구성되어 있다.

• 첨단의료산업전시회(KIMES2024)

출처 : KIMES 홈페이지(https://kimes.kr/ko)

(4) 지역 관광자원 + MICE상품

정부는 관광산업의 질적 발전과 경쟁력 강화를 위해 고부가가치 · 고품격의 융복합 관광 육성 및 신시장 진출과 경쟁력 제고를 강화할 예정으로 융복합 관광은 고품격 한국관광 실현을 위한 중요한 정책이다.

우리나라 융복합 관광의 흐름을 살펴보면 1980년대 농촌관광을 시작으로 1990년 초반 컨벤션(MICE), 1990년대 후반 한류관광, 2000년대 초반 의료관광, 2000년대 후반 음식관광, 2010년대 초반 쇼핑관광, 산업관광, 2010년대 후반 이후 레저 스포츠관광, 크루즈관광, 역시 · 전통문화체험관광, K-콘텐츠 연계 관광 등으로 진행되는 것을 알 수 있다.

특히 MICE, 의료관광, 크루즈관광 등 고부가가치 융복합관광 · 레저산업을 육성하고 MICE 복합시구 제도 도입, 헬스케어, 숙박, 관광이 어우러지는 체류형 의료관광 클러스터 조성, 고궁 · 고택 · 템플스테이 등을 활용한 역사 · 전통문화 체험관광과 한식 · 패션이 연계된 한류관광 등을 육성하고 있다.

• 지역자원을 활용한 MICE상품

출처 : 그린로하스엑스포 홈페이지(https://lohasjeju.co.kr); 제주국제크루즈포럼 홈페이지 (https://www.asiacruiseforum.com)

3) MICE산업의 융복합 가능사례 예시

융복합 MICE는 기존의 MICE산업 분야에 연계가 가능한 타 산업분야 간의 융합과 복합 연계를 통해 시너지를 창출하여 경쟁력을 강화하는 데 그 목적이 있다고 할 수 있다. 적용가능 산업은 무궁무진하다고 볼 수 있으며, 유형의 사업뿐만 아니라 무형의 사업에도 적용이 가능하리라 본다. 그리고 융복합을 통한 파급효과도 여타 산업에 비해 우수할 것으로 기대되기 때문에 이와 관련된 연구개발이 지속적으로 필요하다. MICE 융복합은 의료서비스, 한류콘텐츠, IT기술, 3D 콘텐츠, 예술문화 콘텐츠, 관광자원, 인적 교류 콘텐츠, 회의 시설 및 장비, 방송 콘텐츠, 뉴마케팅, 감귤산업, 스마트그리드, 말산업, 생태관광, 금융 등 다양한 산업군과 분야에서 적용 가능하다.

MICE 융복합 적용 가능산업 예시

적용 가능 분야	융복합 MICE 소재
1. 의료서비스	한방치료, 테라피, 수치료, 건강검진, 성형상담, 의료기술 시찰
2. 한류 콘텐츠	뷰티, 패션, K-pop, 전통문화, 전통음식, 한류스타
3. IT기술	RFID, 증강현실, 모바일 app, 키오스크, 근거리통신(NFC)
4. 3D 콘텐츠	미디어 아트, 3D 복원 4D 시뮬레이터, 자동 통/번역 서비스
5. 예술문화 콘텐츠	예술문화 콘텐츠, 색채미술, 공간예술, 조형물, 연극, 무용, 건축
6. 관광자원	자연자원, 시설형 관광지, 전통문화 체험, 레저스포츠
7. 인적 교류 콘텐츠	참가자 회원관리, DM 발송, 전자명함 교류
8. 회의 시설 및 장비	원격 화상회의, 전자투표 시스템, 홀로그램, 전자종이, 로봇
9. 방송 콘텐츠	인터랙티브 광고, 온라인 다중 생중계, 영화
10. 뉴마케팅	슬로우 콘텐츠, LOHAS 웰빙, 체험, 의전, 와인, 데이마케팅, 게임
11. 감귤산업	감귤체험, 감귤재배 농가, 재래시장, 홈스테이, 가공식품, 축제
12. 저탄소산업	전기자동차, 풍력발전, 태양광발전, 그린수소 등 견학시설
13. 말산업	승마, 마유, 화장품, 마상쇼, 조랑말 박물관, 승마대회, 경마장
14. 생태관광	UNESCO 3관왕, 화산지형, 등반관람형, 해안형, 복합시설형 자원
15. MICE 카드	금융 서비스, 관광지 등 할인쿠폰, 교통카드, E-shop
16. AI기술	AI기술과 다른 산업 기술 접목을 통한 MICE 융복합 가능

출처 : 선행연구를 통해 저자 재정리

3. MICE 융복합 산업의 발전방향

1) 융복합을 통한 새로운 가치 창출

MICE산업은 다른 분야의 경영과 기술 그리고 산업과 결합하여 새로운 가치를 창출할 수 있는 분야이고 여타 산업에 비해 빠르게 산업영역을 개선하고 확장할 수 있는 기회를 제공할 수 있다. 그동안 빠른 성장을 이루어내면서 다양한 자원과 축적된 지식을 확보하고 있는데,

이러한 자원을 어떻게 연결하고 조합하여 새로운 가치를 창출하느냐가 관건이 될 것이다.

산업융합은 이종기술의 융합, 산업 간 융합을 거쳐 인물 · 예술 등 다분야 융합으로 발전하면서 세계 경제의 패러다임 변화를 주도하고 있다. 특히 최근 기존 산업의 성장 정체, 기술적 여건 성숙, 소비자 욕구 다양화 등으로 산업융합은 글로벌 메가트렌드로 가속화하는 추세이다.

MICE산업은 이제 IT기술과 융합되어 디지털 혁신을 필요로 하고 있으며, 다양한 공간과 융합되어 시설의 확장, 스포츠 · 공연 등 다양한 주제와 융복합되어 다양한 MICE 유형의 확장이 기능복합, 기술결합, 가치융합의 관점에서 진행되고 있으며 현장의 변화는 이미 시작되었다.

융합관광의 유형 분류

유형	기능복합	기술결합	가치융합
특징	• 기존 기능의 복합화 • 관광객의 편의성과 효율성 제고	• 기술의 적용 및 결합 • 새로운 첨단기술과 제품을 통한 혁신적 관광 서비스 제공	• 타 분야와의 광범위한 융합 • 관광객의 욕구를 반영한 새로운 관광 관련 비즈니스 모델 창출
사례	• 패키지 여행상품 • 복합 리조트	• 온라인 여행사 • 여행정보 서비스 • ICT 융합 서비스 제공	• 농촌관광(관광 + 농업) • 의료관광(관광 + 의료) • MICE(관광 + 전시컨벤션) • 한류관광(관광 + 엔터테인먼트)

출처 : 박경제 · 홍경완(2023), 『융합관광론』, 한울출판사

2) 융복합을 통한 새로운 콘텐츠와 서비스 제공

향후 산업 간 칸막이 없는 大융복합 시대의 부상을 앞두고 관련 산업과의 융복합 성장을 성공적으로 이루어내지 못하면 MICE산업은 성장에 한계를 보일 것이다. 디지털을 기반으로 한 새로운 콘텐츠들은 대부분의 산업군에서 융복합하는 현상을 경험하고 있다. 국내에서 MICE산업의 융복합 사례를 보면 몇몇 회사를 중심으로 융복합 상품을 선보이고 있으나, 아직은 상품 구성의 완성도 측면에서 개선의 여지가 많다는 평가를 받고 있다.

3) 지역 비교우위 산업과 손잡는 융복합 상품개발 전략 필요

현재 MICE산업의 융복합 상품은 주로 IT, BT 등과 손잡아 상품개발이 이루어지고 있는데 다소 편향된 모습을 보인다. 물론 이러한 산업의 융복합도 필요하지만 MICE산업의 특성에 맞게 융복합 대상산업의 영역을 전 산업에 걸쳐 다양하게 확장할 필요가 있다. 각 지역이 갖는 비교우위 산업을 대상으로 적극적인 융복합 전략을 가져갈 필요가 있는데 최근 다양한 분야에서 개발된 콘텐츠와 스토리텔링 자원을 적극 활용할 필요가 있다.

관광분야에서 스토리텔링은 관광지에 얽힌 스토리를 사람들의 관심과 흥미를 불러일으킬 수 있도록 표현하여 관광객을 유인하는 것이 목표이다. 관광지에 얽힌 매력적인 이야기를 효과적으로 전달함으로써 관광객의 감성을 자극하여 방문을 유도하고자 하는 것이다. MICE 산업 융복합 상품도 이러한 방식으로 참가자들에게 의미를 부여할 수 있어야 한다.

4) 정부의 융복합 정책에 적극 반응

정부가 추진 중인 서비스분야 융복합 사업추진에 적극적으로 뛰어들어야 한다. 정부의 지원을 이끌어내기 위해서는 MICE산업 융복합 상품개발이 고부가가치상품임을 보여주어야 하는데, 실질적인 성과 창출을 위해 일자리 창출과 지역경제 활성화에 기여할 수 있다는 사례분석이 제시되어야 한다.

주요국의 융합관광 정책 동향

국가	융합관광	주요 정책
프랑스	와인관광	• 와인관광은 프랑스형 농촌관광 융합모델로, 식도락 관광 + 프랑스 문화 + 지방색(농촌 분위기)이 결합 • 와인루트, 와이너리 방문, 포도농장 트레킹, 와인 페스티벌, 전시회, 경매 등 다양한 주제의 와인 관광상품 • 중앙·지방, 민간공공 부문의 협력과 파트너십을 통한 와인관광 지원체계
스위스	레저스포츠 관광	• 탐방로와 교통시스템, 레저를 융복합한 '스위스 모빌리티' 프로젝트 추진 • 탐방로를 활용해 다양한 레저스포츠 활동 프로그램을 개발하고, 스포츠 장비 판매, 지역의 자연환경 보호 등을 연계 • 온라인을 활용한 DIY형 서비스 개발 운영

헝가리	스파웰니스 관광	• 부다페스트가 스파의 도시라는 역사적 배경을 활용해 웰니스와 의료목적의 스파관광 육성 전략 수립(약 1,200개 온천 보유) • 정부는 스파웰니스 관광 관련 인재 육성에 투자 • 민간과 공공부문이 협력하여 온천·문화자원을 활용한 공동 브랜드 개발
싱가포르	MICE관광	• 물류와 금융의 중심지로서 아시아 최고 비즈니스 도시를 지향하면서 국제회의 강국으로 부상 • 정부 주도의 인프라 확충, 제도적 지원 등 공격적 투자와 글로벌 마케팅 캠페인 전개, 비즈니스 관광 및 MICE 관련 패키지 서비스 지원 확대 • 유관 산업과의 협업기반 조성을 위한 전략적 클러스터 가동

출처 : 박경제·홍경완(2023), 『융합관광론』, 한울출판사

5) MICE 융복합 상품개발 및 사업관리 시스템 구축과 범위 확장

융복합 상품개발은 이업종 간 자산이 결합되어 제3의 새로운 가치를 창출하는 산업이기 때문에 이업종 간의 협력을 중간에서 이끌어내고 관리할 수 있는 시스템 구축이 필요하다. MICE산업이 국내외에서 융복합 전략의 효과를 선점하기 위해서는 관련 이해집단의 전문가를 포함하는 TF팀을 구성하여 관련 상품의 기획과 상품개발 그리고 마케팅 전략까지 원스톱으로 관리할 수 있는 시스템 구축이 필요하다.

IT와 BT 같은 신기술과의 융복합 전략도 중요하지만 이 분야는 사실 비용부담이 커서 MICE 관련 중소규모 기업이 상품개발을 이루기에는 적지 않은 부담이 있는 것이 사실이다. 하지만 무형의 영역이라 할 수 있는 뉴마케팅 기법, 경영기술기법, 콘텐츠 및 스토리텔링과 같은 분야와 융복합을 이루어낸다면 산업의 성격도 적합하고 비용부담도 완화할 수 있을 것이다.

MICE 융복합의 적용 범위는 MICE 주축행사인 컨벤션, 인센티브 투어 그리고 전시분야를 중심으로 놓고 다양한 산업, 기술, 마케팅, 콘텐츠, 경영기법 등을 연계할 수 있는데 핵심적으로 고려해야 할 사항은 사업의 실현가능성, 타당성, 경제적 부가가치, 지역자원 연계 등이다.

• 융복합 MICE산업의 적용범위

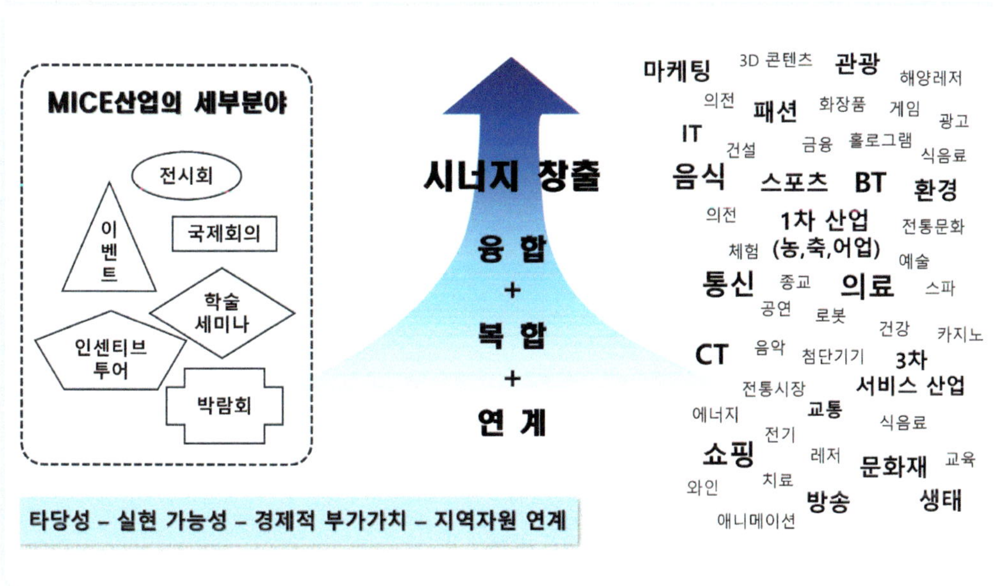

출처 : 선행연구를 통해 저자 재정리

REFERENCE 참고문헌

박경제 · 홍경완(2023), 『융합관광론』, 한울출판사

그린로하스엑스포(https://lohasjeju.co.kr)
제주국제크루즈포럼(https://www.asiacruiseforum.com)
CES(https://www.ces.tech)
MWC(https://www.mwcbarcelona.com)
KIMES(https://kimes.kr/ko)

현대 MICE
산업의 이해

CHAPTER

4

MICE 기획

Meeting

Incentive

Convention

Exhibition

CHAPTER

04 MICE 기획

1. MICE 기획의 개념

기획은 특정 목적을 달성하기 위해 상황을 분석하고, 이를 해결하기 위한 구체적인 실행 방안을 제시하는 체계적인 과정이다. 특히 MICE 기획에서는 참여 이해관계자들에게 명확하고 설득력 있게 전달되며, 흥미를 유발할 수 있는 방식으로 작성되어야 한다. MICE 기획자는 고객의 관점에서 왜 기획을 하는지, 구체적으로 무엇을 말하고 있는지, 어떤 절차와 방법으로 문제를 해결할 것인지, 기대할 수 있는 성과는 무엇인지에 대한 명확한 답을 제시해야 한다.

MICE 기획은 복잡하게 얽힌 다양한 이해관계자의 요구와 갈등을 해결하고, 명확한 방향성을 제시해야 한다. 특히 오늘날의 기획은 과거의 단순한 문제 해결 방식을 넘어 데이터 기반의 전략적 의사결정과 디지털 기술의 활용을 필수 요소로 포함하고 있다. 이는 기획자가 현재 상황(AS-IS)과 목표 상태(TO-BE) 간의 격차를 분석하고, 이를 해결하기 위한 혁신적인 접근법을 제안하는 데 도움을 준다.

오늘날의 MICE 기획은 대규모 데이터를 수집하고 분석하여 의사결정에 반영한다. 참가자의 행동 데이터, 선호도 분석, 소셜미디어 피드백 등이 주요 데이터 원천이다. 이를 통해 참가자의 니즈를 사전에 예측하고 맞춤형 경험을 제공할 수 있다. 또한, 환경적, 사회적 지속 가능성을 고려한 기획이 중요해졌다. MICE 행사는 탄소발자국 최소화와 같은 친환경 전략,

지역 사회와의 상생 방안, 윤리적 소비를 포함해야 한다. 이는 참가자와 고객 모두에게 긍정적인 영향을 미친다.

MICE 기획은 과거보다 더 복잡하고 다층적인 과정을 요구한다. 행사를 유치하고 진행하며 사후 평가하는 기본 틀 외에도, 디지털 기술의 활용, 참가자 경험 강화, 통합 운영 관리와 같은 세부 영역에서 정교한 기획이 필요하다. 디지털 기술은 하이브리드 행사, 메타버스 플랫폼, 실시간 스트리밍 등과 같은 혁신적 요소를 제공하며, 몰입형 체험, 감각적 연출, 맞춤형 콘텐츠는 참가자 경험을 극대화한다. 또한 숙박, 교통, 관광, 의전, 식음료, 연사 관리, 인적 자원 배치까지 모든 프로세스의 효율적 운영이 필수적이다.

MICE 행사는 다양한 산업이 융합된 복합적인 이벤트로, 예상치 못한 변수에 대한 대처 능력이 중요하다. 이를 위해 사전 준비, 실행, 사후 평가의 단계별 체계적인 접근이 필요하다. 사전 준비 단계에서는 목표 설정과 KPI 정의, 데이터 분석과 이해관계자 요구 파악, 상세 일정 및 예산 계획, 위험 요소 사전 점검이 이루어진다. 실행 단계에서는 실시간 모니터링과 문제 해결, 디지털 도구를 활용한 참여도 증대, ESG 원칙을 실천하는 운영 방식이 중요하다. 사후 평가 단계에서는 실시간 피드백 및 빅데이터 분석, 경제적, 사회적, 환경적 성과 측정, 개선점을 도출하여 다음 기획에 반영하는 것이 필요하다.

결론적으로 MICE 기획은 다양한 이해관계자의 요구를 충족시키고, 참가자에게 의미 있는 경험을 제공하기 위한 복합적인 과정이다. 이를 성공적으로 수행하기 위해 기획자는 데이터 기반 접근법, 지속 가능성 전략, 최신 기술 활용을 필수적으로 고려해야 한다. 변화하는 환경 속에서 효율적이고 혁신적인 MICE 기획은 경쟁력을 높이고, 행사의 성공을 보장하는 핵심 요소가 될 것이다.

2. 개최지 선정

대부분의 개최 후보지들은 자신들의 지역이 행사 개최지로 선정되도록 전문적인 서비스를 제공하기 위해 컨벤션뷰로(CVB: Convention and Visitors Bureau)를 운영하며, 행사 주최자에게 종합적이고 상세한 정보를 제공하고 있다. 이러한 컨벤션뷰로는 접근성, 숙박시설, 교통망, 행사 시설, 관광자원 등 다양한 요소에 대한 전문적인 데이터를 제공하여 행사가 성공적으로 진행될 수 있도록 돕는다.

개최지 선정은 MICE 기획의 핵심 요소 중 하나로, 장소에 따라 참가자들의 참여도와 행사의 성공 여부가 크게 달라질 수 있다. 특히 접근성, 숙박시설의 다양성과 품질, 현지의 매력적인 관광 및 문화 요소, 친환경 인증 여부, 최신 기술 인프라 등을 종합적으로 고려해야 한다. 예를 들어, 교통의 편리성과 지속 가능한 개최지로서의 이미지가 부합한다면 참가자들의 만족도와 참여도가 높아질 가능성이 크다. 이에 따라 주최자는 개최지의 경쟁력을 분석하고, 행사의 목적과 특성에 맞는 최적의 장소를 선정해야 한다.

개최지 선정 항목

주요 항목	세부항목
접근성	• 비용 : 교통 및 기타 이동 비용의 경제성 • 시간 : 여행 거리와 소요 시간 • 교통망 빈도수 : 행사 개최지까지 연결되는 노선의 다양성과 빈도 • 편리성 : 항공 및 기타 교통수단 간의 연결 용이성 • 여행장애 : 비자 발급, 세관 통관 등 여행 절차의 간소성
개최지 지원 정도	• 현지 지부의 지원 범위 : 행사 진행에 필요한 행정적, 기술적 지원 • 컨벤션뷰로(CVB) 및 컨벤션센터의 지원 규모 : 인프라 및 자원 제공 • 리베이트나 보조금 등 재정적 지원
컨벤션 이외의 기회	• 오락 요소 : 식당, 바, 극장, 나이트클럽 등 • 쇼핑 요소 : 쇼핑몰, 백화점, 저가상점 등 • 관광자원 : 박물관, 기념물, 역사유적, 자연공원 등 • 레크리에이션 : 스포츠 관람 및 참여 기회 • 사업적 기회 : 현지 고객 방문, 판촉, 마케팅 활동
숙박시설	• 객실 수용 능력 : 참가자 규모를 수용할 수 있는 숙박시설 • 비용 : 합리적이고 경쟁력 있는 숙박 요금 • 서비스 수준 : 호텔 및 기타 숙박시설의 품질 • 안전성 : 호텔 보안 및 환경의 안전성 • 이용 가능성 : 행사 일정에 맞는 숙박시설의 가용성
컨벤션시설	• 회의시설의 수용 능력 : 참가자 규모와 행사 성격에 맞는 공간 제공 • 분위기와 환경 : 행사 목적에 부합하는 시설의 품격 • 서비스 수준 : 기술적 지원 및 편의시설 • 안전성 : 회의시설의 보안 및 안전 조치 • 이용 가능성 : 행사 일정에 적합한 시설 확보

정보	• 과거 경험: 이전 행사의 성공적 개최 경험 여부 • 평판: 회의 기획자들 간의 평판과 신뢰도 • 마케팅 활동: 효과적인 목적지 홍보 및 마케팅 실행
기타 기준	• 위험 관리: 자연재해, 파업, 거부운동 등의 리스크 분석 • 경제적 영향: 행사 개최로 인한 수익 및 비용 평가 • 협회 홍보: 개최지가 협회의 신뢰도와 회원 확보에 미치는 영향 • 새로운 특징: 차기 개최지로서의 경쟁력 및 독창성 • 결론적으로, 컨벤션 개최지 선정은 단순히 물리적 장소를 결정

출처 : Crouch, G. I., & Ritchie, J. R. B.(1998), Convention Site Selection Research: A Review, Conceptual Model and Propositional Framework, Journal of Convention & Exhibition Management, 1(1): 49–69; 한숙영(2016), 컨벤션 기획사의 개최지 선택속성에 따른 시장세분화 연구, 한국관광학회 관광연구저널, 30(4): 71–88 재인용

위 내용처럼 행사의 성공 여부는 개최지 선정에 크게 좌우된다. 각 행사는 목표와 성격이 다르므로, 기획자는 이를 면밀히 분석하여 적합한 장소를 결정해야 한다. 이를 위해 행사 목표를 명확히 이해하고, 참가자의 요구사항과 행사 특성을 사전에 조사하는 과정이 필요하다. 또한, 물리적, 기술적, 문화적 요인을 종합적으로 검토하여 최적의 개최지를 선정해야 한다.

행사의 과거 자료를 분석하는 것도 중요한 과정이다. 행사 일정, 예상 참가자 수, 과거 참가자의 특성을 조사하면 보다 효과적인 개최 계획을 수립할 수 있다. 또한, 회의실 수요, 인근 관광자원, 숙박 및 회의 시설의 서비스 품질, 외국어 가능 운영 인력의 확보 가능성 등을 고려해야 한다. 아울러, 지역 사회의 협조 여부, 물가 안정성, 참가자 안전 보장 여부도 검토해야 할 요소다.

개최지를 선정할 때는 회의장과 호텔 등의 시설을 신중히 검토해야 한다. 회의의 성격, 예산, 시설 수준, 담당자의 태도, 서비스 품질 등이 주요 고려 사항이며, 행사 기간 중 대규모 공사나 다른 행사와의 일정 중복이 없는지도 확인해야 한다. 개최 지역은 크게 대도시, 시외 지역, 공항 권역으로 나눌 수 있으며, 각각의 지역은 다음과 같은 특징을 갖는다.

대도시에서 행사를 개최하면 특급 호텔과 대형 연회장을 쉽게 활용할 수 있으며, 교통이 편리하여 참가자의 이동이 용이하다. 또한, 행사 관련 서비스 제공업체가 인근에 있어 원활한 운영이 가능하다. 그러나 주차 공간이 부족할 수 있다는 단점이 있다.

시외 지역은 자연경관을 즐길 수 있고, 여유로운 행사 진행이 가능하다는 장점이 있다. 최근에는 도심을 벗어난 편안한 환경에서 MICE 행사를 진행하는 경우가 늘어나고 있다. 다만, 대도시에 비해 접근성이 떨어질 수 있다는 점을 고려해야 한다.

공항 인근은 당일 회의나 소규모 위원회에 적합한 장소로, 이동이 편리하고 시간과 비용을 절약할 수 있다. 하지만 서비스 제공이 제한적일 수 있으며 항공기 소음이 방해 요소로 작용할 수 있다.

이처럼 개최도시는 행사 목표와 참가자의 특성을 고려하여 신중하게 선정해야 한다. 철저한 사전 분석을 통해 최적의 장소를 결정하면, 행사 운영의 효율성을 높이고 성공적인 결과를 도출할 수 있다.

3. 예산 수립

1) 예산계획 수립

MICE 행사의 예산 수립과 집행은 성과 관리를 위한 핵심적인 요소로, 행사 성공에 결정적인 영향을 미친다. 예산은 기획 단계에서부터 체계적으로 관리되어야 하며, MICE 행사는 변수가 많고 불확실성이 크기 때문에 철저한 사전 조사와 데이터 분석이 필수적이다. 성공적인 예산 수립을 위해서는 예상되는 모든 수입과 지출 항목을 면밀히 예측해야 하며, 행사 규모, 회의장 선정, 참가 인원, 회의 형태, 하이브리드 행사 여부 등 주요 요소를 정확하게 파악하는 것이 중요하다.

예산계획 수립은 행사 기획자가 수행해야 할 핵심 업무 중 하나로, 이를 통해 주최측의 재무 목표를 달성하고 참가자에게 높은 만족감을 제공할 수 있다. 이를 위한 주요 단계는 다음과 같다.

먼저, 재무 목표를 설정해야 한다. 행사에서 이익 창출을 목표로 한다면 수익 중심의 예산을 수립해야 하며, 손익분기점을 달성하는 것을 목표로 할 수도 있다. 경우에 따라서는 행사 자체의 상징적 가치나 사회적, 장기적 효과를 고려하여 손해를 감수하는 비재무적 목표를 설정할 수도 있다.

예산을 작성할 때는 기본 원칙을 준수해야 한다. 기존 주최 조직의 재무 관리 방침을 검토하고, MICE 전문 기획자와 협의하여 행사 목적과 규모에 적합한 예산 항목을 설계해야 한다. 특히 반복적으로 열리는 행사의 경우, 과거 데이터를 활용하여 참가 등록비, 프로그램 운영비, 후원 스폰서십 등의 항목을 분석하고 이를 바탕으로 예산을 수립해야 한다.

데이터 기반 계획도 필수적이다. 처음 개최하는 행사라면 유사한 규모와 형태의 MICE 행사 데이터를 참고하여 지출과 수입을 예측해야 한다. 최근에는 데이터 기반 도구와 AI 분석 기술을 활용하여 예산 수립의 정확성을 높이고, 예측 가능성을 강화하는 추세다.

예산안은 과거 데이터와 비교하여 작성하는 것이 효과적이다. 직전 행사와의 비교 분석을 통해 비용 효율성을 높이고, 재정 운용의 투명성을 확보할 수 있다. 수입과 지출 내역은 표준화된 단위와 항목을 사용하여 가독성을 높이고, 비교 분석이 용이하도록 구성해야 한다.

예산 수립과 집행 과정에서는 기록과 투명성을 강화하는 것이 중요하다. 모든 예산 관련 절차를 체계적으로 기록하여 누락 없이 관리하고, 예산서를 단순한 계획 도구가 아닌 과거와 현재를 연결하는 중요한 자료로 활용해야 한다. 이를 위해 클라우드 기반 ERP 시스템과 같은 디지털 예산 관리 도구를 사용하여 실시간 모니터링을 진행하는 것이 효과적이다.

2) 지출내역의 분석

MICE 행사의 지출 내역은 직접비와 간접비, 고정비와 변동비로 구분된다. 이러한 구분은 예산 계획과 성과 관리를 효율적으로 수행하는 데 도움이 되며, 예상치 못한 비용 발생을 줄이는 데 기여한다.

직접비는 행사 진행과 직접적으로 관련된 비용을 의미하며, 시청각 기자재 임대료, 회의상 임대료, 프로모션 비용 등이 포함된다. 반면, 간접비는 행사 운영 전반에 필요한 비용으로, 사무실 임대료나 보험료 등이 해당된다.

고정비는 참가자 수와 관계없이 발생하는 비용으로, 운영비, 출장비, 행사장 임대료 등이 이에 포함된다. 반면, 변동비는 참가자 수에 따라 달라지는 비용으로, 객실료, 식음료비, 등록 자료 제작비 등이 해당된다.

이러한 지출 내역을 명확히 분석하고 체계적으로 관리하면, 예산 초과를 방지하고 효율적인 재정 운영이 가능해진다. MICE 행사의 예산은 단순한 지출 항목의 나열이 아니라, 행사 성과를 극대화하는 전략적 도구로 활용되어야 한다.

지출안을 작성할 때 가장 중요한 점은 가능한 모든 항목을 꼼꼼히 검토하고 이를 지출 계획에 반영하는 것이다. 일반적으로 고정비와 변동비에 해당하는 항목은 과거 데이터를 활용하여 비교적 쉽게 파악할 수 있지만, 종종 간과되기 쉬운 세부 항목들이 있다.

예를 들어, 기조연설자를 초청하는 경우 교통비, 숙박비, 사례비 등과 관련된 비용을 정확히 산정해야 한다. 또한, 계약 해지 시 발생할 수 있는 위약금이나 각종 수수료도 사전에 확인해 예산에 포함시켜야 하며, 행사 장소를 사전 답사하는 데 필요한 교통 및 체류비도 고려해야 한다. 행사 종료 후에는 설문조사 및 데이터 분석, 보고서 제작과 같은 사후 평가를 위한 비용이 소요될 수 있으며, 이를 준비하지 않을 경우 추가 지출이 발생할 위험이 있다.

고정비와 변동비 항목

고정비	변동비
운영비, 출장비	객실료
광고 및 브로슈어 인쇄물 제작비	연회 및 커피브레이크
행사장 임대료, 전시장 임대료	환대프로그램비
연자료 및 연자 여행경비	전시 장치비
신문, 잡지 광고비와 프로모션 비용	주문제작비
기자재 임차료	전시비
동시통역비 및 번역비	Kit 제작 비용
PCO 용역비	인건비

출처 : 안경모·이민재(2006), 『컨벤션경영론 기획·운영』, 백산출판사, p.45

이외에도 행사 진행 중 발생할 수 있는 다양한 위험에 대비하기 위해 보험료를 책정하는 것은 필수적이다. 행사 관련 책임보험이나 장비 파손 보험을 포함해, 예상치 못한 상황에서 재정적 손실을 최소화해야 한다. 행사 홍보와 운영을 위한 홈페이지의 디자인, 도메인, 호스팅 및 유지보수 비용도 간과해서는 안 된다. 마지막으로, 기타 관리 비용으로 긴급 상황에 대비한 예비비를 설정하면 예상치 못한 지출에 대한 대응력을 높일 수 있다.

비용 지출항목의 예

구분	내용
개최지 선정비용	• 개최지 조사 비용 • 제안서 요청서 작성 및 배포 • 출장비, 숙박료, 교통비
인건비	• 정규직 연봉 및 복리후생비, 임시직 임금 • 관리비, 보안경비, 전기료, 시청각 기자재 계약 비용
프로모션 비용	• 홍보물품 제작 및 배포, 통신비(전화료, 이메일) • 광고료, 등록/숙박 확약서
전시, 홍보, 커뮤니케이션, 계약, 임대, 장식, 관리비 등	• 매뉴얼, 리스트, 규정, 차트 등 복사 • 운반료, 전기료, 보관료, 사무실 임대료
인쇄비용	• 등록 및 숙박 신청서, 관광 및 특별행사 신청서 • 프로그램 소책자, 네임택 커버, 메뉴 및 프로그램 안내문, 특별 초청장
프로그램 비용	• 연사료 및 연사 여행경비, 회의실 임대료 • 시청각 기자재 서비스, 장식, 안내 표지판, 시상품 동시통역 관련 상비
동반자, 어린이프로그램 코디네이터 비용	• 선물, 프로그램 비용, 교통비, 보험료, 위원회 경비, 보모 비용, 엔터테인먼트
기타 비용	• 사무실 집기류, 창고/저장료, 선물, 기념품, 보험료, 세금, 회계 및 법률 서비스, 운송료(셔틀버스, 리무진)

출처 : PCMA(2006), Professional Development Series에서 인용된 부분 표로 재구성

3) 수입내역 분석

MICE 행사에서 주최측은 예측 가능한 수입원을 확보하여 안정적인 재정을 유지하고 성공적인 행사 운영을 도모해야 한다. 이를 위해 참가자 등록비, 전시 부스 판매비, 광고 수익, 개별 행사 비용, 자기자본, 기금, 스폰서 비용 등 다양한 수입원을 철저히 분석하고 체계적으로 계획하는 것이 중요하다.

우선, 등록비는 일반적인 회의나 학술회의에서 주요 수입원으로 작용하며, 전체 행사 비용과 포함 항목을 고려하여 책정된다. 예를 들어, 식음료비, 지상 교통비, 기조연설자 초청비, 숙박비 등이 이에 해당한다. 최근에는 환영 만찬이나 관광 프로그램과 같은 선택적 등록 프로그램이 증가하면서, 기본 등록비를 낮게 책정하는 대신 추가 비용이 필요한 옵션을 제공

하여 참가자들의 선택권을 확대하는 방식이 활용되고 있다. 등록비는 이전 행사 데이터를 기반으로 결정되며, 물가 상승률과 비용 변화를 반영하여 조정된다.

전시 부스 판매비 또한 MICE 행사에서 중요한 수입원 중 하나이다. 전시회를 통해 부스를 판매하거나 전시 스폰서십을 유치하여 수익을 창출할 수 있으며, 이를 통해 행사 경비의 일부를 조달할 수 있다. 또한, 전시회는 참여 업체와 참가자 간의 네트워킹 기회를 제공하여 행사 만족도를 높이는 역할도 한다. 다만, 전시회를 운영하기 위해서는 추가적인 비용과 인력을 고려해야 하며, 이를 위해 체계적인 운영 계획이 필요하다.

광고와 스폰서 수익 역시 중요한 재원 확보 방법 중 하나이다. 광고는 회의 자료집, 프로그램 안내서, 행사 홈페이지 등에 삽입되는 방식으로 운영되며, 이를 통해 추가적인 수익을 창출할 수 있다. 스폰서는 단순한 재정적 기여를 넘어 행사 홍보와 인지도 향상에도 기여하며, 신뢰도를 높이는 데 중요한 역할을 한다. 성공적인 스폰서십 유치를 위해서는 업계 관계자들과의 긴밀한 협력이 필요하며, 효과적인 프로모션 전략을 병행해야 한다.

이외에도 다양한 방식으로 추가적인 수입을 창출할 수 있다. 주최측은 사전에 조성된 기금이나 후원 단체의 지원금을 활용하여 재정을 확충할 수 있으며, 대규모 행사에서는 행사 로고나 엠블럼을 활용한 특허료 및 라이선스 수익을 얻을 수도 있다. 또한, 워크숍, 관광 프로그램, 환대 행사 등의 개별 프로그램을 통해 추가적인 수익을 창출할 수 있다.

MICE 행사의 수입원을 효과적으로 관리하기 위해서는 몇 가지 주요 사항을 고려해야 한다. 먼저, 등록비를 책정할 때 참가자의 유형에 따라 차별화된 요금을 설정하는 것이 필요하다. 예를 들어, 일반 참가자, 학생, VIP 등으로 구분하여 등록비를 다르게 책정할 수 있으며, 조기 등록 할인과 단체 등록 혜택을 제공함으로써 보다 많은 참가자를 유치할 수 있다.

스폰서십 전략 또한 신중하게 수립해야 한다. 단순한 재정 지원을 넘어 공동 프로모션과 브랜드 협력을 통해 장기적인 파트너십을 구축하는 것이 중요하며, 디지털 시대에 맞춰 스폰서의 노출 기회를 확장하는 전략이 필요하다. 예를 들어, 소셜 미디어, 행사 전용 애플리케이션, 홈페이지 등을 활용하여 스폰서의 가시성을 높일 수 있다.

또한, 데이터 기반의 수익 예측이 필요하다. 과거 행사 데이터와 유사한 행사 데이터를 분석하여 수입원을 추정하고, 이를 바탕으로 예산을 체계적으로 계획해야 한다. 최근에는 AI와 빅데이터 분석 도구를 활용하여 수입 최적화를 위한 시뮬레이션을 실행하는 사례도 증가하고 있다.

마지막으로, 수익 모델을 다변화하는 것이 중요하다. 기존의 수익원에 의존하는 것에서 벗어나 디지털 참가자 등록비나 가상 전시회 참가비 등 새로운 수익 모델을 적극적으로 탐색해야 한다. 특히, 하이브리드 행사 방식이 증가하는 만큼 온·오프라인 참가비와 프로그램을 분리하여 운영하면 더 많은 수익을 창출할 수 있을 것이다.

4) 예산서 작성

MICE 행사의 예산서 작성은 행사 기획과 운영의 출발점으로, 준비 단계에서 가장 중요한 작업 중 하나이다. 일반적인 이벤트와 달리 MICE 행사는 준비 기간이 길고, 지출 및 수입 항목이 복잡하게 얽혀 있어 예산 관리의 난이도가 높다. 따라서 예산서 작성 단계에서 세부 항목을 철저히 분석하고, 현실적인 수치를 기반으로 작성하는 것이 필수적이다.

첫째, 모든 발생 가능한 지출 항목을 세분화하고 구체적으로 정의해야 한다. 지출 항목은 고정비와 변동비로 나누어 관리하며, 회의장 임대료, 전시 부스 설치비, 홍보 자료 제작비, 연사 초청비 등 필수적인 고정비뿐만 아니라, 참가자 수와 행사 형태에 따라 변동하는 비용인 식음료비, 숙박비, 등록 키트 제작비 등도 포함해야 한다. 또한, 사전 답사비, 사후 평가 비용, 보험료 등 간과되기 쉬운 항목도 예산서에 반드시 반영해야 한다.

둘째, 견적서를 통해 지출 항목의 정확한 비용을 확인해야 한다. 행사와 관련된 모든 업체로부터 견적서를 받아 금액을 산출하고, 비용 변동 가능성이 높은 항목에 대해서는 추가적인 변수를 고려한다. 직전 대회의 예산서를 참고할 때에도 물가 상승률을 적용해 현재 시점의 금액으로 계산하는 것이 중요하다.

셋째, 물가 변동을 예산서에 반영해야 한다. MICE 행사는 준비 기간이 6개월에서 1년 이상으로 길기 때문에, 준비 당시 금액으로 예산을 작성하면 물가 변동으로 인해 예상치 못한 손실이 발생할 수 있다. 이를 방지하기 위해 정부나 공신력 있는 기관의 물가 상승률 자료를 기준으로 비용을 조정해야 한다.

넷째, 계약 시 물가 변동 위험에 대비해야 한다. 주요 계약에는 물가 상승률을 반영한 조항을 포함하거나, 변동 가능성을 명시해 업체와의 분쟁을 예방해야 한다.

다섯째, 수입 항목을 세분화하여 분석해야 한다. 등록비, 전시 부스 판매비, 광고 수익, 스폰서 지원비 등 주요 수입원을 상세히 분석하고, 참가자 등록비는 조기 등록 할인과 추가

옵션 프로그램을 통해 다양한 수익 구조를 설계해야 한다.

손익분기점(Break-even Point) 분석은 MICE 행사에서 재정적인 목표를 설정하고, 행사 성공 여부를 판단하는 데 중요한 도구이다. 손익분기점은 총수입이 총지출과 동일한 지점으로, 이를 초과하면 흑자를, 도달하지 못하면 적자를 기록하게 된다.

먼저, 참가자 등록비와 필요한 참가자 수를 계산해야 한다. 손익분기점 도달을 위해 필요한 최소 참가자 수를 계산하고, 등록비 수준, 참가자 수요 예측, 예상 비용을 고려하여 실질적인 수익 규모를 도출해야 한다.

다음으로, 전시 부스 판매와 스폰서 수익을 분석해야 한다. 전시 부스 판매는 등록비 외의 주요 수익원으로, 판매 가능한 부스 수와 단가를 기반으로 예상 수익을 계산한다. 스폰서 수익은 핵심 스폰서 확보 여부와 후원 패키지에 따라 달라지며, 행사 홍보와 수익 증대를 동시에 도모하는 역할을 한다.

또한, 비용 절감을 통한 손익분기점 도달 방안을 검토해야 한다. 수익 증대가 어려운 경우, 주요 비용 항목을 재구성하거나 불필요한 지출을 줄여 총지출을 낮추는 전략을 활용할 수 있다. 마지막으로, 시뮬레이션을 통해 다양한 변수를 분석해야 한다. 참가자 등록률 변화, 예상보다 낮은 전시 부스 판매량 등 여러 가지 변수를 반영한 시뮬레이션을 통해 현실적인 손익분기점을 도출할 수 있다.

투자수익률(ROI)은 재정 목표의 달성 여부와 별개로, 행사의 성공을 판단하는 중요한 척도이다. 이는 가장 널리 사용되는 경영성과 측정 기준 중 하나로, 기업의 경영성과를 계획, 통제 및 평가하는 데 활용된다. 최근에는 내부 통제, 자원 배분 결정, 이익 예측, 채권자 및 투자자에 의한 기업 경영성과 평가 등 다양한 목적으로 사용되고 있다.

MICE산업에서도 투자수익률은 행사를 진행하면서 발생하는 예산의 흐름을 통제하고 투자 대비 성과를 평가하는 데 중요한 기준으로 활용된다. 지역산업에 대한 경제적 파급효과는 유발 효과로 계산되지만, 투자수익률은 행사 자체의 경영성과를 평가하는 척도로 자주 사용된다.

투자수익률(ROI)은 순수익을 투자 비용으로 나눈 값에 100을 곱하여 백분율로 나타낸다. 이를 공식으로 표현하면 다음과 같다.

$$\text{투자수익률(\%)} = (\text{수익} - \text{투자비})/\text{투자비} \times 100$$

이 공식은 산업 분야를 막론하고 투자 대비 경제적 효과를 계산할 때 사용된다. MICE산업에서도 회의, 행사, 전시회 등의 지출과 투자수익에 대한 평가를 위해 ROI를 활용하고 있다.

ROI를 정확히 산출하기 위해서는 계산에 필요한 수익과 투자비에 영향을 미치는 변수들 간의 인과관계를 파악해야 한다. 이를 위해 예산 지출과 수익에 대한 사후 평가를 진행하는 것이 필수적이다. MICE산업의 특성상, 행사가 끝난 후의 수익 분석은 단순히 장부상의 수익 · 비용 분석뿐만 아니라, 회의에서 파생되는 무형 가치를 금전적으로 환산해야 하는 경우도 발생할 수 있다. 따라서 이러한 부분까지 고려하여 신중하게 평가해야 한다.

4. 의전 및 공항 영접/영송서비스

1) 의전

MICE산업에서 의전은 정부회의, 기업회의, 협회회의 등 회의의 종류를 막론하고 적절한 관리가 필요하다. 특히 의전 관리가 가장 중요한 회의는 정부 간 회의로, 국가행사, 외교행사, 국가원수의 방문 등 주요 인사의 영접과 영송이 포함된다. 이러한 정부 간 회의에서 의전은 실수가 용납되지 않는 중요한 요소로, 행사의 성공과 직결된다.

의전은 각 국가나 도시의 사고방식과 문화가 다르기 때문에 전 세계적으로 통일된 규칙은 존재하지 않는다. 각 지역의 고유한 문화와 전통을 존중해야 하며, 이러한 다양성을 수용하면서 의전 절차를 준비하는 것이 중요하다. 그러나 의전을 준비하고 실행할 때 반드시 주의해야 할 공동적인 원칙이 있다. 정치, 종교, 인종, 국가, 성별에 따른 차별을 해서는 안 되며, 모든 참가자를 공평하게 대우해야 한다는 점이다.

의전은 행사의 첫인상을 결정짓는 중요한 요소로, 공항에서의 영접으로 시작된다. 이를 위해 공항 관리자와 협의하여 적절한 규모의 환영 현수막을 설치하고, 입국하는 각 나라의 대표와 주요 귀빈을 사전에 확인해야 한다. 주최측은 VIP를 비롯한 일반 참가자들을 영접하기 위해 전담 요원을 배치하며, 참가자들의 편안한 도착을 지원한다.

MICE 행사의 경우 국내 참가자뿐만 아니라 다양한 국가에서 온 해외 참가자들이 참석하기 때문에, 안전과 보안 문제가 무엇보다 중요하다. 이를 위해 의전 준비 단계에서부터 관련

기관과의 긴밀한 협조가 필수적이다. 특히, 입국 및 출국 과정에서 참가자들의 편의를 높이기 위한 세심한 계획이 필요하다.

입국 절차와 관련하여 참가자들의 신속한 입국 수속을 지원하기 위해 별도의 심사대를 설치하는 방안을 고려할 수 있다. 참가자가 비자 발급에 어려움을 겪는 경우, 주최측은 참가자를 대신하여 비자를 신청하거나 긴급 상황에서는 입국 수속을 대행할 수도 있다. 또한, 관세청과 협조하여 참가자의 수하물 반출 절차를 원활히 진행하도록 지원해야 한다. 이러한 절차를 소홀히 할 경우, 과징금 부과나 물품 반입 거부와 같은 문제가 발생할 수 있으며, 이는 행사에 큰 지장을 초래할 수 있다.

또한, 행사가 종료된 이후에는 참가자들이 자국으로 돌아가는 출국 절차를 지원해야 한다. 이를 위해 참가자들의 항공 일정을 확인하고 필요한 경우 출국 수속을 대신 진행할 수 있다.

안내표지판에는 공항 영접 표지판을 비롯한 각종 장소안내 표지판이 있다. 공항 영접 표지판은 환영 피켓, 영접 및 안내데스크 표지판, 전용 통관대 표지판 등이 있으며, 참가자들이 입국할 때 보다 편리하게 원하는 장소를 찾을 수 있도록 돕는다. 이 밖의 표지판으로는 사무실 표지판, 행사 세션 안내표지판, 주차장 표지판, 방향유도 표지판 등이 있다.

그 외, 국제행사에서 참석자의 서열은 크게 공식서열과 관례상의 서열로 나눌 수 있다. 공식서열은 왕국의 왕, 귀족, 공무원, 군인, 정부 고위관료 등 신분별 지위에 따라 공식적으로 인정되는 서열을 의미하며, 이는 각 국가별로 인정되는 기준이 상이하다. 예를 들어, 한국에서는 명문으로 규정된 서열은 없으나, 행사에서 통용되는 묵시적인 기준이 존재한다. 그러나 국제행사를 운영할 때는 자국의 기준만을 고집하지 말고, 행사 참가자의 유형에 따라 서열을 탄력적으로 조정하는 것이 필요하다.

이와 같은 서열은 행사의 원활한 진행과 참석자 간의 예의를 지키는 데 중요한 역할을 한다. 그러나 현대 국제사회에서는 특정 기준이 고정적으로 적용되기보다는 문화적 다양성을 고려한 좌석 배열 또한 중요하다. 국제행사의 원활한 진행과 참석자들 간의 예우를 결정짓는 중요한 요소로, 잘못될 경우 문제를 초래할 수 있으므로 신중하게 이루어져야 한다. 좌석 배열은 참석자의 권위와 인격에 직접적인 영향을 미치기 때문에 소홀히 다룰 수 없으며, 세심한 배려가 필요하다. 좌석을 배정할 때는 국가별로 지정석을 마련하거나 자유롭게 앉는 방식을 사용할 수 있다. 하지만 대부분의 경우, 지정석을 활용하는 방법이 선호된다. 지정석을 사용할 경우 참석자들이 자신의 자리를 쉽게 찾을 수 있도록 대표들의 소속 국명을 표시하고, 사전에 참석자들에게 이를 안내해야 한다. 좌석 배치 순서는 알파벳 순으로 하는 것이 일반적이며, 추첨 방식을 활용하거나 국가 간 정치적 관계를 고려하여 주최측에서 임의로 좌석을 지정할 수도 있다. 이때 주최국의 좌석은 보통 맨 마지막에 배치하는 것이 관례이다.

좌석 배열은 단순히 자리를 배정하는 것을 넘어, 참석자들이 편안하게 행사를 즐길 수 있도록 분위기를 조성하고, 행사의 품격을 높이는 중요한 요소이다. 기획자는 이러한 점을 염두에 두고 좌석 배치 계획을 신중하게 수립해야 한다.

2) 공항 영접/영송 서비스

공항 영접과 영송은 참가자들에게 편리한 이동을 제공하고, 입출국 수속과 숙소 이동 과정을 원활하게 지원하기 위한 필수적인 서비스이다. 이를 통해 참가자들이 행사에 집중할 수 있는 환경을 조성하고, 긍정적인 경험을 제공하는 것이 목적이다.

우리나라의 경우, 공항 영접은 주로 공항에서 이루어지며, 영송은 본부 호텔에서 진행된다. 영접 과정에서는 참가자들이 공항 도착 후 복잡한 입국 절차를 원활히 마칠 수 있도록 돕고, 숙소로의 이동을 주최측에서 준비한 교통편으로 지원한다. 이는 참가자들이 행사장이나 숙소로 이동하는 동안 불편을 최소화하고, 행사 시작부터 긍정적인 인상을 받을 수 있도록 하는 중요한 요소이다.

VIP를 대상으로 하는 공항 영접은 공항 내에 설치된 의전실을 확보하여 제공하는 것이 주최측에게는 편리한 방법이다. 해외 VIP를 위한 의전실 사용은 국외 장관급 이상의 인사이거나 외교부 장관의 추천을 받은 경우에 가능하다. 이를 위해 공항 의전팀에 VIP 의전 협조 요청 공문을 발송하여 의전실 및 주차장 사용, 대리 입국 수속, CIQ(세관, 출입국, 검역) 임시출입증 발급 등을 요청할 수 있다.

CIQ 임시출입증은 VIP를 위한 다양한 업무를 처리하는 데 사용된다. 이를 통해 대리 입국 수속을 진행할 수 있으며, 전담 요원을 지정하고 훈련시켜 VIP가 공항에 도착하자마자 전 과정을 동행하며 개별 영접 업무를 수행한다. 이 과정에서 VIP가 특별한 의전 서비스를 받고 있다는 인식을 주기 위해 일반 참가자들과는 다른 전용 동선을 사용하도록 해야 한다.

반면, 일반 참가자에게는 VIP와 같은 수준의 서비스를 제공하기 어려운 경우가 많으므로,

다른 방식의 지원이 필요하다. 개별 영접이 어려운 상황에서는 참가자들이 공항 입국 과정을 쉽게 이해할 수 있도록 정보 제공이 중요하다. 이를 위해 공항 입국장에 안내데스크를 설치하는 것이 필수적이다. 안내데스크 설치를 위해서는 공항 측의 협조와 승인이 필요하며, 이를 위해 주최측 명의로 공항에 협조 공문을 발송해야 한다.

승인이 이루어진 후에는 공항의 운영 기준을 따라 설치 시간에 따른 비용을 지급해야 하며, 입국장 내에서 사용할 푯말, 입간판 등의 규격 제한 여부도 확인해야 한다. 또한, 공항 직원과 지속적인 커뮤니케이션을 유지하여 참가자들이 탑승한 항공편에서 문제가 발생했을 때 즉각적으로 대처할 수 있는 시스템을 마련해야 한다.

공항 영접에 필요한 시설물로는 유도 표시판과 무전기가 있다. 영접 요원은 참가자 명단, 입출국 시간, 셔틀 운송 시간표, 현장 사무국의 비상 연락망을 항상 소지해야 하며, 공항을 비롯한 각 업무 담당자와의 비상 연락이 가능한 시스템을 갖추고 있어야 한다.

항공사를 통해 특정 탑승자가 비행기에 탑승했는지를 확인하는 것은 어려우므로, 이를 사전에 파악할 수 있는 경우 참가자 목록 작성 시 입출국 시간, 연락처, 숙소 정보 등을 함께 수집하는 것이 좋다. 이러한 정보는 참가자의 원활한 이동과 문제 발생 시 신속한 대응을 돕는다. MICE산업의 특성상 해외에서 방문하는 참가자들은 주로 항공편을 이용하게 되는데, 이 과정에서 참가자와 항공사 모두 예기치 못한 곤란한 상황에 직면하는 경우가 종종 발생한다. 특히, 중소규모 도시에서 MICE 행사가 개최될 경우 직항노선의 부족, 운항 횟수 제한, 운항 시간의 제약으로 인해 참가자들이 불편을 겪는 사례가 많다.

국내에서 개최되는 행사의 경우, 방문자들은 주로 인천국제공항에 도착한 후 김포공항을 경유해 각 지역 공항으로 이동하는 방식의 여객운송 서비스를 이용한다. 하지만 김포공항과 지방 공항은 24시간 운영 체제가 아니기 때문에 여객운송 서비스 제공에 여러 제약이 따른다. 더욱이 기상 악화나 항공사의 내부 사정으로 인해 운항이 지연되거나 취소되는 일이 빈번히 발생하며, 이러한 상황은 참가자들의 불만 처리와 책임 소재 규명 등 여러 문제를 초래한다.

일반 개별 관광객조차 항공편의 운항 시간이 변경되면 불만을 지속적으로 표현하곤 한다. 이에 비해 시간 관리가 훨씬 중요한 MICE 참가자들에게 제공되는 여객운송 서비스는 더욱 민감하게 다뤄져야 한다. MICE 참가자 대상의 불만 사례로는 대리 예약 과정에서 잘못된 정보 입력, 예약 변경 또는 취소, 갑작스러운 이용 인원의 증가 등이 포함된다.

이렇듯, 주최측과 항공사, 그리고 여행사 등 관련 이해관계자들 간의 원활한 소통 채널을 사전에 구축하는 것이 중요하다. 이는 문제 발생 시 신속하고 효율적인 해결을 가능하게 하며, 참가자들에게 긍정적인 경험을 제공할 수 있는 기반이 된다(정유림 & 홍성화, 2012).

공항 영접은 행사 참가자들에게 첫인상을 남기는 중요한 과정으로, 기획자들이 비교적 비중 있게 다루는 편이다. 반면, 영송은 상대적으로 소홀히 처리되는 경우가 많다. 그러나 재방문객 유치를 목표로 하는 장기적인 관점에서 보면, 영송 서비스 역시 결코 소홀히 다뤄서는 안 된다. 참가자들이 행사를 마친 후 귀국 과정에서도 긍정적인 경험을 제공받는다면, 행사의 전반적인 품격이 높아지고 추후 방문 의사를 높이는 데 기여할 수 있다.

특히, VIP를 대상으로 하는 영송 서비스는 영접 서비스와 마찬가지로 개별적이고 세심한 배려가 요구된다. VIP의 출국 일정에 맞춰 전용 차량을 준비해야 하며, 주최측은 참가자들에게 사전에 영송 서비스의 이용 방법과 일정을 명확히 고지해야 한다. 또한, 항공 일정에 변동 사항이 없는지 지속적으로 확인하여 불편을 최소화해야 한다.

영송 서비스는 단순히 참가자들의 출국을 돕는 절차에 그치지 않고, 주최측의 배려와 전문성을 보여줄 수 있는 마지막 기회이다. 기획자는 영송 과정을 통해 참가자들에게 행사의 긍정적인 이미지를 남기고, 재방문 가능성을 높이는 데 기여할 수 있도록 철저히 준비해야 한다.

5. 연사 관리

행사의 목적, 일정, 그리고 대략적인 프로그램이 확정된 이후에는 회의 기획자가 해당 회의의 성격에 가장 적합한 연사를 섭외해야 한다. 연사 섭외는 행사 성공의 중요한 요소 중 하나로, 참가자들의 기대와 욕구를 충족시키는 데 지접적인 영향을 미친다.

만약 행사의 일정과 프로그램이 구체화되지 않은 상태에서 연사를 섭외할 경우, 행사 목적과 어긋나는 연사를 선택할 가능성이 높아진다. 이로 인해 참가자들이 기대했던 정보나 영감을 얻지 못하고, 전반적인 행사 만족도가 저하될 수 있다.

연사를 섭외할 때에는 다양한 기준이 존재하지만, 가장 중요한 것은 프로그램의 목적과 참가자의 기대를 충족시킬 수 있는 적합한 연사를 선정하는 것이다. 기조연설과 같은 경우 동기부여 능력이 뛰어난 연사를 섭외하는 것이 효과적이며, 전문 정보를 제공하는 프로그램에서는 해당 분야의 전문성을 가진 연사를 초청하는 것이 적합하다.

한 프로그램에 지나치게 많은 연사를 배치하는 것은 바람직하지 않다. 특정 프로그램에 과도한 연사가 배정되면, 발표 내용이 중복되거나 청중의 집중도를 저해하는 등 효과적인 운영이 어려워질 수 있기 때문이다. 따라서 연사 구성은 프로그램의 목적과 형식에 맞게 조정되어야 한다.

최근 연사들은 발표 자료 준비 시 프레젠테이션을 활용하는 경우가 많지만, 전통적인 방식의 발표를 선호하는 연사도 있을 수 있다. 따라서 회의 기획자는 연사 섭외 후 발표 방식에 대한 선호도를 확인하고, 이에 맞춘 준비를 진행해야 한다.

전문 연사자는 전문성을 바탕으로 청중의 동기부여와 집중력을 이끌어낼 수 있는 강연 능력을 가진 사람으로, 이들의 강연은 프로그램의 성공에 크게 기여할 수 있다. 그러나 주의해야 할 점은 전문 연사자가 해당 분야의 전문가는 아닐 수도 있다는 것이다. 따라서 회의 기획자는 연사가 프로그램에 적합한지 사전에 철저히 검토해야 한다.

연사 검증을 위해 최근 행사에서의 참가자 반응을 분석하거나, 해당 행사를 담당했던 기획자의 소견서를 참고할 수 있다. 실무자와의 접촉이 어려운 경우 연사의 과거 강연 영상 자료를 통해 간접적으로 검증할 수 있다. 보다 확실한 평가를 원한다면 연사와의 대면을 통해 직접 판단하는 것이 가장 효과적이다. 대면 미팅에서는 행사 목적, 연사 초청에 대한 기대, 연사료와 같은 실질적인 부분을 논의하는 것이 필요하다.

연사 섭외가 확정되면 강연 주제와 내용이 프로그램에 적합한지 확인하고, 시간 배정에 문제가 없는지 사전에 조율해야 한다. 만약 연사가 제시하는 내용이 프로그램 목적에 부합하지 않거나 시간 관리가 어려울 경우, 다른 연사를 고려하는 것이 바람직하다. 이러한 사항은 계약서에 명확히 명시해야 하며, 계약서에는 발표 일시, 발표 시간, 연사료 지급 조건, 발표 주제, 필요한 기자재와 장소 섭외, 리허설 일정 등 세부 내용이 포함되어야 한다.

연사 관리는 기획자에게 있어 매우 중요한 동시에 까다로운 과정으로, 최초 섭외할 때 기획자는 연사에게 행사 목적과 개요, 발표 및 세션 주제, 발표 요청 이유, 장소 및 일시, 발표 시간, 세션 형식, 질의응답 여부 등의 정보를 사전에 명확히 전달해야 한다. 더불어, 연사료 수준, 항공기 좌석 유형, 호텔 룸 유형, 등록 혜택 등 제공 가능한 조건을 안내하고, 이에 대한 연사의 수용 여부를 확인해야 한다. 이 과정에서 명확하고 구체적인 정보를 제공하는 것이 섭외의 성패를 좌우한다. 행사 일정이 가까워지면, 연사가 모든 조건에 동의하는지 확인하기 위해 확약서를 발송한다. 확약서에는 발표 내용, 일정, 제공 조건 등 모든 약정을 구체적으로 명시하며, 이에 대한 연사의 동의가 최종적으로 확인되어야 한다. 행사 준비 초기에 초청장을 발송한 경우, 확약서를 보낼 때 누락된 사항을 보완하여 연사와의 합의를 확정하는 것이 중요하다. 행사 발표 내용이 영상이나 음성 매체로 기록될 예정이라면, 저작권 문제를 사전에 논의해야 한다. 주최측은 기록된 내용이 판매용이 아니더라도, 발표 내용의 저작권을 조직에 귀속시키는 데 대한 연사의 동의를 받아야 한다. 일부 연사는 음성녹음을 거부할 수 있으며, 영상매체의 경우 연사가 홍보 자료로 활용하기 위해 복사본을 요청하기도 한다. 이러한 사항은 사전에 명확히 협의하고 서면으로 동의를 받아야 한다.

6. 식 · 음료 기획

1) 휴식을 위한 음료서비스

식 · 음료 서비스는 고정비용이 아닌 가변비용에 해당하는 항목으로, 예산 지출과 관련하여 세심한 관리가 요구된다. 기획자는 행사의 전반적인 프로그램 설계와 예산 항목의 일치 여부를 확인하고, 동시에 참가자들이 식 · 음료 서비스에 만족할 수 있을지를 고려해야 한다. 대부분의 회의에서는 오전과 오후 휴식 시간 동안 음료를 제공하는 것이 일반적이다. 휴식 시간에는 간단한 음료와 다과가 준비되는 경우가 많으며, 참가자들이 편안하게 재충전할 수 있는 시간을 제공하는 데 초점이 맞춰진다.

기본적으로 커피, 차, 생수와 같은 음료가 제공되며, 예산 상황에 따라 과일 주스나 탄산음료가 추가될 수 있다. 많은 참가자들은 시간에 관계없이 차가운 음료를 선호하는 경향이 있어 이를 준비하는 것이 참가자 만족도를 높이는 데 도움이 된다.

아침 식사에 참석하지 못한 참가자들을 고려하여, 오전 휴식 시간에는 과일이나 빵과 같은 간단한 음식이 제공될 수 있다. 이는 참가자들이 에너지를 보충하고, 이후 회의에 집중할 수 있도록 돕는다. 오후 휴식 시간에는 요거트, 과일, 쿠키, 프레첼 등 간단하면서도 참가자들에게 만족감을 줄 수 있는 다과를 준비하는 것이 적합하다.

휴식 시간 동안 제공되는 음료와 다과는 참가자들에게 편안한 환경을 조성하며, 회의의 전반적인 만족도를 높이는 데 중요한 역할을 한다. 기획자는 예산과 참가자의 선호를 고려하여 휴식 시간 메뉴를 구성해야 한다.

2) 리셉션

대부분의 회의에서는 개회식을 전후하여 리셉션과 만찬을 마련하는 것이 일반적이다. 개회식 리셉션은 참석자들이 혼란 없이 행사를 즐길 수 있도록 지정된 좌석제를 활용하는 것이 바람직하다. 리셉션 메뉴는 행사 예산의 허용 범위에 따라 구성되며, 간단한 스낵류와 채소류부터 고기와 생선회 등 다양한 선택지가 제공될 수 있다. 메뉴 구성 시에는 예산뿐만 아니라 참가자들의 음식 소비량도 고려해야 한다.

참가자 특성에 따라 리셉션 메뉴가 특히 선호될 경우, 예상보다 음식 소비량이 많아질 수 있다. 이를 방지하기 위해 음식 소비량을 적정 수준으로 통제할 필요가 있다. 버틀러 서비스(butler service)는 음식 소비량을 조절하는 데 효과적인 방법으로, 여러 직원이 음식을 들고 다니며 참가자들이 선택할 수 있도록 제공하는 방식이다. 이 서비스는 음식이 순차적으로 제공되기 때문에 뷔페와 달리 과도한 소비를 방지할 수 있다.

리셉션의 성공적인 진행을 위해 무대 연출, 장비 설치, 인력 배치 등도 사전에 철저히 기획해야 한다. 메인 무대는 행사 성격과 목적에 맞게 구성해야 하며, 이에 따라 영상 장비와 음향 시스템, 현수막, 좌석 배치, 조명 방식 등을 적절히 운영해야 한다.

인력 배치와 관련해서는 총괄 책임자를 지정하여 전체 업무를 관리하게 하고, 주요 업무는 사무국 직원이 담당하도록 배정한다. 필요한 인원수를 계산하여 현장진행요원을 선발하고 배치하는 것도 중요하다. 이를 통해 리셉션이 원활히 진행되고 참가자들이 만족할 수 있는 환경을 조성할 수 있다.

리셉션은 단순히 음식을 제공하는 행사를 넘어, 참석자들이 교류하고 네트워킹할 수 있는 중요한 시간이다. 기획자는 이를 염두에 두고 모든 세부 사항을 꼼꼼히 준비하여 성공적인 리셉션을 만들어야 한다.

리셉션 세부업무 예시

업무명	인원	세부업무	담당
사회자	1	환영리셉션 진행	사무국
사회자 관리	1	사회자 지원 및 요청	사무국 현장진행요원 1인
무대관리	1	무대 및 단상관리, 음향, 영상	사무국 현장진행요원 1인
식장관리	5	VIP 관리, 참서자 좌석 안내 관리, 장내외 동선안내	현장진행요원 5인
촬영	2	회의장 스케치, 전체사진 촬영	사무국
연설물 관리	1	연설자료 사전 점검 및 세팅	사무국
역할자 관리	1	환영사, 축사 등 연설자 관리, 공연단 관리	사무국
호텔음향	1	음향관리, BGM 등	호텔
호텔조명	1	식상 조명	호텔
호텔직원	1	무대 주요인사 안내	호텔
영상 및 중계	3	제주의 소리	사무국
공연 측	1	귤빛합창단	사무국

리셉션의 기자재 및 물품 예시

구분		용도	비고
콘솔		시스템 컨트롤 및 연출용	중계, 영상, 음향 시스템
좌석		250석	라운드테이블 30석
무대	배너	백드롭	환영리셉션용 백드롭
	렉턴(포디움)	사회자용 · 연설자용 각 1ea	
음향	스피커	PA용	
	마이크(무선)	3개	사회자, 메인, 건배제의 사용
영상	빔 프로젝터	Front 방식/15,000 ansi	스크린 2개
시스템	노트북	3개	
기자재	VIP명패	50개	
배너	폼보드	좌석 배치도 2개	식장 입구

• 리셉션 좌석 배치도 예시

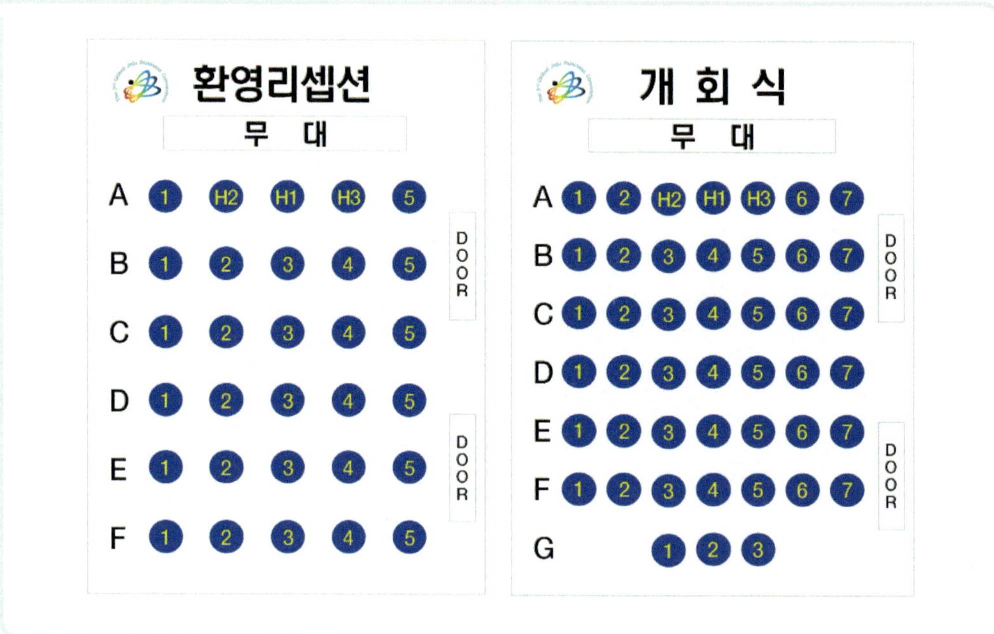

3) 테마파티(Theme Parties)

행사 만족도를 높이고 지속적인 기억을 남기는 데 효과적인 방법이다. 일반적인 호텔 뷔페형 만찬은 시간이 지나면 자연스럽게 잊혀지기 마련이지만, 잘 기획된 테마파티는 행사 자체와 연결되어 참석자들에게 특별한 추억을 제공하며, 재방문과 긍정적인 구전 효과를 유도할 수 있다.

테마파티의 주제는 자유롭게 설정할 수 있지만, 개최 도시의 문화와 지역적 특성을 반영하는 것이 가장 이상적이다. 이는 참가자들에게 도시의 매력을 알리는 동시에 독창적인 경험을 제공할 수 있는 좋은 방법이다. 기획자는 과거 사례를 조사하여 참고하거나, 기존 사례가 없는 경우 창의적인 사고를 통해 새로운 아이디어를 도출해야 한다. 다만, 전문 파티 플래너의 부재, 높은 비용, 추가적인 직원의 노력 등은 테마파티 기획에 어려움을 초래할 수 있는 제약 요소로 작용한다.

테마파티의 성공적인 상품 개발은 명확한 목표 설정과 아이디어 탐색에서 시작된다. 초기 단계에서는 핵심 고객층을 명확히 정의하고, 수용 가능한 인원 규모를 고려해야 한다. 아이디어 도출은 상품화로 가는 첫 단계로, 성과에 대한 부담감 때문에 까다롭게 느껴질 수 있다. 그러나 성공적인 사례를 보면 단순한 아이디어에서 시작된 경우가 많다는 점에서, 복잡한 발상이 아니라 간단한 아이디어를 발전시키는 것이 중요하다.

또한, 자원 활용 면에서는 비용과 시간을 절약하기 위해 인공적인 조형물보다는 자연자원을 최대한 활용하는 것이 효과적이다. 이와 함께, 다국적 참가자들로 구성된 고객층의 정서와 문화를 반영하여, 그들의 기대와 경험에 부합하는 파티를 기획해야 한다.

7. 현장진행인력의 개념

MICE산업은 대표적인 서비스산업으로 인력의 질적 수준이 타 산업과 비교해 생산성 향상에 큰 영향을 미치는 데도 불구하고 수요자의 요구사항과 공급 인력 간의 불일치 현상의 발생으로 원활한 인적 자원의 수급이 이루어지지 못하고 있다. 수요자 측면에서는 행사 때마다 매번 현장진행인력들을 고용하기 위해 반복적인 시간과 비용이 드는 상황이다.

컨벤션기획업체에서는 새로운 현장진행인력을 모집하기 위해 모집공고, 인터뷰, 교육, 현장 배치 등 반복적인 상황이 계속 발생하고 있다. 또한 현장진행인력들은 행사기간 동안 컨벤션 참가자와 대면하는 서비스 접점으로서의 중요한 역할을 수행함에도 불구하고 한시적 고용으로 인해 지속적인 교육이나 관리가 체계적으로 이루어지지 못하는 문제점이 있다.

또한, 이러한 현장진행인력의 개념에 대해서도 혼란을 가져오는데 컨벤션 행사에서 활동하는 현장진행인력에 대해 일반적인 자원봉사자의 개념을 적용하기는 어렵다. 왜냐하면 컨벤션 현장진행인력은 자원봉사의 가장 큰 특성 중 하나인 '무보수성'이라는 특성에서 큰 차이가 있기 때문이다. 컨벤션 자원봉사자와 관련성을 가지는 관광분야 자원봉사와 이벤트산업분야 자원봉사에 대한 개념 역시 혼란스럽기는 마찬가지다.

관광이벤트 자원봉사는 정부, 지방자치단체, 민간단체 등에서 상시적 또는 일시적으로 이루어지는 관광 이벤트에 자발적으로 참여하여 관광객과 지역사회에 자신이 가진 기술, 서비스, 시간을 제공하는 활동으로 정의된다. 자원봉사자는 금전적 보수를 기대하지 않으며, 활동을 통해 성취감과 만족감을 느끼고, 자아실현의 욕구를 충족시키는 개인 또는 단체를 의미한다.

컨벤션 자원봉사자의 경우, 일반 자원봉사와는 다소 다른 정의와 특성을 지니고 있다. 컨벤션 자원봉사자는 한시적으로 고용된 컨벤션 진행요원의 개념을 포함하기 때문에 그 개념이 모호하고 혼동될 여지가 있다. 특히, 컨벤션 분야에서는 임시 유급 진행인력과 자원봉사자 간의 업무 구분과 역할이 명확하지 않은 경우가 많아, 현장에서 용어가 혼용되는 사례가 흔히 발생한다.

또한, 컨벤션 자원봉사자는 대부분 무보수로 활동하기보다는 교통비와 같은 실비를 제공받는 경우가 많다. 이러한 상황은 자원봉사자와 임시 유급 진행인력 간의 경계를 더욱 흐리게 만들어 혼란을 초래하고 있다. 이로 인해 컨벤션 분야에서는 현장진행인력의 상당수를 자원봉사자로 간주하는 분위기가 형성되었고, 컨벤션 자원봉사자와 진행인력 간의 개념적 차이가 간과되는 경우가 많다.

그러나 일반적인 행사 자원봉사자와 컨벤션 현장진행인력은 성격이 다르다는 점을 명확히 인식할 필요가 있다. 컨벤션 자원봉사자는 전문성을 갖춘 경우가 많으며, 그들이 수행하는 업무는 컨벤션의 성공적인 운영에 중요한 기여를 한다. 따라서, 컨벤션 현장진행인력에 대한 정확한 정의와 역할 구분을 통해 자원봉사자의 개념을 명확히 하고, 이들에 대한 인식 개선이 요구된다. 컨벤션 자원봉사자와 진행인력에 대한 명확한 이해와 역할 정립은 컨벤션의 질적 향상과 운영 효율성에 기여하며, 자원봉사자들에 대한 올바른 평가와 존중을 보장할 수 있다.

컨벤션 자원봉사자와 컨벤션 현장진행인력의 개념 비교

구분	컨벤션 자원봉사자	컨벤션 현장진행인력
소속	국제회의 주최측 또는 PCO	국제회의 주최측 또는 PCO
성격	자발적/의무적	자발적/의무적/고용관계
보수	무보수/유보수	유보수
역할	지역주민으로서의 대표성, 컨벤션 행사 진행 역할, 컨벤션 이미지에 영향	컨벤션 행사 진행 역할, 컨벤션 이미지에 영향
분야	컨벤션 행사에서 지역 안내 및 행사 안내 등의 업무 수행	컨벤션 분야에서 등록, 회의진행 보조, 통역, 사무국 보조 등 비교적 전문성이 더욱 요구됨
기간	회의기간 동안 한시적	회의기간 동안 한시적
대상	외국어 구사능력을 갖춘 지역주민	외국어 등 컨벤션 현장운영 실무능력을 갖춘 사람

출처 : 선행연구를 통해 저자 재정리

8. 동시통역 관리

국제회의나 MICE 행사를 진행할 때, 참가자들이 여러 국가에서 온 경우 공식 언어를 선정하는 문제는 중요한 고려 사항이다. 일반적으로 개최지의 언어와 영어가 공식 언어로 채택되며, 특정 국가의 참가자가 많을 경우 해당 국가의 언어도 공식 언어로 추가될 수 있다. 하지만 공식 언어가 지정되어 있더라도, 참가자들이 언어의 장벽으로 프로그램을 이해하지 못하거나 행사 참여에 어려움을 겪는 경우가 발생할 수 있다.

회의 기획자는 이러한 문제를 방지하기 위해 참가자들의 언어적 특성을 파악하고, 원활한 프로그램 진행을 위해 동시통역 서비스가 필요한지를 사전에 확인해야 한다. 특히, 회의 목적이 상호 네트워크 형성에 초점을 두거나 다양한 국가에서 참가자가 오는 경우, 개최지나 단체의 특성과 관계없이 동시통역 서비스는 필수적이다.

최첨단 동시통역 설비와 서비스를 제공하는 MICE 개최 시설이 많지만, 이러한 설비를 제공하지 못하는 경우 지역 정부 기관이나 컨벤션뷰로와 협력하거나 지역의 통역 업체와 직접 계약을 체결하여 통역 서비스를 준비할 수 있다. 동시통역은 기본적으로 제공되기도 하지만, 비용이 과도하게 발생할 경우 참가자가 등록 시 옵션으로 선택하도록 하여 비용을 충당하는 방법도 있다.

동시통역 서비스는 고도의 전문성을 요하며, 한 명의 통역사가 모든 프로그램을 소화하지 않는다. 일반적으로 2~3명의 통역사가 한 프로그램을 맡아 순환 방식으로 업무를 수행한다. 통역사는 보통 20분 동안 통역을 진행한 뒤, 다음 20분은 휴식을 취하며 업무를 이어간다. 연사자가 원고를 미리 제공하면 통역사의 준비 과정이 수월해지지만, 질의응답이나 패널토의처럼 즉흥적인 대화가 중심이 되는 프로그램에서는 모든 발언을 실시간으로 통역해야 하므로 통역사의 부담이 증가한다.

통역 서비스의 품질은 참가자 간 의사소통의 질을 결정짓는 중요한 요소다. 따라서 동시통역사는 언어적 전문성뿐만 아니라 행사 주제에 대한 해박한 지식을 갖추어야 한다. 기획자는 공신력 있는 기관에서 검증된 통역사를 섭외해야 하며, 행사에 필요한 전문 용어나 사전 지식을 정리해 통역사에게 제공함으로써 통역 품질을 높일 수 있다.

모든 연사가 발표 원고를 사전에 제공하고, 발표 내용이 원고를 중심으로 이루어진다면 통역 준비는 더 효율적으로 이루어질 수 있다. 하지만 질의응답처럼 즉흥성이 강조되는 상황에서는 통역사에게 요구되는 전문성이 더 높아지며, 그만큼 준비 과정이 중요하다.

결론적으로, 높은 수준의 동시통역 서비스를 제공하려면 회의 기획자는 언어적 전문성과 관련 전문성 간의 균형을 고려해 통역사를 선정해야 한다. 더불어, 행사 프로그램의 중요 내용과 특수 용어에 대한 자료를 준비하여 통역사와 공유함으로써 행사의 원활한 진행과 참가자 만족도를 극대화할 수 있다.

• 행사장 동시통역 부스

출처 : CHNNEL MEDIA 홈페이지(http://mediach.co.kr/)

9. 컨벤션

컨벤션기획가는 회의 사전기획부터 회의진행 그리고 사후서비스 및 평가에 이르기까지 회의와 관련된 모든 사안을 기획하고 관리하는 업무를 한다. 이러한 컨벤션기획가의 유형분류는 다양하게 시도될 수 있지만, 보편적으로 회의 성격에 따라 협회회의 기획가, 기업회의 기획가, 독립회의 기획가, 정부회의 기획가 그리고 여행사 등으로 분류를 시도하고 있다.

우선 협회회의 기획가는 협회에 소속되어 정기총회, 이사회 등의 협회관련 각종 회의를 기획하고 회원들에게 관련된 서비스를 제공하게 된다. 협회는 보통 비영리기관이고 조직을 운영하는 자금확보에 어려움을 겪게 되는데, 대부분 회원의 회비와 정기총회 등록비 등에 의존하게 된다. 이로 인해 정기총회 시 최대한 많은 수의 회원을 참석시키는 게 중요한 역할이 되는데 홍보활동이 중요한 이슈로 부각된다.

기업회의 기획가는 기업에 고용되어 기업과 관련된 행사를 기획하고 집행하며 평가하는 역할을 한다. 기업에서 발생하는 주요 회의는 주주총회, 신입사원 연수회, 최고경영진 회의, 인센티브 투어, 지점장 회의, 그리고 바이어 미팅 등 다양한 종류가 있다. 기업회의 기획가는 협회회의 기획가와 달리 참석자 독려를 위한 홍보활동을 펼칠 필요는 없지만, 참석자의 동기 부여와 팀워크 그리고 회의성과 도출을 극대화시켜야 하는 책임이 있다.

독립회의 기획가는 회의 기획 전반에 걸쳐 전문지식을 갖춘 사업자로서 특정 단체에 소속되지 않고 협회 및 기업체 등과 계약을 맺고 회의 기획을 대행해 주는 역할을 한다. 독립회의 기획가는 회의관련 다양한 단체와 이미 네트워크를 구성해 놓았기 때문에 저비용 고효율의 회의진행이 가능하고 위기관리 대처능력이 뛰어나다. 때로는 의뢰 단체 내부 회의 기획자와 공동으로 업무를 진행할 때도 있는데 이때 갈등이 아닌 협력관계를 구축하는 것이 중요하다.

정부회의 기획가는 정부부처에서 발행하는 회의를 기획하는 사람이다. 정부회의는 공무원출장여비가 사전에 정해져 있어 여타회의와 비교해 예산운용에 있어 상당한 제약을 받는다. 따라서 한정된 예산을 가지고 효율적인 회의 성과를 창출할 수 있는 능력이 있어야 하고, 특히 의전과 관련된 부분에 있어서는 세심한 주의를 기울여야 한다.

여행사 역시 최근에 관광상품뿐만 아니라 영역을 확장해서 회의 기획까지 업무의 영역을 확장하는 경우가 많다. 여행사는 특히 회의 이외의 관광이나 이벤트 기획에 유리한 입장을 가지고 있기 때문에 가족과 배우자가 동행하는 행사에 강점을 보이고 있다. 더불어 여행사에서 법인관련 업무를 담당하는 직원의 경우 최근 급증하는 인센티브 투어 단체관련 행사를 기획할 수 있어 매출확대에 좋은 기회가 되고 있다.

PCO는 전문 컨벤션 기획자로서, 참가자를 위한 구체적인 행사 일정을 수립하고, 환영리셉션, 커피 브레이크, 오찬, 환송연뿐만 아니라 관광 프로그램과 동반자 프로그램의 기획 및 실행을 담당한다. 이러한 활동은 행사 목적과 참가자들의 만족도를 충족시키기 위해 체계적으로 이루어진다. 최근 PCO 창업이 급증하면서 경쟁이 치열해지고 있으며, 고객을 지속적으로 확보하기 위해서는 회의 관련 업체와의 단단한 네트워크 구축과 더불어, 양질의 콘텐츠를 생산할 수 있는 전문성이 필수적이다.

PCO의 활동은 회의 전 활동으로 먼저 주최측과의 협의를 통해 행사의 목적과 주제를 명확히 설정하고, 회의 목적에 맞는 지역과 장소를 결정하고, 예산에 적합한 시설을 확보한다.

그리고 가용 예산을 바탕으로 행사 준비와 홍보 전략을 수립한 후 참가자 등록 시스템을 구축하고, 관련 데이터를 체계적으로 관리하며, 마지막으로 회의에 필요한 시설과 전문 서비스를 제공할 업체를 선정한다.

회의 진행 중에는 참가자 등록을 진행하고, 배정된 객실 관리 계획을 실행하며, 예상치 못한 상황에 대비한 절차를 마련하고, 즉각적인 대응책을 준비한다.

이어, 행사장 내 시설과 장비를 점검하고, 원활한 진행을 보장하고, 동반자 프로그램 및 관광 일정을 점검하고 실행 및 현장 인력을 효과적으로 운용하며, 케이터링 서비스와 같은 세부 사항을 점검한다.

회의가 종료된 후에도 참가자들에게 설문을 통해 피드백을 수집하고, 이를 분석하며, 행사 참여에 대한 감사 메시지를 전달하여 긍정적인 인상을 남기도록 한다.

컨벤션기획가는 다양한 문화와 국적을 가진 참가자를 상대해야 하기 때문에 일반 직종보다는 더 까다롭고 엄격한 업무자질을 요구받는다. 주요 사안으로는 협상기술, 외국어 실력, 창의적 사고, 국제적 서비스 마인드, 대인관계 그리고 위기관리 능력 등이 해당된다.

협상기술과 관련 컨벤션기획자는 행사를 준비하는 과정에 수많은 이해집단 관계자와 만나 의사결정을 제한된 시간에 이루어내야 한다. 이러한 미팅은 대부분 예산이 수반되는 사안이기 때문에 치열한 정보와 기싸움이 펼쳐진다.

외국어 실력은 외국인 의뢰인 및 이해집단 그리고 참가자가 있기 때문에 업무진행상 자연스런 대화능력은 필수적으로 여겨진다. 창의력도 중요한 요소가 되는데, 대부분의 참가자는 이미 회의와 관련된 많은 경험을 가진 사람들이다. 이들에게 단순하고 반복되는 패턴의 콘텐츠를 제공하면 만족을 이끌어내기 어려울 것이다.

컨벤션업무는 사람과 대면하여 서비스를 제공하는 업이기 때문에 서비스 마인드는 필수이고, 문화와 사고방식이 다른 국제적 참가자를 대상으로 서비스를 제공해야 하기 때문에 더 많은 노력이 필요하다. 평소에 국내외 사람과 단체에 대한 네트워크 구축이 어느 정도 탄탄하게 이루어졌는가도 컨벤션기획가 자질에 대한 판단근거가 되기도 한다.[1)]

1) 윤영혜 · 조현정(2019), 「컨벤션기획사의 직무분석 및 비서와의 비교 연구」, 『비서 · 사무경영연구』(통권 55호), Vol. 28, No. 2, 한국비서학회, pp.35-61; 성은희(2019), 『컨벤션기획실무』, (주)백산출판사

REFERENCE
참고문헌

박성훈(2018), 『컨벤션 산업의 이해』, 한국관광학회출판부

박의서 외(2019), 『MICE산업론』, 수정 4판, 학현사

성은희(2019), 『컨벤션기획실무』, ㈜백산출판사

안경모 · 이민재(2006), 『컨벤션경영론 기획 · 운영』, 백산출판사

정숙화(2024), 『전시컨벤션산업론』, 창조와지식

PCMA(2006), Professional Development Series, PCMA

윤영혜 · 조현정(2019), 「컨벤션기획사의 직무분석 및 비서와의 비교 연구」, 『비서 · 사무경영연구』(통권 55호), Vol. 28, No. 2, 한국비서학회, pp.35-61

이지원(2016), 「관광목적지 브랜드 자산과 장소애착이 지각된 적합성 및 행동의도에 미치는 영향-강원 MICE를 중심으로-」, 한림대학교 대학원 박사학위논문, pp.9-46

한숙영(2016), 「컨벤션 기획사의 개최지 선택속성에 따른 시장세분화 연구」, 관광연구저널, 30(4), 한국관광학회, pp.71-88

Crouch, G. I., & Ritchie, J. R. B.(1998), Convention Site Selection Research: A Review, Conceptual Model and Propositional Framework, Journal of Convention & Exhibition Management, 1(1): 49-69

한국관광공사 홈페이지(https://k-mice.visitkorea.or.kr/)

한국마이스협회 홈페이지(https://micekorea.or.kr/)

현대 MICE
산업의 이해

CHAPTER

5

MICE 유치와 마케팅 전략

Meeting

Incentive

Convention

Exhibition

CHAPTER 05 MICE 유치와 마케팅 전략

1. MICE 유치 전략

1) 유치조건 검토

도시의 MICE산업 인프라가 아무리 뛰어나다고 해도 행사를 유치하지 않으면 아무런 의미가 없을 것이다. 유치를 위한 전 세계의 잠재시장은 매우 크지만, 각 도시와의 경쟁 또한 매우 치열하므로 치밀한 유치 전략을 갖고 있지 않으면 희망하는 행사를 유치하기가 쉽지 않다. 특정 행사 유치 과정의 시작은 관련 이해집단의 합의가 전제되어야 하고, 국제환경을 분석했을 때 과연 유치 성공 가능성은 얼마나 되는지 전문가를 통한 분석이 뒤따라야 한다.

제반 조건을 종합 분석한 결과 유치에 대한 성공 가능성과 타당성이 있다면 본격적으로 유치경쟁에 뛰어들게 될 것이다. 행사유치 신청은 국내 조직을 통해 국제본부에 신청하거나 직접 국제본부에 신청하는 두 가지 경로가 있다. 개최 희망을 밝히는 의향서를 보내게 되는데, 의향서는 개최 시 제공할 수 있는 인센티브 내용, 지역의 개최 인프라와 열의, 지역 자원이 갖고 있는 매력성 등이 포함된다.

행사유치를 신청하는 것은 단순히 관련 단체만의 문제는 아니고, 행사유치를 희망하는 도시와 국가가 함께 나서서 의향을 보여줘야 하는 사안이다. 나아가 지역의 컨벤션뷰로와

PCO 등과도 연계된 유치 전략을 세워야 한다. 특히, PCO는 진행 과정에서 유치 제안서 작성과 세부 전략에 관련된 고도의 전문 분야를 담당하게 되므로 매우 중요한 역할을 맡게 된다. 행사유치 제안에 뛰어들기 위해서 통상적으로 검토해야 할 몇 가지 조건이 있다.

우선, 주최 국가의 정치, 경제, 사회적 안정성과 해당 분야에 대한 국제적 인지도, 전문가들의 활동내역, 국제적 위상 등이 행사를 유치하는 데 적합한지 살펴보아야 한다. 큰 문제가 없다고 판단되면 행사개최에 따른 인프라를 검토해야 하는데, 과거 개최 현황 분석을 통해 참가자 규모에 따른 항공, 숙박, 회의장, 지상 교통 그리고 각종 이벤트 프로그램의 수용력을 점검해야 한다.

이어 예산 규모를 따져봐야 하는데 전차대회를 중심으로 예상되는 소요 예산 전체 규모를 도출해야 한다. 이어 예상되는 수입 규모와 지출 규모를 따져보아야 한다. 그리고 재원 조달은 구체적으로 어떻게 해결할 것인지 방안이 나와야 하는데, 개최 도시와 관련 업종 기업으로부터 지원금의 획보는 가능한지, 수익을 창출할 수 있는 프로그램은 있는지를 봐야 하고 기금과 후원금을 받을 수 있는지도 따져봐야 한다. 개최 시기도 성수기와 비수기를 놓고 어느 시즌이 바람직한지 선택해야 한다.

2) 유치위원회 업무

유치조건을 검토한 결과 긍정적인 결론 도출이 나왔다면 실제 유치전선에 뛰어들 핵심 관계자들을 포함하는 유치위원회를 구성해야 한다. 유치위원회는 단체를 대표하는 유치위원장과 관련 단체인 학회나 협회의 간부회원, PCO, 컨벤션뷰로와 지자체 담당 공무원 등으로 구성된다. 위원장은 전체 조직을 이끌어나가는 리더의 역할을 해야 하는데, 국제사회에서 어느 정도 영향력을 갖고 있는 사람을 선정하는 것이 좋다.

PCO와 컨벤션뷰로는 서로 협력하여 유치 제안서 작성에 핵심적인 역할을 담당하게 된다. 보통 T/F팀을 꾸리게 되는데 행사유치의 논리적 타당성, 재무구조 분석, 유치 전략 수립, 경쟁 도시 분석, 개최 도시의 수용태세 분석 그리고 프레젠테이션 작성 및 발표 준비 등의 업무를 수행해야 한다. 사실 PCO는 민간조직이기 때문에 업무에 대한 의무감이 있는 것은 아니지만 행사 유치가 성공했을 때 행사 대행사로 선정될 가능성이 높다는 점에 동기부여가 된다.

한편, 유치제안서에는 논리적 근거와 함께 행사유치를 위한 구체적인 제안 내용이 영역별로 담겨야 한다. 참가자를 대상으로 숙박에 대한 혜택, 항공편 이용편의 및 할인 금액 여부, 수익금 확보 방안, 후원금과 기금의 확보 방안, 개최도시 협력 사항 등의 제시를 통해 개최 타당성과 열의를 제시할 수 있어야 한다. 특히, 경쟁 도시에 대한 SWOT 분석을 통해 개최 후보 도시의 장단점을 비교할 수 있어야 한다.

경쟁 도시와는 행사 전문가 확보 정도, 시설인프라, 개최지 매력성, 회의 인프라, 유사 행사개최 여부, 관련 기관과의 협력관계 구축, 그리고 다양한 인센티브 지원 사항을 비교해서 분석해야 한다. 이를 통해 유리한 사항은 부각하고 약점으로 판단되면 적극적인 개선책을 제시할 수 있어야 한다. 그 외에 범죄 및 테러와 관련된 안정성, 물가안정, 경제 상황, 환율의 안정성, 지역 주민의 환대 여부 등도 살펴보아야 할 대상이다.

3) 유치 활동의 전개

유치 과정에서 경쟁 도시가 없으면 비교적 수월하게 유치에 성공할 수 있지만, 경쟁 도시가 복수 이상이 되면 치열한 유치전이 전개될 것이다. 보통 행사개최를 결정하는 방식은 유치 가능 지역을 압축한 후 표결을 통해서 결정하게 된다. 따라서 표결에 참여하는 위원에 대한 대응을 어떻게 할 것인가에 대한 계획이 나와야 하고, 이들을 설득할 방안을 여러모로 모색해야 한다.

보통 유치 심사 과정은 서류 평가 외에 현장실사가 이루어지는데, 현장실사는 주로 표결권을 갖고 있는 위원을 대상으로 하므로 철저한 준비가 필요하다. 질문 사항에서 빠짐없이 대답할 수 있는 준비가 되어 있어야 하고, 너무 과장된 내용을 제시하다가는 오히려 역효과를 볼 수도 있으므로 사실에 기초한 실사를 준비하는 것이 좋다. 오류가 지적되었을 때는 계속 부인하기보다는 사실로 인정하고 빨리 개선하겠다는 태도를 보여줘야 한다. 실사 프로그램에는 행사개최에 따른 인프라와 프로그램을 준비해야 하고 더불어 지역이 갖는 다양한 매력성을 적극적으로 부각해야 한다.

유치위원회 활동으로 개최에 성공하게 되면 유치위원회는 조직위원회로 개편되며 실무를 담당할 사무국이 설치된다. 대규모 행사의 경우 업무가 많아서 조직위원회와 사무국의 인력만 가지고는 해결할 수가 없다. 보통 이 경우 입찰 과정을 거쳐 가장 능력이 뛰어나다고 판단되는 PCO에게 업무의 전부 혹은 일부를 위탁할 수 있다. 사무국과 PCO의 원활한 업무 협조를 위해 PCO 사무실 안에 사무국을 설치하는 경우도 있다.

4) 조직위원회와 사무국의 역할

조직위원회가 구성되면 사무국과 더불어 행사개최를 위한 세부 계획을 세우게 된다. 우선 세부적으로 업무를 담당할 분과위원회를 조직해야 하는데, 국제기구와 관련된 행사일 경우 의사결정을 하는 데 있어서 독단적으로 하지 않고 중요한 업무는 국제기구 본부와 서로 협의하여 처리하게 된다. 그러나 때로는 양측의 의견이 엇갈려 갈등에 빠져들기도 하는데, 이에 대비하기 위해 양측을 중재할 수 있는 기구나 인사를 확보하고 있어야 한다.

보통 국제기구 본부는 프로그램의 편성, 참가 자격 결정, 핵심 연사 결정과 관련해서 의견 제시를 하는 경우가 많고 개최지의 조직위원회는 회의 개최를 위한 시설 확보, 전문 인력 확보, 현지 운영대행사 확보, 그리고 이벤트와 관광 등과 같은 프로그램 제작의 역할을 담당하게 된다.

사무국은 회의 준비기간에 국제기구 본부 및 조직위원회와의 소통을 담당하는 역할을 맡게 되는데, 예상되는 업무량에 따라 구성원을 차츰 늘려나가는 것이 바람직하다. 처음에는 소규모 인원으로 시작하였다가 행사가 임박할 때 추가로 인력을 투입하게 되며, 업무량이 폭주하게 되면 사무국 직원 산하에 현장진행인력을 선발하여 업무에 지장이 없도록 해야 한다.

사무국의 역할은 행사의 종류에 따라 다를 수 있지만 큰 틀에서 보면 유사한 측면이 많다. 우선 행사의 성격과 취지를 정확히 파악하여 직원들에게 숙지시켜야 한다. 각각의 행사는 자체적으로 독특한 성격이 있는데, 기획 과정에 있어 이러한 성격과 콘셉트를 항상 중심에 두고 업무를 진행해야 한다. 개최지의 정치 상황과 경제 상황도 염두에 두어야 할 사항이다.

개최 일자 결정은 대개 전차대회의 시기를 파악하여 비슷하게 따라가는 경향이 있지만, 현지 기후와 관광 성수기 상황을 분석하여 다른 대안을 내놓을 수도 있다. 중요한 것은 참가자를 최대한 많이 확보할 수 있는 시기를 선택하는 것이다. 사무국의 또 다른 중요 역할은 재원확보와 관련된 사안이다. 일반적으로 주최측의 재정지원으로 재원이 조달되는 경우가 많으나, 스폰서 확보와 기금 확보를 효율적으로 할 수 있는 방안도 고려해야 한다.

등록비 산정의 핵심 기준은 전차대회 등록비와 예상 참가인원이 된다. 많은 참가자 확보를 위한 편의 제공 차원에서 등록비 자체에 숙박과 식비를 포함하는 예도 있고 때로는 환영 리셉션이나 만찬 참가비를 별도의 선택사항으로 두기도 한다. 중요한 것은 등록비 책정이 잠재 참가자에게 수용할 수 있는 수준이 되어야 한다는 것이다.

5) 국제기구 유치를 통한 MICE산업 활성화

MICE산업은 최신 정보 및 지식 교류를 통한 산업의 발전뿐만 아니라 숙박, 관광, 엔터테인먼트, 교통 등의 다양한 산업 발전을 견인하는 고부가가치 산업으로 인식되고 있다. 세계 각국에서 MICE산업을 육성하기 위한 인프라 구축을 위한 투자와 적극적인 정책적 지원을 하고 있다.

우리나라는 2016년과 2017년에 국제회의 개최 세계 1위를 달성하였다. UIA에 따르면 최근 20년간 전 세계 국제회의 개최건수는 매년 평균 12,000여 건으로(UIA, 2022) 양적으로는 많은 성장을 하였으나, 과거와 비교하면 정체되어 있는 실정이다. 이는 한정된 국제행사 개최건수로 국가, 도시 간 경쟁이 더욱 치열해지고 있으며, MICE산업이 지속적으로 성장하기 위해서는 단순히 국제회의 유치만으로는 한계가 있음을 시사한다(허동근, 2022).

국제기구 유치는 해외투자 유치 및 일자리 창출과 같은 경제적인 효과와 함께 사회·문화·정치 측면에서 해당 지역의 브랜드를 향상하는 효과뿐만 아니라 지속 가능한 MICE 행사를 유발하는 원천이 된다.

2021년에 개최된 대륙별 국제회의 개최 장소를 살펴보면 유럽이 55%로 이는 국제기구의 소재지와 연관이 있다고 생각할 수 있다. UIA 기준 국제회의 개최 1위 도시인 싱가포르와, 2위 도시인 브뤼셀의 경우 MICE산업 활성화를 위하여 정부 간 국제기구(IGO)뿐만 아니라 비정부 국제기구(INGO)까지 국제기구의 범주에 포함해 포괄적으로 이를 유치 및 지원하고 있다.

국내에서는 지난 2010년 국제기구 유치를 위해 국무총리실 산하 T/F를 구성하는 등 국가적 차원에서 노력을 기울여 1999년 5개 대비 2017년 기준 60개의 국제기구를 유치하였고, 뉴욕, 제네바, 브뤼셀 등 기존의 국제기구 소재지들과의 경쟁을 통해 국제기구 후발 유치국으로서 지위를 가지게 되었다(박재영, 2015).

벨기에 브뤼셀, 오스트리아 비엔나, 스위스 제네바는 전 세계에서 국제기구를 최대로 유치하고 있는 국가이다. 이들 3개국의 국제회의 개최건수(1999년~2018년, UIA A유형 기준)는 10위권 내에 있어 국제기구 소재지가 국제회의 개최건수에 상당한 영향을 미치는 것을 알 수 있다.

2018년 기준 A유형 국제회의 개최건수를 살펴보면 1위는 싱가포르가 차지하였으며, 2위는 벨기에의 브뤼셀, 3위는 대한민국 서울이었다. 싱가포르는 최근 20년간 10,155건의 국제회의를 개최하여 세계 1위 국제회의 개최 도시의 명성을 얻었는데, 이는 2007년 국제기구프로그램사무국(IOPO)의 설립이 주효했다고 볼 수 있다(김명호, 2013).

서울의 경우 2015년 기준 5개 국제기구를 통해 유치한 MICE행사는 36건으로 행사 참가자는 458,536명이었으며, 이에 따른 경제효과는 총생산 유발 효과 508,543.1백만 원, 부가가치 유발 효과 195,470백만 원과 취업유발 효과 5,518.1명 등 국제기구 유치를 통한 MICE산업으로의 파급효과는 상당한 것으로 사료된다(서울특별시, 2017).

국제기구 유치조건 및 소재지 결정요인으로는 물적 인프라, 사회적 인프라, 사무국 운영지원의 관점에서 국제기구와 직원에 대한 세금 면제 등의 인센티브, 직원의 거주 여건, 인력 확보가 있으며, 유치 추진 체계 관점에서는 추진조직 구성, 유치 전략 수립, 제도적 근거 마련이 주요 요인으로 분석되고 있다(장윤정, 2010).

국제기구 유치조건

구분	내용
물적 인프라	• 국제기구 특성에 부합하는 업무공간 • 숙박시설, 안내시설 등 방문객 편의시설 • 항만, 공항, 교통시설 등 국제적 접근성 제고
사회적 인프라	• 국제학교 • 주재원을 위한 지역 거주시설 및 생활에 필요한 쇼핑 시설 • 공공교통 인프라 • 주재원 커뮤니티에 대한 지방정부 지원
사무국 운영지원	• 사무국 운영 관련 재정 및 인력 지원

출처 : 장윤정(2010), 인천광역시 국제기구 유치방안 연구

국제기구 소재지 결정요인과 MICE 개최지 경쟁력의 개념은 해당 도시로 국제기구 본부 또는 국제행사를 유치한다는 맥락에서 유사하다(허동근, 2022).

국제기구 소재지 결정요인

<table>
<tr><th colspan="2">구분</th><th>순번</th><th>국제기구 소재지 결정요인</th><th>MICE 개최지 경쟁력</th><th>관리주체</th></tr>
<tr><td colspan="2" rowspan="4">정책 및 거버넌스</td><td>1</td><td>국제법 인정 및 실행 능력, 특권과 면제, 가족 취업</td><td>-</td><td>국가</td></tr>
<tr><td>2</td><td>정부 및 지방자치단체의 지원(세금혜택 등 예산 및 외교 지원)</td><td>○</td><td>국가/도시</td></tr>
<tr><td>3</td><td>국제기구 유치 전담 기구</td><td>○</td><td>도시</td></tr>
<tr><td>4</td><td>국제기구 정책 전문적 홍보 능력</td><td>-</td><td>국가/도시</td></tr>
<tr><td colspan="2" rowspan="4">국제협력</td><td>5</td><td>유치국(도시)의 주도적 노력</td><td>○</td><td>국가/도시</td></tr>
<tr><td>6</td><td>유치국(도시)의 영향력</td><td>○</td><td>국가/도시</td></tr>
<tr><td>7</td><td>국제기구 수장, 강대국 지지</td><td>○</td><td>국가/도시</td></tr>
<tr><td>8</td><td>국제기구의 지리적 배분</td><td>○</td><td>도시</td></tr>
<tr><td rowspan="14">인프라</td><td rowspan="3">사무국 운영</td><td>9</td><td>국제기구 복합 지구(빌딩) 여부</td><td>-</td><td>도시</td></tr>
<tr><td>10</td><td>각국 대표부(대사관 등) 소재</td><td>-</td><td>도시</td></tr>
<tr><td>11</td><td>글로벌 역량을 갖춘 인적 자원</td><td>○</td><td>도시</td></tr>
<tr><td rowspan="6">정주 여건</td><td>12</td><td>국제학교</td><td>-</td><td>도시</td></tr>
<tr><td>13</td><td>주거환경</td><td>-</td><td>도시</td></tr>
<tr><td>14</td><td>선진화된 금융, 통신, 의료시스템</td><td>-</td><td>국가/도시</td></tr>
<tr><td>15</td><td>편리한 교통, 물류</td><td>○</td><td>국가/도시</td></tr>
<tr><td>16</td><td>여가, 관광, 쇼핑</td><td>○</td><td>국가/도시</td></tr>
<tr><td>17</td><td>물가</td><td>○</td><td>국가/도시</td></tr>
<tr><td rowspan="3">MICE 인프라</td><td>18</td><td>회의시설</td><td>○</td><td>도시</td></tr>
<tr><td>19</td><td>숙박시설</td><td>○</td><td>도시</td></tr>
<tr><td>20</td><td>통번역 능력</td><td>○</td><td>도시</td></tr>
<tr><td rowspan="2">글로벌 연결성</td><td>21</td><td>국제항공 연결성</td><td>○</td><td>국가/도시</td></tr>
<tr><td>22</td><td>비자 발급 용이성</td><td>○</td><td>국가</td></tr>
<tr><td colspan="2" rowspan="2">정치사회</td><td>23</td><td>정치 안정</td><td>○</td><td>국가</td></tr>
<tr><td>24</td><td>보안 & 안전</td><td>○</td><td>국가/도시</td></tr>
<tr><td colspan="2" rowspan="2">도시브랜드</td><td>25</td><td>전통적 도시의 매력적 이미지</td><td>○</td><td>도시</td></tr>
<tr><td>26</td><td>전략적 도시 이미지</td><td>○</td><td>도시</td></tr>
</table>

출처 : 허동근(2022), 부산 MICE산업 발전을 위한 국제기구 유치 전략 제언. 참고하여 재구성

2. MICE 마케팅 전략

1) MICE 마케팅의 특성

MICE 마케팅은 고객의 욕구와 수요를 찾아내어 이를 만족시키고, MICE 기업의 수익을 창출하기 위한 일련의 과정이다. MICE 참가자들은 다양한 목적을 가지고 회의와 행사에 참가하기 때문에 개최지의 매력성은 마케팅 성과 결정요인 중에 중요한 역할을 하며 MICE 개최지의 매력성, 접근성, 숙박시설, 회의시설 등의 유·무형적 이미지를 창출하는 요소들이 MICE 마케팅의 필수적 요소이다. MICE 마케팅은 개최하기 전인 유치마케팅, 운영하기 위한 회의 기간에 서비스를 제공하는 회의마케팅, 사후 마케팅으로 구분할 수 있으며, MICE 개최지 마케팅, 컨벤션센터, 호텔 등의 개최 시설 주체의 마케팅으로 구분될 수 있다.

MICE산업은 서비스를 기반으로 이루어진 산업의 특성으로 주최측과 회의 기획자가 참가자를 대상으로 무형의 서비스와 프로그램을 제공하게 된다. 행사 기간 내의 참가자를 대상으로 프로그램의 진행은 대부분 무형의 서비스로 회의 참가자가 만족할 수 있도록 독특한 경험을 제공하는 구매자의 만족도를 향상하는 전략이 필수적이다.

MICE 상품은 숙박, 식음료, 레저, 엔터테인먼트, 기자재, 관광, 운송 등 행사 진행을 위해 필요한 모든 서비스가 행사 진행 중에 제공되는 복합적인 특성을 갖는다. 이러한 복합적인 상품의 특성을 고려하여 시장세분화를 통한 행사의 성격을 명확하게 파악하여 표적시장을 선정한 뒤 마케팅 전략을 수립해야 한다.

MICE 상품의 마케팅 절차도 일반상품의 마케팅 절차와 유사하다. 시장조사와 분석 과정을 거쳐서 MICE 상품에 대한 자체분석 행사 콘셉트를 파악하고 적합한 시장을 선정하는 단계부터 기획의 첫 번째로 시작돼야 한다. MICE 수요층은 국내외에 국제기구, 주요 도시의 컨벤션뷰로 등과 같은 단체를 통해 파악하는 것이 필요하다.

먼저 SWOT 분석을 통해서 상품이 갖고 있는 강점, 약점, 기회, 위협요인을 분석하고 주최측 입장과 참가자 입장 그리고 경쟁 시장 등으로 나누어 분석을 시행한다. 다음 단계는 목표시장을 선정하는 것이다. 회의 기획자가 어떤 기준을 사용하여 분석하느냐에 따라 세분화된 시장은 여러 형태의 모습으로 나타나게 되는데 기획 중인 프로그램과 서비스가 어울릴 수 있는 참가자 집단을 선별한다. 참가자 집단의 선별에서 기획자는 시장세분화 기준과 참가자들의 욕구를 충족시켜 줄 수 있는 사항을 고려하여 선별한다.

일반적으로 참가자 집단은 경제적 파급효과, 즉 수입 관련 측면에서 유리한 대상을 선정한다. 잠재적인 참가자 집단을 선정하게 되면, 그들의 특성에 따라 표적시장을 선정하게 되며, 시장과 참가자 집단의 선정 후에는 그들의 참가를 독려할 수 있는 전략적인 마케팅계획의 수립을 진행하게 된다.

시장 포지셔닝은 세분화에 따라 해당 상품을 산업 내에서 적절한 위치에 배치하는 것을 말하며, 잠재적인 참가자들이 형성하고 있는 이미지를 의미한다. 자신들이 원하는 방향으로 포지셔닝하기 위해서는 먼저 참가자들이 원하는 것이 무엇인지 정확하게 파악하는 것이 중요하다. 이를 위해서 서비스 제공업체의 위치와 환경, 종사원들의 서비스 수준에 대한 파악이 이루어져야 하며, 경쟁업체의 전략에 대한 분석도 포지셔닝 전략 수립에 필요한 부분이다.

포지셔닝 전략이 수립되면 다음 절차로는 마케팅 목표에 대한 설정이 필요하다. 주최측의 입장과 잠재적 참가자를 대상으로 그들이 원하는 바를 파악하여 명확한 목표 설정이 이루어져야 하고, 가능하다면 정량적으로 측정이 가능하게 해야 한다. 또한, 조직의 모든 구성원이 쉽게 이해할 수 있도록 기술되어야 하고, 포괄적인 목표 제시뿐만 아니라 개별부서의 목표치도 제시하여 업무 과정에서 목표에 의한 관리가 될 수 있도록 하는 것이 바람직하다.

마지막으로 마케팅계획에 대한 보고서가 작성되면 이를 토대로 실무자는 업무를 진행해야 한다. 다만, 지속적인 모니터링 작업을 통해 문제점이 발견되거나 더 나은 대안이 제시된다면 신속하게 마케팅계획을 변경시키는 것이 좋다. 행사가 종료된 이후에 마케팅보고서는 평가 과정을 거쳐 개선책을 마련하고 피드백 과정을 통해 차기 행사에 자료로 활용될 수 있도록 해야 한다.

2) 온라인 마케팅 전략

인터넷이 발달하면서 새로운 마케팅 전략이 등장하고 있다. 예전에는 참가자에게 브로슈어를 발송하거나 박람회에 참가하여 홍보하는 대면 전략이 주를 이루었다면, 인터넷을 통해 주최 조직이 잠재적인 참가업체들과 실시간으로 접촉하는 것이 가능함에 따라 이메일, 블로그, SNS 등 다양한 방법의 온라인 마케팅이 이루어지고 있다. 특히, 온라인 마케팅의 경우 다른 마케팅 전략과는 달리 시간과 노력이 적게 들고 비용 부담이 적다는 장점을 갖고 있다.

이에 따라 많은 회의 기획가가 마케팅 전략을 세울 때 온라인 마케팅을 선호하고 있다.

이메일은 비용이나 노력이 적게 든다는 장점으로 인해 많은 업체들이 마케팅 전략으로 활용하고 있다. 이메일은 홈페이지로 고객을 유인하기 위한 것으로, 스팸메일로 처리되고 있지만, 간편하고 손쉽게 고객을 유인할 수 있는 핵심적인 수단으로 자리 잡고 있다.

주최 조직은 제대로 된 적합한 메시지를 잠재 고객에게 송부함으로써 지속적으로 접촉하고 상호작용을 통해 관계를 형성해 효과적인 고객관리를 행할 수 있다. 고객리스트를 만들기 위한 정보수집과 분석, 데이터베이스 형성에서 비용이 들 수 있지만, 인쇄자료에 의존한 마케팅 전략에 비해 훨씬 적은 비용이 들며, 한번 형성한 DB는 지속적으로 활용할 수 있다는 장점이 있다.

다만, 기획가는 정보수집을 함에 있어 단순히 인구통계학적 기준만을 사용할 것이 아니라 사회적 분석, 심리적 분석 등 다양한 분석 기준을 활용하여 적합한 데이터베이스를 형성할 수 있도록 노력해야 한다. 고객리스트가 작성되었다면 주최측은 각 고객에게 자신들의 행사 참여를 유도하기 위한 초대장을 보내게 된다. 고객의 위치와 특성에 따라 초대장은 다르게 구성된다. 기업 환경에서 회의 초대장은 경영진을 위한 것과 일반 참가자를 위한 것, 그리고 세일즈 부서를 대상으로 한 내용이 다르게 구성되어야 한다.

이들뿐만 아니라 잠재적인 회원, 기존 참가자, 연설자, 직원, 판매자, 스폰서에게도 이메일을 통해 초대장이 전송될 수 있기 때문에 고객리스트를 작성 후 수신자 특성별로 세분화해 분야별로 적합한 초대장을 구성해야 한다. 다만, 모든 수신인에게 배포되는 공통 사항이 있는데, 이 부분에 관해서는 전달코자 하는 메시지를 명확하게 제시해야 한다.

최근에는 행사 후 평가의 수단으로 이메일을 활용하는 사례도 증가하고 있다. 등록신청서에 참가자가 남긴 이메일을 토대로, 행사기간 동안 참가자가 느낀 좋은 점, 개선해야 할 사항, 문제점 등을 파악하기 위해 이메일에 링크를 걸어 평가 절차를 진행하기도 한다. 평가 완료 후 결과는 차기 대회를 개최할 때 개선 사항으로 활용할 수도 있고 행사 참여단체에 마케팅을 위한 자료로 제공할 수도 있다.

최근 참가자들은 행사 공식 홈페이지뿐만 아니라 블로그나 SNS 페이지를 통해서도 관련된 정보를 수집하고 있다. 블로그는 사람들이 공식 홈페이지보다 수월하게 접근할 수 있을 뿐만 아니라, 주최조직과의 상호작용을 통한 피드백을 받을 수가 있다. 블로그는 협동적인 공간, 정치적 거리 연설, 뉴스 방출, 링크들을 제공한다. 공식 홈페이지가 방문자들을 대상으로 한 일방적인 정보제공에 그치지만 블로그는 정보제공뿐만 아니라 방문객들의 반응도 살피고 정보를 나눌 수 있다는 쌍방향적인 수단이라는 점에서 효과적인 마케팅 수단이라고 할 수 있다. 이를 위해, 블로그에 뉴스와 링크 그리고 아이디어를 공유할 수 있는 공간을 만들어야 한다.

최근 급성장하고 있는 소셜네트워크서비스(SNS: Social Network Service)는 그 역사가 오래되지 않았지만, 빠른 성장을 이루어내면서 이용자의 폭발적 증가를 가져왔다. 해당 공간에서 제공하고 있는 서비스의 수가 많고 콘텐츠도 다양한 내용을 담고 있다. 특히 국가나 지역 등 위치는 달라도 공통으로 홈페이지라는 온라인 공간을 기반으로, 대인관계의 형성 및 유지, 관계망 구축, 정보교류의 장으로 활용되고 있다는 특징이 있다.

스마트폰을 통해 SNS에 실시간으로 접속이 가능해지면서, 이용자는 팬 페이지를 통해 의견이나 정보를 게시할 수 있고 관계를 맺을 수 있다. 이러한 특성을 기반으로 주최자나 회의 기획가는 행사 팬 페이지를 개설하고 실시간 정보 업데이트와 참가자와의 끊임없는 교류를 해나갈 수 있다.

SNS를 보다 더 효과적인 마케팅 수단으로 활용하려면 그에 걸맞은 전략을 수립할 필요가 있다. 먼저, SNS 운영전략을 장기적인 관점에서 살펴봐야 한다. SNS가 아무리 실시간 접근성을 통해 접촉 빈도를 높인다고 하더라도 참가자들에게 긍정적인 이미지를 형성하기 위해서는 장기적인 관점에서, 브랜딩전략과 맞물려 운영되어야 한다. 기존 미디어를 통한 마케팅은 정해진 기간 동안 참가자에게 노출되는 수를 집중적으로 높임으로써 단기적인 효과를 거둘 수 있지만, SNS는 이와 같은 순간적인 효과는 이룰 수 없다는 단점을 갖고 있다.

짧은 시간에 많은 정보가 오가는 SNS의 특성상 기업이 전하고자 하는 메시지가 한 번에 참가자에게 전달되는 것은 매우 어려운 일이므로, 회의 기획가는 장기적인 관점에서 SNS 마케팅 전략을 수립해야 하며, 차후에 고객이 기업에 대한 정형적인 이미지를 가질 수 있도록 브랜딩전략을 수립해야 한다. 다시 말해, 온라인 단독 마케팅이 아니라 온/오프라인이 연계된 마케팅 전략을 세워야 한다.

3) 콘텐츠 마케팅 전략

콘텐츠 마케팅은 가끔 블로그 게시, 여러 가지 형식, 전략, 청중 검색 의도에 대한 조사,

매력적인 글쓰기 스타일 등이 포함된다. 스토리텔링, 블로그 게시물, 인포그래픽 또는 백서 등 어떤 방식이든 부가가치를 제공하는 것이다. 좋은 콘텐츠 마케팅은 브랜드에 대한 긍정적인 연관성을 일깨우고 장기적으로 인지도를 높인다. 콘텐츠 마케팅은 기존 마케팅보다 3배 더 많은 리드를 생성할 수 있다. Facebook 및 Google과 같은 플랫폼에서 브랜드 인지도를 높여 홈페이지로 트래픽을 유도하기도 한다.

MICE 호텔로서 기획자, 회의 참석자에게 즐거움을 주고 이벤트 기획 프로세스 장애물을 제거하여 꼭 가봐야 할 목적지로 포지셔닝해야 한다. 이를 개발하려면 MICE 사업과 이벤트 기획자의 관심을 높이는 것이 핵심 목표이지만, 이를 어떻게 달성할 것인지 생각해야 한다. 목표에는 웹페이지 트래픽을 늘리고 적격 리드를 마케팅하는 것이 포함될 수 있으며, 이는 더 많은 MICE 사업으로 이어질 것이다. 또한, 목표 고객을 이해해야 한다. 그들이 원하는 바가 무엇인지, 어떻게 행사를 개최할 것인지, 고객에 대해서 잘 알게 되면 올바른 커뮤니케이션 채널, 메시싱 및 콘텐츠 유형을 맞출 가능성이 높아진다. 여기에서 주요 목표는 가치를 제공하는 것이므로 항상 도움을 주기 위해 노력해야 한다. 고객이 다를 경우 가장 효과적인 별도의 채널을 사용하여 공감하는 것을 고려해야 한다. 고객을 가정하지 말고, 조사를 통해 목표 고객이 필요한 사항을 파악해야 한다. 이를 통해 고객이 필요로 하는 사항을 파악할 수 있고 행사 개최의 좋은 시작을 만들어준다. 경쟁자는 고객에게 우리가 제안하는 것에 대한 또 다른 선택적인 제안을 제공한다. 먼저 파악해서 더 나은 방식으로 콘텐츠 내용을 어떻게 포지셔닝할지 생각해야 한다.

처음에는 프로세스 측정(예: 새로운 팔로어 수)에 집중하고 싶을 수 있지만 궁극적으로는 실제 결과가 가장 중요하다. 회의 기획자와 소통하고 세계적인 이벤트를 위한 장소로 자리매김하기 위해 전략을 세우고, 업네이드하면 시간을 최대한 활용하고 결과를 향상하는 데 도움이 된다. 콘텐츠 전략을 생각하고 문서화하는 데 시간을 할애하면 생각보다 빨리 관계를 구축하고 더 많은 MICE 사업을 창출할 수 있을 것이다.[1]

1) Attracting MICE Business with a Great Content Marketing Strategy(https://www.cvent.com)

4) 스폰서 마케팅 전략

(1) 스폰서십(Sponsorship)

MICE행사는 항상 재원 조달에 어려움을 토로하고 있고 후원자(스폰서십)를 구하는 것을 대안의 하나로 간주하는 경우가 많다. 그러나 최근 경제가 장기간 어려움을 겪고 유사한 행사가 중복으로 개최되면서 스폰서를 구하기는 점점 더 어려운 환경으로 변하고 있다. 이런 상황에서 기업체의 후원을 확보하려면 기업이 요구하는 유무형의 성과 창출에 한 발 더 다가 가서지 않으면 안 된다.

따라서 MICE 주최자와 스폰서와의 관계는 항상 협력적 관계 속에 자리매김하면서도 때로는 긴장 관계에 놓일 수밖에 없는 것이다. 신규 스폰서를 확보하는 것도 중요하지만, 어쩌면 기존 스폰서와의 지속 가능한 관계를 유지하면서 행사 개최 시마다 후원을 확보하는 것 역시 중요하다. 스폰서는 행사 주최자에게 행사 지원금이나 물품 지원을 제공하고, 행사를 통해 기업의 로고나 이미지를 홍보할 기회를 부여받는 것을 말한다.

과거에는 행사의 후원에 대해 기업이윤의 사회적 환원 혹은 기부로 인식하는 경우가 많았으나, 오늘날은 기부보다는 스폰서십으로 인한 직접적인 기업 이익 창출을 바라는 경우가 증가하는 추세이다. 스폰서십이 성공하려면 무엇보다 주최측의 세밀하고 성과 창출이 가능한 기획이 중요하다. 행사 중에 스폰서의 이미지와 브랜드를 자주 노출함으로써 홍보 효과를 거둘 수 있도록 해야 한다.

이는 기업에 대한 주최측의 정확한 이해에서 출발해야 하는데, 사실 스폰서십은 다른 마케팅 수단에 비해 기업이 목표로 정하고 있는 표적시장에 대해 비용 대비 성과 창출 효과가 높은 편이다. 왜냐하면 MICE 행사장 방문 바이어나 참관객이 이미 해당 업종에 대해 충성도가 높은 집단이기 때문이다. 더불어 이들을 대상으로 신제품에 대한 반향이나 기업이 궁금해하는 부분을 주최측의 협조를 받아 효과적으로 분석할 기회도 된다.

(2) 스폰서의 확보

최근 급속도로 변해가는 기업 환경 속에서 기업 자신의 생존과 직결되는 요소에 역량을 집중하고 있는데 대표적인 요소가 과학기술과 기업이미지라고 할 수 있다. 그러나 과학

기술은 빠른 정보전달로 인해 대규모 투자가 동반되어야만 차별화를 가져올 수 있기 때문에 기업이 채택하기 쉽지 않고, 따라서 기업은 상품 판매에 있어 상대적으로 비용 부담이 적은 기업이미지를 함께 판매하는 방향을 선호하고 있다.

이러한 기업이미지는 그 중요성이 점점 확대되면서 소비자의 마음을 성공적으로 움직일 수 있다면 그 자체로 기업의 중요자산으로 간주할 수 있다. 기업이미지를 구축하는 방법으로는 기존에 광고를 통한 지속적인 노출이 주된 수단이었으나 막대한 비용이 소요되고, 특히 최근에 온라인과 오프라인 간 미디어 매체가 폭발적으로 증가하면서 과연 광고를 통한 기업 이미지 성과 창출이 효과적인지에 대한 의문이 들고 있다.

스폰서 마케팅은 이러한 시장 환경 속에서 등장하였는데 사실 기업의 마케팅 수단으로 주목된 것은 역사가 오래되지는 않았다. 소비자가 제품을 선택할 때 가격이나 품질에 큰 차이를 느끼지 않는다면 사회적 공헌기업이나 착한 이미지를 갖고 있는 기업 그리고 표적시장 고객의 마음을 잘 이해하는 상품을 선택할 가능성이 크기 때문에 스폰서 마케팅은 기업의 훌륭한 마케팅 수단이 될 수 있는 것이다.

행사 주최자 관점에서 스폰서를 확보하는 방법에는 여러 가지가 있지만, 가능하면 투자 수익률과 같은 계량적인 수치를 직접적으로 제시할 수 있으면 유치에 도움이 된다. 즉 소비자 인식과 구매 기회 창출, 매출 확대 기회, 브랜드 인지도 제고 그리고 새로운 시장개척전략 등을 수치로 유형화해서 제시하는 것이다.

지자체나 지방 공기업 등도 잠재적인 스폰서가 된다. 이들 단체는 기업처럼 이윤 창출을 직접적인 목적으로 하기보다는 지역경제 활성화나 해당 공기업 분야의 활성화를 선호하는 경우가 많다. 행사를 통해 관련업종에 대한 지역 인프라 구축강화와 목적지 브랜드 이미지를 강화하길 바라며 지역기업의 판매 활성화와 홍보를 바라는 경우가 많다.

MICE 주최측이 스폰서를 끌어당기기 위한 노력을 하지만 PCO와 같은 전문 회의 기획자에게 의뢰하는 경우도 많다. 그러면 기획자는 기업의 관점에서 스폰서 제안서를 검토하고, 유치를 위한 노력을 해야 한다. 스폰서 제안서를 검토할 때는 각각의 기업별로 기업 노출의 정도, 유통채널, 경쟁업체에 대한 우위, 투자 자원, 명성 등을 바탕으로 사전 평가가 이루어지게 된다.

스폰서 기업을 찾기 위한 처음의 과정은 잠재적인 스폰서 가능 기업의 리스트를 확보하는 것이다. 이들 잠재 기업 중에서 해당 기업이 추구하는 바에 맞는 맞춤형 제안서를 작성해야 한다. 일반적인 조사를 통해 행사 목표시장과 일치하거나 욕구를 충족시켜 줄 수 있는 기업체들의 명단을 작성할 수 있다. 이들을 대상으로 단체의 마케팅 전략을 조사하여 잠재적인 스폰서 후보로 올릴 수 있다.

기업의 추구 방향과 행사 이미지가 적합한지, 기업이 다른 경쟁 행사에 스폰서로 활동하고 있지는 않은지, 마케팅 전략이 적합한지를 분석하여 적합하다고 판단된 기업들을 대상으로 먼저 스폰서 제안서를 보내게 된다. 그 후, 기업이 제안서를 검토할 수 있도록 일정 시간이 지난 후에 기획자는 제안서를 제출했던 담당자에게 연락하여 스폰서 가능 여부를 확인한다. 기업이 거절하면 리스트에 올라와 있는 다른 기업들을 대상으로 다시 분석부터 시작하여 유치단계를 진행한다.

기업이 스폰서 활동을 승낙할 경우, 주최측과 기업은 차후 스폰서십 활동에 관한 사업계획서를 작성하게 된다. 명확한 책임분담과 이행을 위하여 사업계획서에는 행사의 개최 목적, 이유, 기간 등 행사 프로필뿐만 아니라 스폰서 제공 내용, 주최측 제공 내용 등 상호 이행 의무, 사후평가 기준까지 제시하게 된다.

제안서에 담길 주요 내용은 행사소개와 더불어 스폰서로 인한 기업의 혜택을 구체적으로 적시해야 한다. 기업이 행사에 대해 쉽게 이해할 수 있도록 행사명, 기간, 장소, 주최, 후원 확정 기업, 규모에 대해 밝혀 놓아야 한다. 또한 기간 내에 어떤 프로그램이 구성되었는지, 주제는 무엇이고 기조 강연자는 누구인지도 밝혀서 기업이 행사에 대한 신뢰성을 갖도록 하는 것이 바람직하다.

다음은 기획자가 목표로 삼은 목표시장과 예상 참가자를 밝힘으로써 어느 분야에서 이루어지는 행사인지 명확하게 밝힐 수 있다. 또한, 기업이 진출하고자 하는 분야와 어느 정도 관련 있는지도 파악할 수 있다. 기업이 스폰서에 참여하게 되는 궁극적인 목적은 홍보를 통해 사회에서 우호적인 이미지를 형성하기 위함이라 할 수 있다. 그러므로 스폰서에 참여하게 되면 진행될 홍보전략과 기업이 홍보에 어떻게 참여하게 되는지 밝혀 놓는 것이 좋다.

먼저 기업이 참여할 매력을 느낄 수 있도록 행사의 가치를 부각해야 한다. 행사의 가치를 나타내기 위해 전차대회에 참가했던 사람들의 평이나, 유명 인사들의 코멘트, 신문의 기사들을 첨부하여 나타낼 수 있다. 또한 기업이 스폰서로 참여하게 되면 얻게 되는 이미지 개선 효과, 사회적인 위치 제고에 대해 중요성을 강조할 수 있다. 또한 후원에 따라 기업이 얻을 수 있는 성과와 혜택을 명확하게 밝힘으로써 기업의 참여를 유도해야 한다.

일반적으로 후원 금액에 따라 차등적인 혜택을 제공하게 된다. 금액을 기준으로 등급을 나누어 기업들이 제공받을 수 있는 혜택과 공통으로 받을 수 있는 혜택을 명확하게 구분하여 제시해야 한다. 스폰서 제안서에는 기업들이 원하는 바를 충족시킬 수 있는 내용들이 들어가야 한다. 이를 위해서, 사전에 각 기업에 대한 분석이 이루어져야 하며, 앞서 언급한 혜택과 경쟁력 있는 가격을 제시하여 기업들의 참가를 유도해야 한다.

5) MICE 방문객 유치전략

(1) Business-to-Business(B2B) 바이어 대상 유치전략

산업전시회는 사업자 대상 B2B 전시회와 소비자 대상 B2C 전시회 두 가지 유형으로 구분된다. B2B 전시회는 컨퍼런스와 유사하게 집단을 대상으로 한다.

산업전시회는 전문 전시회라고도 불리며 일반인이 아닌 기업체를 대상으로 하는 Business-to-Business(B2B) 성격이고 바이어를 대상으로 세일즈 및 마케팅활동을 펼치는 전시회를 말한다. 참가업체는 전형적으로 관련 산업에 종사하고 있는 상품 또는 서비스 제조업자, 유통업자들이며 참관객의 경우 최종 사용자의 특징을 갖는다.

특정 분야의 산업을 대상으로 개최된다는 특징으로 인해 전시회 참가 자격, 비즈니스 자격 또는 사전등록은 해당 산업에 종사하는 사람들로 한정된다. 시장의 종류에 따라 3~4일 정도 개최되며 매년 혹은 격년에 한 번씩 개최된다. 산업전시회의 경우 일반적으로 종사자들을 위한 컨퍼런스나 최신 정보를 다루는 세미나를 동반하게 된다.

(2) Business-to-Consumer(B2C) 대상 유치전략

Business-to-Consumer(B2C) 대상 MICE 상품으로는 대중전시회가 있다. 산업전시회와는 달리 일반 소비자에게 개방되는 전시회로 Business-to-Consumer(B2C)를 지향하는 전시회라 할 수 있다. 전시회에 참여하는 기업들은 전문적인 산업체라기보다 일반적인 소비재 생산기업들이 참여하게 되므로 가구, 인테리어, 관광, 컴퓨터, 가전 등 다양한 분야가 존재하고 있다. 대중전시회는 소비자상품 마케팅에서 중요한 역할을 한다. 많은 기업이 대중전시회를 새로운 상품을 출시하기 전에 시험해 보는 자리이자 적극적인 홍보의 기회로 활용하고 있다.

참가에 제한을 두는 산업전시회와는 달리 대중전시회의 경우 일반대중(General Public)을 상대로 해서 전시회 출입에 제한을 두지 않고 등록비 또한 요구하지 않지만, 전시회의 운영 재원을 마련하기 위한 입장료는 받는 경우가 있다. 국내의 경우 건강박람회, 결혼상품전시회, 건축박람회 등을 예로 들 수 있으며, 실제로 전문 바이어들이 초청되어 방문하기도 하지만, 일차적으로 대중전시회는 일반소비자들을 대상으로 한 마케팅을 주로 하는 전시회라 할 수 있다.

혼합전시회는 앞서 살펴본 대중전시회와 산업전시회가 혼합된 전시회 형태를 지칭한다. 참관객은 바이어와 일반대중을 모두 대상으로 하지만, 참관일에 차이를 두고 특정 날짜만 바이어에게 개방하며 이외에는 일반 대중에도 개방하는 형태를 띠고 있다. 국내 전시회의 경우, 운영 및 재정적인 문제로 인해 혼합전시회 형태를 선호하는 경우가 많다.

(3) MICE 시장 인지와 잠재고객의 요구사항 파악

MICE를 성공적으로 유치하려면 먼저 타깃시장을 정의하고 고객의 고유한 요구사항을 철저히 이해하는 것이 필수적이다. 이러한 지식은 전략을 수립함에 있어 MICE 시설을 계획할 때 경쟁자와 차별화하는 데 중요한 역할을 할 수 있다. MICE산업 전문가의 요구와 선호도에 정확히 부합하게 하여 고객에게 어필하는 매우 효과적인 마케팅 수단이 될 수 있다. 이러한 계획은 규모 있는 컨퍼런스 시설, 현대적인 기술, 이용에 편리한 공간 및 물류 지원과 같은 특정 요구사항을 해결해야 한다.

이러한 고유한 요구사항을 종합적으로 이해함으로써 호텔이나 목적지를 MICE 이벤트에 선택적으로 포지셔닝하여 경쟁 시장에서 차별화할 수 있다. 이러한 요구사항을 효과적으로 충족하기 위해서는 유연성(Flexibility), 가격(Price), 유효성(Availability), 시설(Facilities), 위치(Location) 등을 고려해야 한다.

첫 번째, 유연성(Flexibility)은 변경 사항이 발생할 때 이를 수용하는 환불 정책을 제공하는 서비스를 사례로 들 수 있다. 이러한 서비스는 경쟁자와 차별화하는 판매 포인트가 될 수 있다.

두 번째, 가격(Price)은 MICE 행사를 위해 장소를 예약하는 사람들에게 항상 중요한 고려사항이다. 고객은 욕구를 충족하고 엄격한 예산 제약에 적정하면서도 뛰어난 가치를 제공하는 비용 효율적인 옵션을 선호한다.

세 번째, 유효성(Availability)은 이벤트 일정을 선택하는 데 제한을 받는 MICE 고객을 대상으로 장소의 가용성을 확인해 주고 선호하는 일정과 매칭될 수 있도록 서비스를 제공하는 것이 필요하다. 이러한 서비스는 이벤트 기획 프로세스를 간소화해 주고 전체적인 업무 수행 능력을 향상시킨다.

네 번째, 시설(Facilities)은 안전과 프라이버시를 보장하는 서비스 공간을 제공하는 것이다.

다섯 번째, 위치(Location)는 장소의 접근성을 뜻하며 MICE 행사에 중요한 요소로서 회의 참석자가 가능한 한 쉽게 도달할 수 있도록 편리한 위치에 전략적으로 위치한 시설을 제공하는 것이 중요하다.

(4) MICE 유치를 위한 시설과 서비스

현대적이고 최첨단의 컨퍼런스 시설은 MICE 관광의 핵심 사항으로 회의실에 최신 영상, 음향 기술을 갖추는 것이 필요하다. 고품질 프로젝터와 오디오 시스템을 제공하고 경쟁에서 앞서기 위해 이벤트 중에 발생할 수 있는 잠재적인 기술적 문제를 신속하게 해결할 수 있는 전담기술지원팀을 구성해야 한다.

MICE 시장 내에서 숙박시설 선호도는 매우 다양하다. 예산과 선호도가 다르고 다양한 옵션을 준비해야 한다. 다양한 가격대의 다양한 객실 유형을 제공하는 것은 매력을 극대화하는 좋은 방법이 될 수 있다. 비용에 민감한 참석자를 위해 표준 객실을 제공하고, 고급스러움을 추구하는 사람을 위해 임원 스위트를 제공하며 객실과 관련된 일련의 서비스를 제공할 수 있다. 품격 높은 수준의 편안함과 편의시설을 유지하여 참석자가 회의나 이벤트 일정 후 휴식을 취할 수 있도록 한다. MICE 관광객의 선호도를 더욱 만족시키기 위해 숙박시설에서 찾게 되는 고객의 요구사항을 더 세심하게 파악해야 한다. MICE 관광객들은 충분한 작업 공간, 인체공학적 좌석 및 편안한 수면을 위한 암막 커튼을 설치하는 것이 좋다. 비즈니스 여행객의 고유한 요구에 맞게 숙박시설을 맞춤화하면 경쟁적인 시장에서 두각을 나타낼 수 있다.

식사 제공은 MICE 관광객에게 남기는 전반적인 인상에 큰 영향을 미칠 수 있다. 다양한 취향과 식단 요구사항을 가진 다양한 전문가 그룹을 초대하게 되므로 모든 선호도에 맞는 광범위한 요리를 선택할 수 있도록 고려해야 한다. 시설 내에 다양한 식사 공간을 마련하는 것도 좋다. 간단한 점심을 위한 캐주얼 카페부터 정식 저녁 식사를 위한 고급 레스토랑, 대규모 그룹에 인기가 있는 뷔페 스타일의 식사까지 제공할 수 있도록 해야 한다. 또한 테마별 메뉴나 식단 제한 등, 특정 이벤트 요구사항을 수용하기 위해 맞춤형 케이터링 서비스도 필요하다. 채식주의, 비건, 글루텐 프리, 알레르기 프리 옵션을 포함한 식단 선호 사항과 제한 사항 등 세심하게 차별화된 서비스를 준비함으로써 MICE 참가고객과 주최측의 만족도를 향상할 수 있다.

디지털 시대에 안정적인 인터넷 서비스 제공은 필수적이다. 이는 객실에 국한되지 않고 회의실, 로비 구역, 때로는 야외 장소까지 포함된다. MICE 행사 중에는 프레젠테이션과 화상회의 등, 원격 참석자를 위해서 고품질 인터넷 연결 서비스를 제공할 수 있도록 시설을 완비해야 한다.

MICE 이벤트 주요 대상 고객을 위한 맞춤형 온라인 서비스로 랜딩 페이지를 개발하는 것이 좋다. 랜딩 페이지는 고객에게 적합한 시설과 서비스를 제공하는 장소를 명확하게 전달하고, 고객의 동의와 함께 정보를 수집하여 데이터를 분석할 수도 있다. 일부 기업은 MICE 관련 서비스에만 활용하도록 준비된 새로운 홈페이지를 만들기도 한다. 이러한 전략적 움직임은 MICE 고객 유치에 필요한 시설을 레저 관광 시장에 완벽하게 맞춰 독특하게 디자인된 것으로 선보여질 수 있다. MICE 고객을 위한 전용 안내 페이지를 만들면 전반적인 브랜드 정체성을 훼손하지 않고도 페이지를 원하는 대로 자유롭게 창의적으로 디자인할 수 있다. 이를 통해 브랜드의 무결성을 유지하면서 이벤트에 이상적인 장소라는 점을 강조할 수 있다.

MICE 마케팅을 위해서는 MICE 전담 직원을 지정하여 MICE 고객 유치에만 집중하도록 하는 것은 이 틈새시장을 공략하는 매우 효과적인 방법이 될 수 있다. MICE산업의 다면성에 대응하기 위하여 최신 정보를 확인하고 MICE 마케팅에 집중하도록 전담인원을 구축하면 최신 기술, 이벤트 기획 등으로 우수한 서비스를 제공하는 것이 가능하게 된다.

전담 MICE 마케터를 두면 다양한 유형의 고객 요구에 효과적으로 대응할 수 있고 이러한 전문성을 통해 타깃 마케팅 캠페인과 개인화된 메시지를 개발할 수 있다. 전담 마케터는 컨퍼런스 홀의 규모, 첨단 기술, 물류 지원, 유연한 정책과 같은 요소를 강조하여, 강점을 부각한 MICE 이벤트에 적합하다는 점을 부각한 콘텐츠와 캠페인을 홍보할 수 있다.

(5) 고객 충성도 유지

MICE 중심 전략에서 고객 충성도를 향상하는 것이 필수적이다. 많은 회사가 반복적인 이벤트를 개최하여 고객과 지속적인 관계를 구축할 때 마케팅의 기회가 된다. 각 MICE 관련 이벤트는 지속적으로 긍정적인 인상을 남길 수 있는 기회로 여겨져야 한다. 또한, 이러한 MICE 장소 선택 과정에서 입소문이 차지하는 중요한 역할을 인식하는 것이 중요하다.

이벤트 경험에 만족한 고객은 향후 이벤트에 다시 올 가능성이 높을 뿐만 아니라, 자신의 전문 분야 내에서 다른 사람들에게 열정적으로 추천할 가능성이 더 크다. 그들의 추천은 업계에서 더 많은 고객을 귀하의 장소로 유치하는 데 강력한 촉매 역할을 할 수 있다.

MICE 관광 부문을 목표화하는 것은 호텔과 목적지에 매우 수익성 있는 전략이 될 수 있다. 이러한 팁을 따르면 MICE 시장을 성공적으로 탐색하고 수익 창출 잠재력을 활용하는 데 도움이 될 것이다.[2)]

2) How to Attract MICE Tourists: 6 Tips for Hotels & Destinations(https://www.ibtmworld.com)

참고문헌

REFERENCE

김철원(2018), 『마케팅 관리론』, pp.45-46

박의서 외(2019), 『MICE산업론』, 수정 4판

박재영(2015), 「국제기구 소재지 결정에 영향을 미치는 요인에 대한 연구: 독일, 한국, 아랍에미리트의 사례를 중심으로」, 『평화학연구』, 16(4): 7–33

서울특별시(2017), 『국제기구 유치 및 교류협력 활성화 전략 수립 연구』, 서울특별시

이강진 외(2021), 「국제기구 「아태마스터스대회협회」 유치방안 연구」, 『정책연구 21–26』, 전북연구원

장윤정 외(2010), 「인천광역시 국제기구 유치 방안 연구」, 『IDI연구보고서 2021–14』, 인천발전전연구원

허동근 · 이정선 · 김하니(2022), 「부산 MICE산업 발전을 위한 국제기구 유치 전략 제언」, 『무역전시연구』, 17(4): 79–104

홍선의(2013), 『산업전시론』, 백산출판사

CVENT(2023), Attracting MICE Business with a Great Content Marketing Strategy(https://www.cvent.com/sg)

IBTM World(2023), How to Attract MICE Tourists: 6 Tips for Hotels & Destinations(https://www.ibtmworld.com)

한국전시산업진흥회(https://akei.or.kr)

CHAPTER

6

국내외 주요 전시컨벤션센터

Meeting

Incentive

Convention

Exhibition

CHAPTER 06

국내외 주요 전시컨벤션센터

1. 개최시설 유형선택

개최지역의 특성을 파악한 후, 기획자는 지역 내에서 가장 적합한 시설을 선택해야 하는데 전문회의시설과 호텔 회의장 그리고 캠퍼스, 크루즈 선박, 야외 공간 등 독특하고 이색적인 장소로 나뉠 수 있다.

1) 컨벤션센터

우리나라의 컨벤션센터는 대형화, 전문화, 그리고 첨단회의 시설을 갖춘 이미지를 바탕으로 발전해 왔다. 이는 컨벤션센터가 단순한 회의공간을 넘어 다양한 행사를 지원할 수 있는 종합적인 플랫폼으로 자리 잡는 데 중요한 역할을 했다. 하지만 전문컨벤션센터인지, 전시컨벤션센터인지에 따라 시설의 성격과 운영방식은 달라질 수 있다.

컨벤션센터는 그 웅장함과 화려함으로 참가자들의 만족을 극대화할 수 있지만, 가동률이 낮을 경우 발생하는 고정운영비 부담은 해결해야 할 과제이다.

2) 컨퍼런스센터

컨퍼런스센터 역시 MICE 개최시설의 한 축으로 인정받으며 큰 비중을 차지하고 있다.

컨벤션센터가 주로 대형행사에 치우치는 경향이 있다면, 컨퍼런스센터는 중소규모 행사에 치중하며 주로 과학, 의료와 같은 전문분야 행사에 집중되는 경우가 많다. 이러한 행사는 참가자들이 장시간 집중해야 하므로 최적의 환경 조성이 주요 과제가 된다.

• 부산항국제전시컨퍼런스홀

출처 : 부산항국제전시컨벤션센터 홈페이지(https://www.bpex.co.kr/)

컨퍼런스센터의 주요 특징은 다음과 같다. 첫째, 원스톱 서비스 제공으로 숙박서비스를 포함하여 행사 개최 기간 동안 참가자가 다른 장소로 이동할 필요 없이 모든 서비스를 한 곳에서 제공받을 수 있다는 것이다. 둘째, 기업, 정부, 협회보다는 학습과 토론 등 교육적 성격의 프로그램을 진행하는 단체를 주요 고객으로 삼는다. 이로 인해 전문적인 환경 조성과 맞춤형 서비스 제공이 강조된다. 마지막으로 참가자들의 집중도를 높이기 위해 최적의 음향, 조명, 온도 조절과 같은 물리적 환경 조성이 중요하다. 이는 행사의 성공과 참가자 만족도를 크게 좌우하는 요소로 작용한다.

컨퍼런스센터는 회의시실의 집중적인 배치로 생산성을 지원하며, 사용자 편의를 고려한 디자인을 갖추고 있다. 장시간 회의를 고려해 특별히 디자인된 의자와 책상, 그리고 넓은 필기공간은 참가자들에게 편안함과 유용성을 제공한다.

첨단기술(A/V) 장비와 관련된 요구에 빠르게 대응하기 위해 최신 기술을 갖추고, 기술전문가를 통해 장비 운영과 사용자 지원을 강화하고 있다. 이러한 점은 컨퍼런스센터가 경쟁력을 유지하고 차별화된 서비스를 제공하는 데 핵심적인 역할을 한다.

3) 호텔

호텔은 전문회의 시설인 컨벤션센터가 나타나기 오래전부터 MICE 관련 행사를 수용하는 역할을 담당해 왔다. 현재도 MICE 시장에서 가장 빈번한 개최 횟수를 보이고 있으며, 주로 중소규모 행사 수용에 집중하고 있다.

호텔의 주요 특징은 다음과 같다. 첫째, 크고 다양한 회의 공간을 제공하며, 특히 Ballroom은 만찬 장소로 애용된다. 이 공간은 파티션과 같은 이동식 벽을 통해 효율적으로 분할하여 사용할 수 있다. 소규모 회의를 위한 Break-out Room은 작은 규모의 Ballroom으로, 소수의 참가자를 위한 회의 공간으로 활용된다.

둘째, 호텔은 MICE 행사 유치 과정에서 수익 창출과 호텔 브랜드 파워 강화에 중점을 둔다. 국제적으로 유명한 행사를 유치하면 홍보 효과를 극대화할 수 있으며, 행사 프로그램의 전 과정을 호텔 내부 부대시설에서 진행하도록 유도하여 수익성을 높인다.

마지막으로 일부 호텔은 부대시설로 카지노를 운영하며, 이를 통해 행사 유치와 수익 창출에 유리한 위치를 점하고 있다. 예를 들어 마카오와 같은 지역에서는 최고 수준의 호텔 객실을 저렴하게 제공하는 인센티브 정책을 통해 행사를 유치하고, 회의 이외의 시간에는 참가자들의 카지노 활동을 유도해 수익을 극대화하고 있다.

4) 크루즈

회의 개최장소로서 크루즈선은 독특한 매력과 추억을 참가자에게 제공할 수 있다. 컨벤션센터나 호텔과 달리 프로그램 운영과 스케줄 관리에 주도권을 가지고 행사를 진행할 수 있으며, 회의 주최측 입장에서는 참가자의 회의장소 이탈 방지를 통해 회의참가 집중도를 높일 수 있어 높은 만족을 보여준다.

크루즈선의 주요 특징은 다음과 같다. 첫째, 크루즈선의 회의 유형과 규모는 선박의 특성에 따라 다양하게 활용될 수 있다. 전형적인 회의공간뿐만 아니라 대형극장과 라운지 등

선상 부대시설도 회의공간으로 활용할 수 있다. 둘째, 모든 회의 관련 요구사항을 한 장소에서 해결할 수 있도록 설계되어 있다. 회의 첨단장비, 진행인력, 프로그램 기획, 그리고 참가자 상호교류를 위한 공간 서비스 등이 이를 지원한다. 마지막으로 크루즈선 회의의 가장 큰 매력은 바다 한가운데서 진행된다는 점이다. 고래 관찰, 선상음악회, 파티 등 독특한 프로그램을 기획할 수 있으며, 기항지 도시 체험을 통해 여행과 회의를 결합한 특별한 경험을 제공한다.

• Cruise 내부 모습

5) 대학

대학은 매력적인 회의시설로서 저비용 고효율을 꾀할 수 있는 공간을 제공한다. 대강당, 강의실, 교직원 및 현장진행요원의 휴식공간 등은 회의 프로그램에 활용할 수 있는 소중한 자원이나. 주로 학술회의에 집중되는 경향이 있으며, 참가자는 교수와 대학원생 등 연구 활동에 종사하는 경우가 많다.

대학 회의시설의 주요 특징은 다음과 같다. 첫째, 호텔과 달리 숙박시설을 갖추지는 않았지만, 방학 중에는 게스트하우스나 기숙사를 저렴한 비용으로 제공할 수 있다. 이는 참가자들에게 경제적인 옵션을 제공한다. 둘째, 대학은 강의를 위해 구비한 첨단장비를 회의에 활용할 수 있으며, 대학생 현장진행요원을 통해 효율적인 진행인력을 확보할 수 있다.

마지막으로 대학 내 식당은 호텔과 비교해 음식의 질이 다소 떨어질 수 있지만, 예산을 초과하지 않으면서 양질의 식음료를 제공하기 위해 아웃소싱을 활용할 수도 있다. 또한, 대학 내 박물관은 사교의 장으로 활용할 수 있으며, 전문 해설인력을 통해 참가자들에게 교육적이고 즐거운 경험을 제공할 수 있다.

6) 야외 회의

때로는 실내가 아닌 야외에서 회의를 개최하여 참가자들에게 새로운 경험을 제공할 수 있다. 넓은 공터에 대형 텐트를 설치하여 진행하는 야외 회의는 고정된 회의시설이 아니기 때문에 기획자는 기본적인 편의시설을 직접 해결해야 하는 과제에 직면한다.

야외 회의의 주요 고려 사항은 다음과 같다. 첫째, 화장실, 주차시설, 쓰레기 처리 등 기본적인 편의시설을 철저히 점검해야 한다. 다수의 참가자가 동시에 이용할 경우 혼잡을 방지하기 위한 동선 관리가 중요하다. 둘째, 야외 회의는 실내 회의보다 예기치 못한 상황이 발생할 가능성이 크기 때문에 추가적인 인력이 필요할 수 있다. 전문 업체와의 협력을 통해 이동식 화장실, 쓰레기 처리 시스템 등 필요한 시설을 설치하고 관리해야 한다. 셋째, Clean span tents와 같은 튼튼한 구조물을 활용해 다양한 조명을 설치하고 야외 장식 효과를 극대화할 수 있다. 조명과 장식은 참가자들에게 독특한 시각적 경험을 제공하는 중요한 요소이다.

마지막으로 야외에서 진행되는 만큼 변덕스러운 날씨에 대비한 계획이 필요하다. 우천 시 대체 장소, 강풍 대비 구조물 보강 등의 준비가 필수적이다.

• Clean Span tent 설치 모습

출처 : https://professionals-tents.com/

출처 : https://www.aldaiemtents.com/

7) 컨벤션 개최지와 개최장소 이미지의 상호관계

고부가가치 관광산업인 MICE산업은 관광 분야뿐만 아니라 타 산업 발전에 중요한 영향을 미친다는 점에서 국가 산업 및 지역의 경제적 성장을 촉진하는 결정적 성장 동력으로 평가받으며 전 세계적인 관심을 받고 있다. 중국, 일본, 싱가포르, 미국 등 해외 주요 국가에서 MICE산업을 국가 전략 산업으로 지정하면서 이를 육성하기 위해 대규모 컨벤션 시설과 전시장을 건립하고 국가 차원의 유치활동을 지원하고 있는 추세이다. 이러한 세계적인 흐름과 더불어 우리나라 역시 MICE산업을 융·복합을 통한 고부가가치 전략적 관광산업의 하나로 지정·육성함으로써 국내 MICE 도시 간 경쟁구도가 더욱 심각해질 것으로 전망하고 있다(이지원, 2017). 이러한 상황에서 MICE산업의 후발 도시들이 어떠한 마케팅 전략으로 도시 간 MICE 경쟁에서 살아남을 수 있을지는 중요한 과제가 되었다. 분명한 점은 서울, 제주, 부산 등 이미 전 세계적으로 MICE 도시로서의 브랜드 파워를 지닌 지역과 동등한 상품과 전략으로 경쟁하는 것은 무의미하다는 것이다. 더욱이 후발주자 도시들은 국제회의 도시로서의 브랜드 이미지 구축을 비롯하여 MICE 개최를 위한 물적, 인적 인프라를 제대로 갖추어야 하는 등의 문제가 산재해 있다. 장소마케팅은 전략적인 이미지 관리를 통해 지역을 보다 체계적으로 관리하기 위한 것으로 계획단계부터 표적시장을 선정해서 계획적이고 조직적으로 지역을 차별화시키는 것이다. 이 전략의 핵심은 각 지역의 역사나 문화를 활용한 이미지 재구축이다. 그렇기 때문에 상품은 독특하고 차별화된 문화자산을 통해 구성된다(이효재, 2007).

장소마케팅을 효율적으로 전개하려면 무엇보다 각 장소별 특성에 맞춰 차별화된 전략이 필요한데, 여기에는 개인의 개성과 마찬가지로 장소의 개성(이정훈, 2004)이 요구된다. 컨벤션산업에 있어서도 이는 비슷한 맥락으로 이해할 수 있는데 차별화된 개최장소(venue)의 이미지 창출은 오늘날 치열한 컨벤션시장 경쟁하에서 무엇보다 중요하다고 할 수 있다.

서울 코엑스가 설립되기 이전에 주로 호텔의 연회장을 컨벤션 개최장소로 이용하던 패턴이 국가적 차원의 컨벤션 진흥책에 힘입어 주요 도시별로 컨벤션센터가 설립되었다. 그러나 이미 건립되었거나 신규 건설을 추진 중인 국내의 주요 컨벤션센터가 위치한 장소는 그 물리적 특성상 유사한 성격과 특징을 가지고 있어 차별화하기 힘든 구조에 놓여 있다.

더구나 UIA(Union of International Association)의 통계에 따르면 최근 MICE시장은 성장세가

둔화되는 것으로 나타나 컨벤션은 지속적 성장산업이라는 기존의 전망에 의문을 품게 되었고, 반면 공급 측면에서는 국내외 주요 도시를 중심으로 대형 컨벤션의 증축 및 신축이 진행 중에 있어 컨벤션 유치를 둘러싼 경쟁이 더욱 치열해질 것으로 전망되고 있다. 따라서 이런 경쟁상황에서 낙오되지 않으려면 경쟁지역과 차별화되고 비교우위적인 전략을 펼쳐나가야만 하는 것이다.

그 대안의 하나로 컨벤션 개최장소(venue)와 컨벤션 개최지(destination)의 특성을 연계시키는 것을 적극 고려할 필요가 있다. 예를 들어 기업회의나 협회회의 혹은 정부회의와 같이 컨벤션 유형에 따라 컨벤션 개최지 및 개최장소의 특성을 연계시켜 다양한 전략을 펼쳐나간다면 바람직한 결과를 도출해 낼 수 있을 것으로 판단된다.

국내 컨벤션 개최지의 유형을 보면 크게 도시형과 리조트형으로 나눌 수 있는데, 도시형은 많은 유동인구가 있고 주변에 각종 편의시설 및 다양한 위락시설이 밀집되어 있는 특성이 있고, 리조트형은 대형 컨벤션시설과 더불어 주변에 다양한 관광자원을 보유한 특성이 있다.

사실, 컨벤션 개최장소는 개최지보다 협의의 개념으로 개최지가 국제회의를 개최하는 광의적 개념의 지역이나 도시를 말한다면, 개최장소는 일반적으로 실제행사가 개최되는 장소를 의미한다(김은하, 2003). 즉 개최장소는 회의가 개최되는 장소로 선정된 호텔이나 리조트, 컨벤션센터 등을 의미한다.

장소는 가치가 게재된 공간 또는 의미가 부여된 공간 등으로 해석되므로(한상일, 2002), 컨벤션 개최지와 개최장소는 참가객의 가치가 개재된 공간이며, 참가객이 의미를 부여하는 공간이 될 수 있는 것이다. 따라서 컨벤션 개최지와 개최장소로서의 장소는 보다 관념론적인 차원에서 참가객의 인식체계를 통해 특정한 이미지와 가치를 지니고 인지된 공간을 의미한다고 할 수 있다.

컨벤션 개최지와 개최장소의 상호관계에 대한 직접적인 실증연구가 없지만, 컨벤션 개최지는 컨벤션 개최장소를 포함하는 하나의 지역을 의미하는 것으로 지역 이미지에 대한 연구에 컨벤션 개최지와 개최장소의 관계를 적용하여 살펴볼 수 있을 것이다. 지역이미지 구성요소 중 랜드마크, 장소, 건물과 같이 하나의 장소가 지역이미지에 영향을 미치고 있음을 확인할 수 있다. 즉 하나의 장소가 가지고 있는 이미지는 그 장소를 포함하고 있는 한 지역이미지에 유의한 영향을 미칠 수 있는 것이다.

컨벤션 개최지와 개최장소는 각각의 고유한 이미지를 가지고 있다. 다양한 개최지와 개최장소가 공존하는 완전경쟁시장 안에서 회의 기획가에게 개최지와 개최장소를 인지시키기 위해서는 경쟁 개최지 또는 그 개최장소의 브랜드와 차별화할 수 있어야 하므로 단순히 전통, 기술력보다는 장소 선정에 커다란 영향을 주는 이미지가 더 중요시된다.

한번 형성된 이미지를 변화시키기 위해서는 많은 시간과 투자가 요구된다. 회의 기획가가 긍정적 이미지를 형성하기 위해서는 개최지와 개최장소를 이루고 있는 구성요소뿐만 아니라 회의 기획가의 자아이미지나 고유한 태도나 습관 등이 주로 작용하며, 라이프스타일 등의 환경적인 요소에 의해서도 많은 영향을 받는다. 그렇기 때문에 개최지와 개최장소들은 회의 기획가와 참석자에 대한 조사가 선행되어야 하고 현장실사를 포함한 다양한 조사분석이 필요하게 된다.

2. 국내 주요 컨벤션센터

MICE산업은 '굴뚝 없는 고부가가치 산업'으로 평가받으며 국내 주요 전시컨벤션센터의 확충을 촉진해 왔다. 이러한 전시컨벤션센터는 MICE산업 성장을 견인하는 중요한 역할을 했다는 긍정적인 평가를 받고 있다. 그러나 이면에는 시설 공급 과잉과 가동률 저하로 인해 경영에 어려움을 겪는 현실도 존재한다. 치열한 국내외 MICE 시장에서 생존하기 위해서는 경영 혁신과 행사 유치를 위한 전략적 접근이 필수적인 시점이다.

2023년 기준 전국에는 전시컨벤션센터가 17개소 있으며, 포항시는 2026년 말 완공을 목표로 1,766억 원을 투입해 지하 1층, 지상 5층, 연면적 4만 8,460㎡에 7,000명을 수용할 수 있는 대규모 전시장 등을 갖춘 국제전시컨벤션센터를 건립하는 등 신규 전시컨벤션센터 건립을 진행하고 있다. 이러한 전시컨벤션센터의 설립은 지역 MICE산업 발전의 기폭제로 작용하는 것이 사실이다. 하지만 세계 경제 침체로 인해 MICE산업의 성장률이 둔화되고 있다는 점도 함께 고려해야 한다는 지적이 제기되고 있다.

• 국내 전시컨벤션센터 소재지

해외 주요 전시장은 국제 경쟁력을 갖춘 브랜드 전시회와 컨벤션을 개발하여 육성하고 있다. 지역의 특화 산업과 사회·문화적 특성에 맞는 전시컨벤션을 개발하고, 이를 국제화와 전문화로 연결시키는 전략을 통해 시장 경쟁력을 확보하고 있다. 이와 함께 대규모 전시회를 도시 관광과 연계하여 시너지 효과를 창출하고, 지속 가능한 경제적 효과를 만들어내는 메커니즘 구축에 주력하고 있다.

국내 전시컨벤션센터는 기존 회의시장에만 초점을 맞추는 한계를 벗어나, 다양한 산업과의 융복합 전략과 주변 시설과의 연계를 통한 복합적 운영 관리 방안을 마련해야 한다. 이를 위해 전시컨벤션센터를 중심으로 복합단지를 조성하고, 다목적으로 활용할 수 있는 방안을 구상하고 있다.

특히, 전시컨벤션센터 주변에 관광자원이나 테마파크와 같은 엔터테인먼트 기능을 겸비하고, 숙박 및 쇼핑과 같은 부가 활동이 가능하도록 설계하는 방향으로 나아가고 있다. 이는 단순한 행사 공간 제공을 넘어, 지역 경제와 관광 활성화에 기여하며, 참가자들에게 풍부한 경험을 제공할 수 있는 방식이다.

국내 컨벤션센터의 현황

(단위: ㎡)

지역	이름	운영주체	개관일	실내 전시면적	회의면적
경기 고양시	한국국제전시장 (KINTEX)	KINTEX(주)	2005년 (제1전시장)	53,975	7,793
			2011년 (제2전시장)	54,59	5,510
			2027년 (제3전시장 예정)	70,000	정보 없음
부산광역시	BEXCO	(주)벡스코	2001년 (제1전시장)	26,508	1,877
			2012년 (제2전시장)	19,872	1,715
			2027년 (제3전시장 예정)	17,672	5,632
대구광역시	EXCO	(주)엑스코	2001년 (제1전시장)	22,159	5,073
			2021년 (제2전시장)	15,024	
서울특별시	COEX	(주)코엑스	1979년	36,007	12,211
	서울무역전시컨벤션센터 (SETEC)	서울경제진흥원	1999년	7,948	1,033
	aT센터	에이플(주)	2002년	8,047	2,448
인천광역시	송도컨벤시아	인천관광공사	2008년	17,021	3,546
			2018년 (2단계 확장)		
대전광역시	대전컨벤션센터	대전관광공사	2008년 (제1전시장)	2,520	4,862
			2022년 (제2전시장)	10,032	
광주광역시	김대중컨벤션센터	김대중컨벤션센터	2005년 (제1전시장)	12,027	7,066
			2026년 (제2전시장 예정)		
경남 창원시	창원컨벤션센터	(주)코엑스	2005년	9,375	3,744
경기 수원시	수원컨벤션센터	수원시	2019년	7,877	3,905
울산광역시	울산전시컨벤션센터	(주)울산문화관광재단	2021년	7,776	2,501
경북 구미시	구미코	(재)구미전자정보기술원	2010년	3,402	953
전북 군산시	군산새만금컨벤션센터	김대중컨벤션센터	2014년	3,000	1,825
경북 안동시	안동국제컨벤션센터	(주)안동테마파크	2022년	2,400	1,506
제주 서귀포시	제주국제컨벤션센터	(주)제주국제컨벤션센터	2003년	2,395	9,142
경북 경주시	경주화백컨벤션센터	(재)경주화백컨벤션뷰로	2015년	2,273	5,137
세종특별자치시	정부세종컨벤션센터	행정안전부 정부청사관리본부	2014년	3,677	1,305

출처 : 각 센터 홈페이지 참고하여 저자 재구성

1) 코엑스(COEX)

코엑스는 1979년 3월 개관 이래 글로벌 전시회와 국제회의 개최를 통한 국제교류의 장을 마련하고 글로벌 비즈니스 인프라를 두루 갖춘 최고의 전시문화, 관광의 명소로서 아시아 마이스 비즈니스의 중심으로 자리매김하고 있다. 코엑스(연면적 46만㎡)는 지상 1층부터 4층까지 총 4개의 전시장(총 36,007㎡)과 51개의 회의실(총 12,211㎡), 그리고 최고의 편의시설과 공연장을 갖추고 있을 뿐만 아니라 2020년 친환경 디지털 미디어 'XPACE' 론칭, 2021년 'AV-DROP' 및 'Coex-Live' 도입 등을 통한 친환경 MICE 테크 시스템을 갖춘 글로벌 문화·비즈니스 플랫폼으로 진화, 발전하고 있다.

또한, 우리나라를 대표하는 전시컨벤션 주최사로서 코엑스는 스마트공장자동화산업전, 인터배터리 등의 전문 산업전시회를 비롯하여 푸드위크, 커피엑스포와 같은 B2B와 B2C를 아우르는 전시회를 개최하고 있으며 한국아트페어 및 Frieze와 같은 예술전시를 공동 주최하는 등 연간 약 30개의 전시행사를 주최, 주관하며 대한민국 전시컨벤션 산업을 이끌어오고 있다.

연간 200회 이상의 전시회와 2,500회 이상의 국제회의 및 이벤트를 개최하는 하드웨어와 30여 년 동안 쌓아온 다양한 전시 및 이벤트 행사 주최 경험과 노하우로 국내 최초 국제전시협회(UFI) 인증을 획득하여, 세계 수준의 전시 개최 역량을 인정받았다. 또한, 2000년 아시아유럽정상회의(ASEM), 2002년 월드컵 미디어센터 운영, 2010년 G20정상회의, 2012년 핵안보정상회의, 2013 UFI총회, 2014년 생물다양성협약총회, 2018 아프리카 개발은행 연차총회, 2022년 ANOC국제회의 등 대형 국제회의를 성공적으로 유치·개최하며, 국제회의의 유치와 행사 전체 기획 및 운영에 있어서도 탁월한 성과를 보이고 있다. 코엑스는 글로벌 전시와 국제회의 개최를 통한 국제교류의 장을 마련하고, 글로벌 비즈니스 인프라를 갖춘 최고의 전시 문화, 관광 명소인 동시에 아시아 MICE 비즈니스의 중심 기업으로 거듭나고자 다양한 즐거움과 기대 이상의 감동이 함께하는 코엑스몰, 우리나라의 대표적 사무공간인 트레이드 타워와 아셈타워, 문화공간인 코엑스 아티움 등 최고의 시설을 환경친화적이고 효율적으로 관리/운영하는 전문 노하우를 보유하고 있고, 이를 토대로 코엑스와 무역센터 일대가 비즈니스와 문화, 관광, 전시컨벤션이 융합된 대한민국 대표 명소로 자리매김하고 있다.

• 코엑스

코엑스 전경 : 삼성역의 랜드마크, COEX

전시회 : 방문객들의 뜨거운 관심을 받은 2023 스마트공장자동화산업전

코엑스 시설 현황

회의 및 부대시설	전시 시설	운영방식
• 대지 : 148,700㎡ • 건축규모 - 지상 4층, 지하 4층 - 연면적 : 430,000㎡ • 회의시설 (총면적 : 13,939㎡, 컨벤션 포함) - 전문전시실 : 12개 - 컨벤션홀 : 7,000명 - 회의실 수 : 61개 • 주요 부대시설 - 사무시설 : 2개동 - 인터컨티넨탈 서울 코엑스 - 주차시설 : 4,800대 - 각종 편의시설	• 총면적 : 38,231㎡ - Hall A : 10,368㎡ (520개 부스 설치 가능) - Hall B : 7,290㎡ (360개 부스 설치 가능) - Hall C : 10,348㎡ (520개 부스 설치 가능) - Hall D : 7,281㎡ (360개 부스 설치 가능) - THE PLATZ : 2,224㎡ (114개 부스 설치 가능)	• 건립 : 한국무역협회 • 부지 : 한국무역협회 • 운영 : (주)코엑스 (한국무역협회 출자) • 1988 : 구관개관 • 1996 : 확상추진 • 2000 : 확장개관 • 2004 : ISO9007인증 • 2004 : 코엑스아트홀 개장 • 2009 : 코엑스아티움 개관 • 2013 : 리노베이션 • 2014 : 재개장

출처 : http://www.coex.co.kr

2) 벡스코(BEXCO)

벡스코 전시장은 단층 무주전시장으로서 3개의 홀로 분할 가능한 총 26,508m²의 제1전시장과 2012년 5월 완공한 19,872m²의 제2전시장으로 이루어져 총 실내 전시 면적이 46,380m² 규모로 20,000m² 이상의 대형국제행사를 동시에 2건 이상 개최할 수 있다. 또한, 최대 5,340명을 수용할 수 있는 컨벤션홀을 비롯하여 50개의 회의실과 2012년 완공한 4,002석 규모의 오디토리움을 활용하여 총회, 세미나, 기업회의, 공연 등 다양한 유형의 행사를 개최할 수 있는 시설을 완비하고 있다.

벡스코

출처 : 벡스코 홈페이지(https://www.bexco.co.kr/)

벡스코 시설 현황

회의 및 부대시설	전시 시설	운영방식
• 대지 : 53,000m² • 건축규모 - 지상 5층, 지하 2층 - 연면적 : 92,273m² • 회의시설(총면적 4,962m²) - 컨벤션홀 : 5,800명 - 회의실 수 : 50개실 - 오디토리움 : 28,790m², 4,002석 규모 • 주요 부대시설 - 사무시설 : 1개동 - 주차시설 : 3,800대 - 각종 편의시설	• 총면적: 46,380m² 제1전시장 - 1홀 : 8,836m² - 2홀 : 8,836m²(2개 분할 가능) - 3홀 : 8,836m² (2개 분할 가능) 제2전시장 - 4홀 : 9,936m² (6분할 사용 가능) - 5홀 : 9,936m² (5분할 사용 가능) - 옥외전시장 : 13,323m²	• 건립 : 벡스코(BEXCO) • 부지 : 부산시 무상제공 • 운영 : 벡스코(BEXCO) • 1998.10 : 착공 • 2001.05 : 준공 • 2001.09 : 개관 • 2012.06 : 오디토리움 완공

출처 : http://www.bexco.co.kr

벡스코는 대규모 시설과 첨단 운영 시스템, 지속 가능한 경영 철학을 바탕으로 부산과 대한민국의 MICE산업을 선도하는 핵심 인프라로서, 대규모 국제행사에서 지역 기반 문화 콘텐츠까지 아우르며, 글로벌 전시컨벤션센터로서의 입지를 강화하고 있다.

벡스코는 디지털 트윈 기술을 도입하여 전시공간과 회의실을 3D 가상공간으로 구현하고 있고, 이를 통해 주최자는 온라인으로 공간을 탐색하고 행사 규모와 목적에 맞는 배치를 시뮬레이션할 수 있다. 실시간 비디오 컨퍼런스 및 온라인 팸투어를 제공하여 디지털화된 행사 지원 시스템을 운영 중에 있다.

또한 친환경 전시컨벤션센터로 전환을 추진하며, 에너지 효율적인 설비와 재활용 시스템을 도입했는데, 이는 지속 가능한 MICE산업 구현과 동시에 글로벌 환경 기준에 부합하는 운영 전략을 실현하는 데 기여하고 있으며, 매년 부산국제영화제, G-STAR(국제 게임 전시회), 국제 조선해양산업전 등 세계적인 행사를 유치하며, 부산을 글로벌 비즈니스와 문화의 중심지로 부각시키는 등 다양한 산업별 전시회와 공연, 문화행사도 꾸준히 개최하고 있다.

3) 엑스코(EXCO)

엑스코(EXCO)는 대구광역시에 위치한 대한민국의 대표적인 전시컨벤션센터로, 다양한 산업 분야의 전시회, 박람회, 회의, 문화 행사를 개최하며 지역 경제와 문화 발전에 기여하고 있다.

동·서관 합계 30,000㎡ 규모의 전시 면적을 보유하고 있으며, 대규모 국제 행사 및 중·소형 전시회, 다양한 문화 행사에 최적화된 쾌적한 시설과 서비스를 제공하고 있고, 다양한 크기의 회의실과 컨벤션홀을 갖춰 국제회의, 세미나, 포럼 등 다양한 행사를 개최하고 있다.

특히, 대규모 연회 및 공연을 위한 그랜드볼룸과 오디토리움을 통해 다양한 문화 콘텐츠를 수용하고 있다.

미래혁신기술박람회(FIX 2024): 2024년 10월 23일부터 26일까지 엑스코 진관에서 개최된 박람회로, UAM(도심항공교통), 로봇, AI(인공지능), 반도체 등 최신 기술을 한자리에서 확인할 수 있는 혁신기술 통합 플랫폼으로서의 역할을 수행하였다(아주뉴스, 2024).

엑스코는 2022년에 2,019건의 행사를 개최하며 매출액 328억 원, 영업이익 13억 원을 기록했는데, 이는 전년 대비 매출액이 84억 원 증가한 것이며, 영업이익은 엑스코 설립 이래 역대 최대 실적이다. 전시장 가동률도 52.3%로, 2021년 전시장 확장으로 2배 넓어진 공간을

2년 만에 50% 이상 가동하는 성과를 이뤘다.

이뿐만 아니라 경영 혁신 계획을 통해 연간 10억 원 이상의 비용 절감을 목표로 하고, 현재 태양광 발전 설비, 지열 에너지 시스템, 태양열급탕설비 등 신재생에너지 설비를 통해 연간 2억 원 이상을 절감하고 있으며, 개관 20년이 넘은 서관 전시장의 최신 시설 재정비를 추진하고 있다.

• EXCO 현황

최초의 친환경 전시컨벤션센터로 지어진 엑스코 서관은 22,159㎡의 전시면적을 보유하고 있으며, 23개의 회의실, 1,572석 오디토리움, 3,300여 명을 수용할 수 있는 컨벤션홀과 함께 1,400여 대의 주차공간을 갖추고 전기차 충전소도 설치되어 있습니다.

2021년 개관한 동관은 15,024㎡의 전시면적을 보유하고 있으며, 최신식 기업면담장과 전기차 충전소가 구비되어 있습니다. 동관 개관으로 글로벌 TOP 전시회 면적 30,000㎡를 충족시켜 전시장 규모가 대형화됨에 따라 대규모 국제행사 유치와 글로벌 전시 주최자와의 협력 부문에서 큰 시너지 효과를 얻을 수 있습니다.

출처 : 엑스코 홈페이지(http://www.exco.co.kr/kor)

엑스코 시설 현황

회의 및 부대시설	전시 시설	운영방식
• 대지 : 79,965.9㎡ • 건축규모 - 지상 5층, 지하 4층 - 연면적 : 186,540.91㎡ • 회의시설(총면적 : 14,000㎡) - 회의실 : 3,300명 수용 - 오디토리움 : 1,572석 - 회의실 수 : 23개실 (지하 1층~지상 5층) • 주요 부대시설 - 옥외전시장 - 연회시설 : 컨벤션홀, 엠컨벤션 - 주차시설 : 1,400대 - 각종 편의시설	• 총면적 : 37,183㎡ - 제1전시장 : 22,159㎡ (주최자사무실 5개소, 4분할 가능 전시) - 제2전시장 : 15,024㎡ (주최자사무실 3개소, 3분할 가능 전시)	• 건립 : 대구광역시 • 부지 : 대구광역시 • 운양 : EXCO (대구광역시 출자) • 1997.05 : 착공 • 2000.12 : 완공 • 2001.04 : 개관

출처 : http://www.exco.co.kr

4) 킨텍스(KINTEX)

킨텍스 제1전시장은 2003년 5월에 착공하여, 2005년 4월 29일에 대한민국 최대규모의 전시컨벤션센터(실내전시면적 53,975㎡)로 개장했고, 2007년에 사명을 (주)킨텍스로 변경했다. 또한 킨텍스는 제1전시장, 제2전시장 총 2전시장으로 전시를 진행 중이며 그랜드볼룸, 이벤트홀, 중회의실, 분할회의실, 통합회의실, VIP회의실 등으로 구성되어 있다.

2011년 9월에는 킨텍스 제2전시장으로 실내전시면적 108,483㎡의 전시 시설을 갖추게 되었으며, 대한민국 12개 전시장 총면적의 41%를 차지하게 되었다. 제2전시장의 개장으로 킨텍스는 대한민국 유일의 대규모 국제순회전시가 가능한 전시장이 되었으며, 이로써 대한민국은 아시아에서 4번째로 10만㎡ 이상의 단일전시장을 갖춘 전시 강국이 되었다.

킨텍스는 2024년 경영평가에서 최고 등급인 S등급을 획득하며 뛰어난 경영 성과를 인정받았다. 이번 경영평가는 「지방자치단체 출자 · 출연기관 운영에 관한 법률」에 따라 경기 고양시의 지도 · 감독 기관들을 대상으로 실시됐다. 평가기준은 2023년도 실적을 바탕으로 진행됐으며, 평가항목에는 기관장 리더십, 경영시스템, 사업성과, ESG 사회적 책임 등 다양한 분야가 포함됐다.

- KINTEX 현황

출처 : 킨텍스 홈페이지(http://www.kintex.com)

킨텍스 시설현황

회의 및 부대시설	전시 시설	운영방식
• 대지 : 427,000㎡ • 건축규모 제2전시장 - 지상 15층 - 연면적 : 339,500㎡ • 회의시설(총면적 : 13,303㎡) - 대회의실 : 2,000명(극장식) - 회의실 수 : 40개실 • 부대시설 - 전용주차장 : 4,262대 (임시주차장 : 4,000대) - 각종 편의시설	• 총면적 : 108,566㎡ - 1~5홀 : 53,975㎡ - 6~10홀 : 54,591㎡ • 옥외전시장 - 2,849㎡(총 3개 홀) • 2025년 제3전시장 - 전시면적 178,000㎡ 확보	• 건립 : 경기도 고양시, KOTRA • 운영 : KINTEX • 1999.04 : 계획확정 • 2003.04 : 착공 • 2005.04.01 : 개관 [2단계 건립계획] • 2008.12 : 착공 • 2011.09 : 개관

출처 : http://www.kintex.com

킨텍스는 대한민국을 대표하는 전시컨벤션센터로서 인도 뉴델리에서 20년간 운영권을 확보한 '야쇼부미 전시장'을 2023년 10월 성공적으로 개장했고, 베트남과 대만 등 해외 전시사업을 활발히 추진하며 국제 무대에서 그 위상을 한층 높였다고 평가받고 있다.

재무적 측면에서도 킨텍스는 2023년도 163억 원이라는 역대 최대 당기순이익을 달성해 외형적 성장뿐 아니라 내실 있는 경영 성과를 이룬 점이 높은 평가를 받았다.

5) 제주국제컨벤션센터(Jeju ICC)

제주국제컨벤션센터는 세계 최초로 도민주 공모를 통해 제주도민들이 직접 건립에 참여하는 도민 주체 방식으로 건립된 대한민국 유일의 리조트형 컨벤션센터이다.

제주특별자치도의 대표적인 인프라 시설인 제주국제컨벤션센터는 그동안 한아세안 특별정상회의, 한일중 정상회의 등과 같은 세계 정상회의는 물론, 해외기업 인센티브회의, 국내외 학회, 전시회 및 공연 등 수많은 행사를 성공적으로 개최했다.

코로나-19로 인한 세계적인 팬데믹 상황에서도 제주국제컨벤션센터는 MICE산업의 성장을 위한 심장이 멈추지 않도록 노력했으며, 그 결과 제주특별자치도는 국제회의 연합(Union of International Association, UIA)의 2021년 국제회의 통계 기준으로 세계 35위, 아시아 12위, 국내 5위를 차지하면서 지속적인 성장을 거듭하고 있다.

• Jeju ICC 현황

출처 : 제주ICC 홈페이지(http://www.iccjeju.co.kr)

제주국제컨벤션센터 시설현황

회의 및 부대시설	전시 시설	운영방식
• 건축규모 - 지상 7층 - 연면적 : 63,477㎡ • 회의시설 (총면적 : 22,000㎡) - 회의실; 4,300명 수용 - 회의실 수 : 12개실 • 주요 부대시설 - JTO면세점 - 주차시설 : 400대 - 각종 편의시설	• 총면적 : 2,503㎡ (3분할 사용 가능)	• 건립 : 제주도 • 운영 : 제주국제컨벤션센터 • 1997.08.01 : 설립 • 2003.03.22 : 개관 • 2008.08 : 컨벤션홀 완공

출처 : http://www.iccjeju.co.kr

제주특별자치도와 ICC제주는 연내 착공을 목표로 제2센터인 '마이스 다목적 복합시설' 건립을 추진 중이다. 센터 개장 20년 만, 제2센터 신축계획 수립 이후 9년 만이다.

제2센터가 들어서는 위치는 기존 센터에서 약 500m 떨어진 서귀포시 중문동 2572번지 제주국제평화센터 앞 주차장과 나대지다. 전체 대지면적(3만 9,400㎡)과 연면적(1만 5,420㎡)

모두 서울 강남구 대치동 서울무역전시장(SETEC)보다 큰 규모로 조성된다. 지상 2층, 지하 1층 구조 센터 내부에는 전시컨벤션, 대형 공연 등 다양한 형태의 행사를 할 수 있는 다목적 홀과 지원시설, 주차장 등이 들어선다. 핵심 시설인 다목적홀은 전시회는 최대 300부스, 학술대회 등 컨벤션 행사는 5000명을 동시 수용할 수 있는 규모로 건립을 추진 중이다.

제2센터 개장은 컨퍼런스 등 컨벤션과 전시 · 박람회를 동시에 여는 '콘펙스'(ConfEx) 행사 수요를 늘리는 효과도 기대된다. 매년 정기적으로 학술대회 등 컨벤션 행사를 여는 학회, 협회의 경우 기존 행사를 유지하면서 전시 · 박람회를 추가하는 방식으로 행사 외연을 키우고 신규 수익원을 확보할 수 있기 때문이다. 전시업계에선 중국, 동남아 등에서 무비자 입국이 가능한 제주도에서 해외 기업과 바이어가 대거 참여하는 B2B(기업 간 거래) 전시 · 박람회 개최도 가능할 것으로 보고 있다.

3. 국외 주요 컨벤션센터

1) 싱가포르 컨벤션전시센터 : Marina Bay Sands

싱가포르의 마리나 베이 샌즈 컨벤션 & 전시 센터(Marina Bay Sands Convention & Exhibition Centre)는 세계적인 복합 리조트의 일부로, 싱가포르 중심부 마리나 베이 지역에 있다. 이곳은 대규모 국제행사, 전시회, 세미나, 기업 행사를 위한 아시아 최고의 비즈니스 허브로 자리 잡고 있으며, 최첨단 기술과 서비스를 통해 매년 수백 건의 행사를 성공적으로 개최하고 있다. 컨벤션센터는 약 120,000㎡의 연면적을 자랑하며, 이 중 약 45,000㎡가 전시 공간으로 활용되고 있고, 기둥이 없는 구조로 설계된 이 공간은 대규모 전시회와 박람회에 적합하며, 최대 45,000명을 수용할 수 있다. 또한, 약 250개의 모듈형 회의실은 다양한 규모와 성격의 행사에 맞춰 조정이 가능하며, 최신 AV 장비와 동시통역 시스템을 갖추고 있어 국제회의와 세미나에 최적화되어 있다.

• Marina Bay Sands 현황

출처 : Marina Bay Sands 홈페이지(https://ko.marinabaysands.com/)

이 센터의 대표적인 공간인 그랜드 볼룸은 약 8,000㎡ 규모로 최대 11,000명을 수용할 수 있는 대규모 연회장으로, 기둥 없는 설계와 고급스럽고 현대적인 인테리어로 연회, 시상식, 갈라 디너 등 다양한 행사를 성공적으로 개최할 수 있고, 여기에 더해 샌즈 극장과 같은 문화공연 공간도 마련되어 있어, 행사의 품격을 한층 더 높일 수 있다. 마리나 베이 샌즈 컨벤션 & 전시 센터는 이러한 회의 및 전시 공간 외에도 세계적인 수준의 부대시설을 갖추고 있는데, 숙박을 위한 마리나 베이 샌즈 호텔은 2,561개의 객실을 제공하며, 호텔 꼭대기에는 세계적으로 유명한 인피니티 풀이 있는 스카이파크가 위치해 있다. 이 밖에도 45개 이상의 레스토랑과 바, 미슐랭 스타 셰프가 운영하는 고급 레스토랑들이 있어 행사 참석자들에게 특별한 경험을 선사한다.

이 센터는 지속 가능성을 고려한 운영 방식을 도입하여, LEED 플래티넘 인증을 받은 친환경 디자인을 자랑하고, 에너지 효율적인 조명 시스템과 재활용 가능한 자원을 활용하며, 지속 가능한 전시와 행사를 지향하고 있다.

마리나 베이 샌즈 컨벤션 & 전시 센터는 아시아의 중심지에 위치하여 싱가포르 창이 국제공항에서 약 20분 거리에 있어 접근성이 뛰어나며, 주요 비즈니스 지구 및 관광 명소와도 인접해 있고, 비즈니스와 레저를 결합한 종합적인 서비스로 전 세계 기업과 단체의 신뢰를 받고 있으며, 싱가포르의 경제와 관광 발전에 중요한 역할을 하고 있다. 싱가포르 핀테크

페스티벌, 아트 스테이지 싱가포르 등 세계적인 행사들이 이곳에서 열리며, 마리나 베이 샌즈 컨벤션 & 전시 센터는 단순한 비즈니스 공간을 넘어 글로벌 네트워크의 중심지로 자리잡았고, 지속 가능한 디자인, 탁월한 서비스, 전략적인 위치를 갖춘 이곳은 아시아를 넘어 세계적인 MICE 허브로 평가받고 있다.

2) 프랑스 파리 노르 빌팽트(Paris Nord Villepinte)

• Paris Nord Villepinte 현황

출처 : https://www.viparis.com/

파리 노르 빌팽트 전시 센터(Parc des Expositions de Paris-Nord Villepinte)는 프랑스 파리 근교의 빌팽트에 위치한 대규모 컨벤션센터로, 1982년에 개장하였다. 총 115헥타르(1,150,000㎡)의 부지에 246,000㎡의 전시 공간을 갖추고 있으며, 9개의 전시 홀과 45개의 회의실(그중 3개는 대형 강당)로 구성되어 있다. 이 센터는 파리 샤를 드골 공항에서 약 15분, 파리 도심에서 약 30분 거리에 있어 접근성이 뛰어나며, 프랑스에서 가장 큰 전시 센터로서, 유럽에서도 손꼽히는 규모를 자랑한다. 파리 노르 빌팽트 전시 센터는 연중 다양한 국제 박람회와 전시회를 개최하는 장소로 유명한데, 대표적인 행사로는 유럽 최대 규모의 라이프스타일 박람회인 '메종&오브제(Maison&Objet)'가 있으며, 이외에도 일본 문화 축제인 '재팬 엑스포(Japan Expo)' 등이 이곳에서 열린다. 또한, 2024년에는 파리 노르 빌팽트 전시 센터에서 2024년 하계 올림픽 복싱과 근대 5종 경기가 개최될 예정이다. 이러한 다양한 행사와 편의시설을 통해 파리 노르 빌팽트 전시 센터는 프랑스뿐만 아니라 유럽 전역에서 중요한 비즈니스와 문화 교류의 중심지로 자리매김하고 있다.

참고문헌

REFERENCE

김수아(2023), 「컨벤션지원서비스업의 협력 네트워킹 특성에 따른 성과 및 지속적 협력의도 연구 : 컨벤션기획업(PCO)과의 협력 네트워크 관계 중심으로」, 경희대학교 대학원 석사학위논문, pp.7-30

박성훈(2018), 『컨벤션 산업의 이해』, 한국관광학회출판부

박의서 외(2019), 『MICE산업론』, 수정 4판, 학현사

반영혜(2024), 「웰니스관광지 마케팅 커뮤니케이션, 관광지 매력, 브랜드 가치, 장소애착 연구」, 전주대학교 대학원 박사학위논문, pp.24-53

성은희(2019), 『컨벤션기획실무』, (주)백산출판사

안경모 · 이민재(2006), 『컨벤션경영론 기획 · 운영』, 백산출판사

이지원(2016), 「관광목적지 브랜드 자산과 장소애착이 지각된 적합성 및 행동의도에 미치는 영향-강원 MICE를 중심으로-」, 한림대학교 대학원 박사학위논문, pp.9-46

이효재(2007), 「장소마케팅 전략의 성공요인에 관한 연구 : 부산국제영화제 사례를 중심으로」, 전남대학교 대학원 박사학위논문, pp.8-67

정숙화(2024), 『전시컨벤션산업론』, 창조와지식

한국관광공사(2023), 「컨벤션센터 · 전시장(17개) 행사 개최현황」

벡스코 홈페이지(https://www.bexco.co.kr/)

부산항국제전시컨벤션센터 홈페이지(http://www.bpex.co.kr/)

엑스코 홈페이지(http://www.exco.co.kr/kor)

전북대 국제컨센션센터 조감도(https://www.yna.co.kr/)

제주ICC 홈페이지(http://www.iccjeju.co.kr)

코엑스 홈페이지(https://www.coex.co.kr/)

킨텍스 홈페이지(http://www.kintex.com)

한국관광공사 홈페이지(https://k-mice.visitkorea.or.kr/)

한국마이스협회 홈페이지(https://micekorea.or.kr/)

현대 MICE
산업의 이해

CHAPTER

7

인센티브 투어

Meeting

Incentive

Convention

Exhibition

CHAPTER 07

인센티브 투어

1. 인센티브 투어의 이해

1) 인센티브 투어의 정의와 시장 배경

인센티브 투어란 포상관광, 포상여행, 보상여행, 보상관광, 인센티브 관광 등 여러 가지로 다양하게 쓰이며, 영어로도 Incentive Tour, Incentive Trip, Incentive Travel 등으로 사용되고 있다. 고객에게 제공되는 인센티브의 형태가 일반 재화가 아닌 '여행'으로 나타나는 것을 말한다. 일반적으로 기업이 주최하여 직원, 비즈니스 관련 협력자들을 대상으로 시행하며 과거에 달성한 성과나 목표에 대한 포상, 보상적 차원이 강조되거나 동기부여의 차원에서 제공되는 관광으로 정의하고 있다. 따라서, 물건이나 돈처럼 소비로 인해 없어지는 것이 아니라 영원히 기억될 수 있으며 여행자의 가족에게도 기업의 긍정적인 이미지를 형성할 수 있는 장점을 갖고 있다. 따라서, 참여하는 여행자들에게 최고의 경험을 제공하기 위해 가장 화려하고 치밀하게 준비되어야 한다.

관련 협회 및 관광의 측면에서 인센티브 투어는 휴식과 즐거움을 제공한다는 점에 좀 더 초점이 맞추어져 있으며 기업의 경영 수단임을 밝히고 있다. 이는 인센티브 투어가 관광업 내에 큰 시장으로 성장하고 있음을 반영하는 것이라 할 수 있다.

인센티브 투어를 목적지 입장에서 조명했을 때 만약 리조트의 성격을 갖는 장소라면 도시의 복잡함을 피할 수 있어 기업 인센티브 투어에 최상의 장소가 될 수 있다(신재기, 2003). 따라서 대도시가 아닌 관광자원이 많은 중 · 소규모 도시에서는 치열한 시장에서 살아남기 위한 관광사업 활성화 방안의 하나로 기업 인센티브 투어 시장에 역량을 집중하는 것도 경제 활성화에 도움이 될 수 있을 것이다.

관련협회 및 기관의 인센티브 투어 정의

관련협회 및 기관	정의
SITE (Society of Incentive Travel Executives) (1974년 공식 정의 채택)	뛰어난 목표를 달성한 직원에게 여행포상을 줌으로써, 직원들이 목표를 달성할 수 있도록 돕는 근대적 경영기법
SITE (Society of Incentive Travel Executives) (1990)	조직의 목표를 달성하기 위하여 업무실적이 높은 직원들을 인정해 주거나 동기부여를 위해 특별한 여행 경험을 활용하는 전 세계적인 경영수단
IRF(Incentive Research Foundation) (2006)	생산성을 제고하고 기타 사업목적을 달성하기 위한 수단으로 수행실적에 따라 차별을 두어 시행하는 여행
IAPCO (IAPCE에서 발간된 용어사전 「Meeing Industry Terminology」)	참가자의 과거 성과를 보상하기 위하여 참가자에게 제공되는 프로그램 일부로서의 미팅 이벤트
Travel Industry Dictionary	뛰어난 업무성과를 달성한 직원에게 주는 포상으로서의 여행
Incentive Magazine (1996)	조직 목표를 지원하기 위한 수단으로 높은 성과를 달성한 직원들을 인식시키고 동기부여를 하기 위하여 특이한 여행경험을 활용하는 글로벌 경영수단

출처 : 한국관광공사(2011), 인센티브 투어 육성전략 수립 연구

이를 위한 표적시장의 선정은 기존의 지리학적 연구(Pike, 2001)를 참조하여 근거리 혹은 원거리 전략을 별도로 세우고 가능하면 배후에 대규모 도시를 갖고 있는 것이 바람직할 것이다. 인센티브 투어 단체유치 경쟁에서 비교우위를 선점하기 위해서는 기업 인센티브 투어 참가자들의 경험에 대한 평가와 그들의 행동에 대한 이해가 선행되어야 할 것이다(PCMA, 2003; Severt, et al, 2006).

그러나 현재의 인센티브 투어 업계는 각종 행사의 성격, 주최자, 그리고 참가자 등에 관한 데이터베이스 구축이 빈약한 실정이고(김정은, 2004; 대외경제정책연구원, 2004) 이는 기업 인센티브 투어 시장에서 최대 고민으로 부각되고 있다.

기업 인센티브 투어는 비즈니스 투어의 한 형태로 분류된다는 주장도 있는데(Lawson, 2000; Wootton & Stevenss, 1995), 다양한 종류의 기업 회의 중 기업 인센티브 투어가 가장 많은 비율을 차지하고 있고 동시에 참가자의 비용 지출도 가장 많은 것으로 나타났다(www.tourmedis.co.kr). 그러나 이러한 기업 인센티브 투어는 기존 회의 시장과 영역 구분에 있어서 중복되는 모습을 보이는 경우도 있어 구체적인 시장 규모나 통계치를 구하는 데 어려운 측면도 있다.

2) 인센티브 투어 상품의 특성과 발달

기업 인센티브 투어는 일반적으로 자동차, 컴퓨터, 금융서비스 등 영업마진율이 높은 제품이나 산업군(群)에서 많이 실시되고 있다. 초기 기업 인센티브 투어는 기업체의 우수 직원 인센티브 투어가 주를 이루었고 우수 직원의 재충전을 위한 성격이 강하였지만, 최근에는 단순 포상 형태에서 벗어나 해외박람회 참관, 직원 연수, 산업시찰 등 특수목적성이 부과되는 형태를 보여주고 있다. 다시 말해 기업 인센티브 투어가 MICE와 비즈니스 여행을 통칭하는 개념으로 확대된다고 볼 수 있는 것이다. 기업 인센티브 프로그램을 살펴보면 자유시간과 옵션을 중시하고, 맞춤형 인센티브 투어가 급부상하고 있으며(Juergens, 2004), 체험 프로그램이 선호되고 있다는 것을 알 수 있다(Meetingsnet.com, 2003).

기존의 기업 인센티브 투어 상품 관련 평가를 위한 주요 속성을 보면 회의장의 규모, 시청각 장비, 조명, 기후, 가격 등이 도출되었으며 접근성, 편리성, 다양성, 안전 확보, 회의 장소에서의 서비스 제공수준 등도 중요한 요건(Hinkin & Tracey, 2003)으로 도출되었다. 또한 기업 인센티브 투어 목적지 및 관광 정보의 제공 수준도 주요 속성으로 고려되고 있다(Davidson, 2003).

앞서 언급하였듯이 기업 인센티브 투어에서는 체험프로그램이 특히 선호되고 있음을 밝혔는데, 주요 체험 속성으로는 골프 등의 스포츠, 테마파티, 박물관 체험, 쇼핑, 아웃도어 레크리에이션 등이 제시되었다(Dellaert et al., 1998). 또한, Bair(2006)는 경치관람과 해변에서의 체험활동을 기업 인센티브 투어 중 가장 선호되는 요소로 언급하였고, 스파와 마사지, 와인 시음 체험, 지역주민과의 교류, 골프 활동도 인센티브 투어에 있어 중요 속성으로 제시되었다.

한편, 인센티브 투어의 발달과정을 시기적으로 구분해 보면 기업체에서 현재와 같은 인센티브 투어 프로그램을 실시한 시기는 미국에서 찾을 수 있다. 1906년 미국 데이톤(Dayton)에 위치한 내셔널 캐시 레지스터 회사(National Cash Register Company)는 인센티브 투어를 통한 사원의 동기부여를 진작시킨 최초의 기업으로 70명의 판매원에게 다이아몬드로 장식된 핀과 무료 여행을 포상으로 제공하였다.

세계 경제공황기인 1930~1940년대는 인센티브 투어가 제약을 받은 시기로 나타나고 있다. 인센티브 투어가 기업에서 전 비용을 부담한다는 생각을 했을 때, 경제적 여건과 인센티브 투어의 증감이 상호 영향을 주고받음을 알 수 있다. 이후 제2차 세계대전 중이던 1943년에는 전시경제의 일환으로 인센티브라는 용어가 사용되었으며, 이후 미국지역에서 '인센티브'의 용어 사용이 보편화되었다고 할 수 있다.

인센티브 투어가 본격적으로 활성화되기 시작한 것은 항공산업이 발달하게 된 1950년대부터라고 할 수 있으며, 1960~70년대에는 교통수단의 발달로 장거리 여행이 가능해지면서 투어상품이 다양해졌다. 이와 함께 본격적인 인센티브 투어의 활성화는 1970년대부터 이루어졌다고 할 수 있다.

1980년대에는 인센티브 투어 참가자들의 수가 확대되었는데 관련예산 배정이 늘어나고 높은 재방문율의 특징을 나타내며 인센티브 투어가 가장 호황을 맞게 되었다. 이 시기에 홍콩, 싱가포르, 태국과 같은 아시아 지역들이 스타 관광지로 부각되면서 인센티브 투어 프로그램을 개발하기 위한 정부 차원의 노력이 이루어졌다.

인센티브 투어는 기업이 프로그램 진행을 위한 모든 경비를 부담한다는 점에서 기업의 경제적 상황, 금리 변화, 매출 증진 등과 같은 경제 현황에 매우 민감한 반응을 보이게 된다. 예를 들어 과거 SARS나 AI와 같은 전염병이 발생하거나 9 · 11테러와 같이 위험 요인이 증가하는 경우 혹은 유럽발 경제위기와 같이 시장을 불안정하게 하는 요인들이 발생할 때 많은 기업들은 계획하고 있던 인센티브 투어를 취소하거나 대폭 축소시켰다.

미국의 경우 경제위기가 발생했을 때 GM(General Motors), AIG(America International Group) 등 대형 다국적 기업들이 계획에 있었던 인센티브 투어 프로그램을 대부분 중단시켰으며, 미국 내 인센티브 투어와 관련된 업종 역시 심각한 타격을 받았다. 만약 인센티브 투어를 취소하지 않고 진행하더라도 비용부담이 많은 원거리 투어보다는 단거리 투어에 집중하는 모습을 보이게 된다. 이에 따라 투어 유치전략도 과거와 달리 근거리에 위치한 기업체 인센티브 투어 시장을 공략하는 모습이 점차 늘고 있다.

인센티브 투어가 일반관광 패키지상품과 다른 점은 투어 참가자로 하여금 업무에 대한 동기부여를 극대화하고 직원 간 팀워크 구축을 이루어야 한다는 분명한 목적이 있다는 것이다. 다시 말해 투어 이후 회사로 복귀했을 때 기업에 대한 충성도가 강화되고 소속부서에서 업무성과가 확대되어야 한다는 것이다. 따라서 인센티브 투어를 기획하는 입장에서는 기업 요구에 따른 맞춤형 콘텐츠가 제공되어야 한다는 부담감을 가질 수밖에 없다.

• 인센티브 투어의 특징

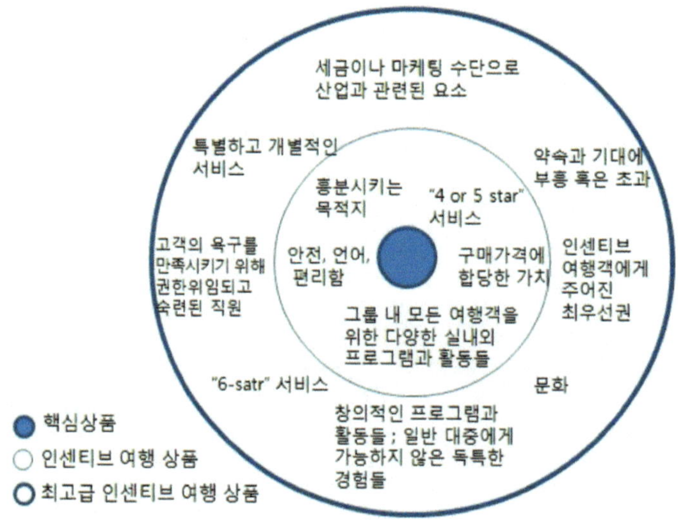

출처 : 한현정 · 윤세목(2010), 인센티브 투어 활성화를 위한 마케팅 전략에 관한 연구-제주도를 중심으로, 재인용

3) 인센티브 투어의 종류

순수 인센티브 투어(pure incentive tour)는 오직 즐거움을 위한 여행을 말한다. 기업 내에서 목표를 달성하였거나 큰 기여도가 있는 직원을 대상으로 휴가개념의 여행 프로그램을 제공하는 것으로, 이 경우 기간 내에 사업에 관련된 회의나 판매활동, 세미나 등 공식적인 일정은 계획되지 않는다.

순수 인센티브 투어의 가장 큰 목적은 사원의 동기부여에 있다. 동남아, 호주, 유럽 등 매력적인 장소로 여행을 제공함으로써 사원들이 업무로부터의 스트레스를 해소하고 복귀하였을 때 더욱 즐거운 마음으로 업무에 집중할 수 있도록 동기를 부여해 생산성을 높이는 데 있다.

판매 인센티브 투어(Sales incentive tour)는 순수 인센티브 투어와는 달리 여행기간 내에 업무가 이루어지는 형태를 말한다. 투어기간 내에 할당된 업무의 목표달성을 목적으로 두며, 신상품 소개, 현지답사 및 공장 견학 등 업무성격이 강한 일정이 집중적으로 배정된다. 그러나 최근의 추세는 업무비중을 줄이고 투어 비중을 점차 확대하면서 인센티브 투어가 갖는 장점을 극대화하고자 노력하고 있다.

4) 인센티브 투어의 구성요소

인센티브 투어를 구성하는 요소로는 여행 주체(기업 협회, 학회, 국제기구 등), 여행기획자(여행주체 자체조직, 해외 글로벌 에이전시, 해외여행사 등), 여행환경 제공자(항공업체, 숙박업체, 리조트업체 등), 현지 여행수행자(여행사, 이벤트업체, PCO, CVB, DMC) 등을 들 수 있다(다음 표 참고). 이러한 구성요소 사이에서 인센티브 투어는 수요자와 공급자 간에 또한 이를 연계하는 매개체 등의 상호 활동으로 의사결정 과정을 통해서 이루어진다.

인센티브 투어의 구성요소

구 분	주요 구성요소
여행주체	기업, 협회, 학회, 국제기구, 각종 단체
여행기획자	여행주체 자체조직, 해외 글로벌 에이전시, 해외여행사 등
여행환경 제공자	항공업체, 숙박업체, 리조트업체 등
현지 여행 수행자	국내여행사, 이벤트업체, PCO, CVB 등

출처 : 한국관광공사(2011), 인센티브여행 육성전략 수립 연구

5) 인센티브 투어의 기획 · 추진 과정

인센티브 투어는 인센티브 투어 주체자, 여행사 및 PCO가 참여하여 추진되는 경우가 많다. 특히 인센티브 투어 구성 프로그램에 따라 기업이나 단체가 자체적으로 실시할 수 있는지 혹은 여행사나 PCO의 도움을 받아야 하는지가 결정된다. 인센티브 투어가 단순 관광으로 구성되었을 경우에는 인센티브 투어 주체자가 단독 진행할 수 있으며 여행사의

도움을 받을 수 있다. 인센티브 투어 프로그램이 관광과 그룹활동(기업회의, 팀빌딩, 테마파티 등)으로 구성되었을 때 주체자는 프로그램을 단독으로 진행하지 않고 여행사나 PCO가 결정 과정에 참여하며 특히 대형 기업 회의가 진행될 때에는 PCO가 참여한다. 관광과 견학 시찰로 구성된 인센티브 투어 프로그램은 주체자가 단독으로 여행 프로세스에 참여할 수 있다. 특히 주체자의 지사 견학 시찰일 경우에는 여행사도 의사 결정 과정에 참여할 수 있다. 인센티브 투어 프로그램에 관광, 그룹 활동, 견학 시찰이 모두 포함되는 경우에는 인센티브 투어 추진 과정에 주체자 및 여행사 혹은 주체자, 여행사, 그리고 PCO가 함께 참여한다.

2. 인센티브 투어의 효과

『괴짜 경제학(Freakonomics)』의 저자이며 상식을 파괴하는 경제학자 스티븐 레빗(Steven Levitt)은 그의 저서에서 "People respond to incentives(세상 사람은 인센티브에 반응한다)"고 했다. 어떤 행동을 유도하기 위해서는 그에 맞는 적절한 종류의 인센티브를 제공해야 한다는 것이다. 던컨 J. 왓츠(Duncan J. Watts)는 금전적 보상을 했을 때 생산의 양 확대에는 영향을 미쳤으나 생산의 질 향상에는 미치지 못하였음을 지적하였다. 이러한 관점에서 비금전적 보상이 돈이나 물건으로 포상하는 것보다 근로자의 직무만족을 통한 성과 달성에 영향을 주고 기업에 대한 충성심과 직무 동기유발 수단으로 사용되는 인센티브 투어는 매우 효과적이다. 인센티브 투어가 특별한 경험과 기억을 제공함으로써, 기존의 단순 경제 논리를 넘어 직무 동기로 이어진다는 인센티브 투어의 효과를 입증하는 것이다. 기업은 이러한 인센티브 투어를 기업의 생산성 극대화 수단으로 인식하게 되었다.

인센티브 투어는 기존의 인센티브와는 색다른 방식으로 기업 내 새로운 경영 수단으로 활용될 수 있으며, 투어를 통한 효과는 상여금 지급을 포함한 다른 혜택보다 효과가 높은 것으로 나타나고 있다. 최고의 경험을 제공하는 인센티브 투어는, 참가자들에게 동기를 부여하고 기업에 대한 충성심을 증가시킴으로써 판매의 증가, 생산성 향상, 시장점유율 증가, 이직률 감소, 품질 향상, 사기진작, 팀워크 강화, 작업 습관 개선, 안전성 보장, 그리고 결근 감소 등의 긍정적인 효과를 가져올 수 있다.

인센티브 투어는 참여 직원뿐만 아니라 배우자나 가족들이 함께하는 여행이기 때문에 일반 단체관광에 비해 규모가 월등히 크고 소비지출도 많아서 각 국가에서도 이들을 유치하기 위한 마케팅과 프로그램 구성에 지속적인 노력을 기울이고 있으며 목적지의 선택과 체험관광 등 다양한 형태의 프로그램 기획이 이루어지고 있다. 인센티브 투어의 여행 만족도는 재구매 의도에 큰 영향력을 미치고 차기 여행에서의 관광지 선택 요인으로 중요한 영향을 미친다.

인센티브 투어는 일반적인 무료 관광과는 달리 참가자에게 기업이나 조직에 대한 충성심을 불러일으키는 효과가 있다. 특히 좋은 시설을 갖추고 즐거움과 흥미를 전달할 수 있는 장소에서 오랫동안 기억될 수 있는 독창적인 프로그램으로 행사를 구성함으로써 참여 자체가 잊지 못할 추억과 기억인 동시에 '전리품(trophy value)'의 의미를 지닌다.

이상에서 살펴본 바를 종합해 볼 때 인간의 경험과 그 경험에 대한 기억은 감성적 자극으로 바뀌어 그런 기억을 제공한 주체에 대한 호감으로 이어지게 되는데 이러한 점에서 비금전적 보상인 인센티브 투어는 심리적 만족감을 충족시켜 주는 데 가장 효과적인 형태의 보상이라는 현실적 필요성이 기업 등의 조직으로 하여금 인센티브 투어를 전략적 경영 도구로서 폭넓게 이용토록 만드는 원인이라 할 수 있다.[1)]

3. 인센티브 투어 마케팅 전략

1) 인센티브 투어 유치 프로세스

인센티브 투어 유치 전략 수립 시에는 인센티브의 규모, 선호 사항, 경쟁국가, 시원 요청사항, 외부 환경 요인 등의 정보를 수집하여 주최측의 수요를 분석하고 분석된 자료를 바탕으로 인센티브 투어 유치 계획을 수립한다.

해외 현지 여행사, 국내 DMC, 기업 등 각 기관을 대상으로 유치마케팅을 진행하기 위해 교통편, 관광프로그램, 팀빌딩 프로그램, 행사장, 오찬 및 만찬 장소 등 각종 관련 정보 제공 및 지원프로그램에 관한 제안서와 방문을 통한 해외 현지 여행사, 의사 결정권자와 기업

1) 박기홍(2011), 「인센티브 육성전략 수립연구」, 한국관광공사

관계자 면담, 현장 세일즈콜을 수행하고 주최측의 인센티브 투어 의사 결정권자 등의 영향력 있는 관계자를 대상으로 FAM 투어(Familiarization Tour)를 제공한다.

의사결정자와의 실질적인 협상 및 가격 조율을 통해 유치 목적지를 결정하고, 인센티브 투어 추진을 위한 행정 · 재정적 지원체계 구축, 인센티브 투어 지원프로그램을 최종 협상하여 가격과 구성 내용을 협상하고 최종 유치를 결정한다.

인센티브 투어 규모 및 일정 협의에 따른 개최 지원 혜택으로 환영 행사, 공연, 기념품 등을 제공하고, 인센티브 투어 만족도 제고를 위해 이 프로그램을 운영하는 동안 행정 서비스를 제공한다.

인센티브 투어 실시 후, 만족도 평가를 통해 행사 결과를 평가하고, 정기적인 네트워킹을 통한 기업 관리 및 유관 인센티브 투어 유치와 재방문 유도를 위해 사후관리와 차기 행사를 홍보한다.2)

• 한국관광공사의 기업회의 및 인센티브 투어 유치과정

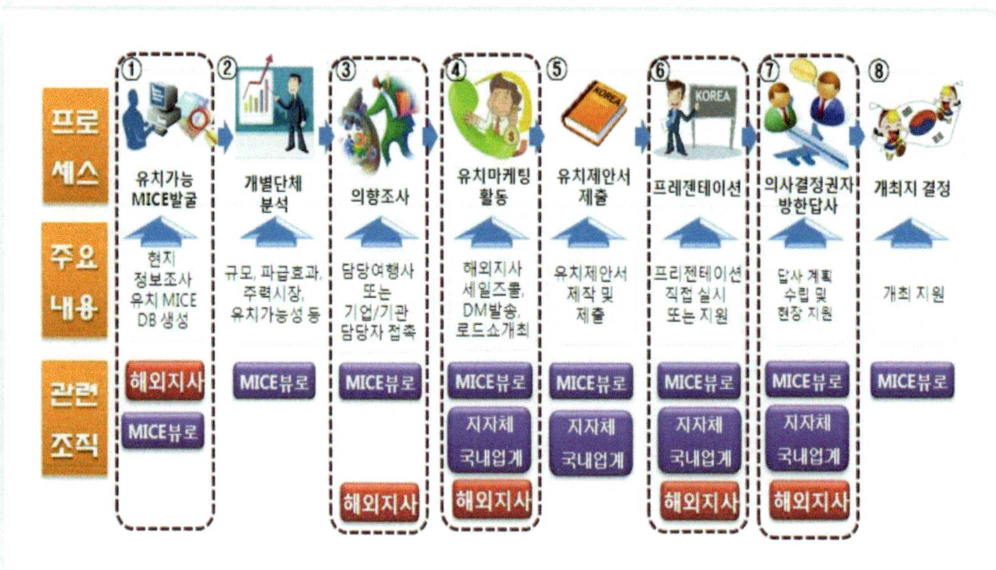

출처 : 한국관광공사(2011), KTO 해외지사 주재원을 위한 MICE 지원 업무 매뉴얼, 인센티브여행육성전략 수립연구, p.23 재인용

2) 한국관광공사(2014), 『인센티브 관광단체 유치 매뉴얼』

2) 인센티브 투어 유치를 위한 기업체 의사결정자 공략

인센티브 투어 단체를 유치하기 위한 핵심적인 전략은 인센티브 투어 실행 여부를 결정하는 의사결정자를 어떻게 공략할 것인가 하는 점이다. 실제적 최종 수요자인 기업을 직접 공략하지 않고 현지 중간 유통을 담당하는 에이전시를 상대하는 경우가 많다. 중간 판매자 대상의 마케팅은 비용 대비 효율성도 떨어지고 유치 성공 확률도 높지 않다는 평가를 받고 있다. 따라서 기업체 의사결정자 대상의 직접적인 판촉을 펼치려 해도 현실적으로 많은 제약이 있는 것이 사실이다 보니 에이전시에 의존하려는 상황이 발생한다. 또한, 기업체 대표 의사가 의사결정을 하는 것인지 아니면 관련 부서 담당 임원이 결정하는 것인지 등에 대한 정보 파악도 이루어져야 한다.

그리고 해당 기업체의 인센티브 투어 실행 목표와 동기부여 제시 방안, 예산 규모, 여행 패턴, 여행 현지에서 선호하는 프로그램 및 최근 5년간 인센티브 투어 목적지 등에 관한 정보를 얻을 수 있으면 행사유치에 도움이 될 수 있다. 그러나 이러한 인센티브 주최측의 핵심 정보는 민간기업 차원에서 확보하기 어려운 측면이 있어 목적지 마케팅 기구라 할 수 있는 관광공사, 관광협회, 컨벤션센터, 상공회의소 그리고 컨벤션뷰로 등 공적 기관의 성격을 갖는 기관의 지원이 필요하다.

비용 대비 수익성이 높은 사업이므로 먼저 의사결정자에 대한 정보를 탐색하고 FAM투어 초청, 혹은 바이어 초청과 같은 프로그램을 적극적으로 활용하여 초기에 과감한 투자를 통해서 잠재고객이라 할 수 있는 기업 의사 결정자와 마케팅 과정에서 네트워크 관계를 쌓을 수 있도록 적극적인 홍보 활동이 필요하다.

3) 고품질 서비스 제공 전략

행사유치를 위해서는 고품질의 서비스를 제공할 수 있어야 하는데 이를 간과하는 경우가 많다. 예를 들면 출입국 절차에 있어 일반 여행객과 같은 패턴으로 서비스를 제공하면 많은 대기시간이 소요되어 여행 초기부터 불편을 끼칠 수 있다. 따라서 인센티브 투어 단체에 대해서는 출입국 간소화 서비스를 제공하는 방안을 모색해야 한다.

인센티브 투어 단체는 기업체 직원에 대한 단체행사의 성격을 가지기 때문에 개별여행객과는 달리 불법체류 등의 문제가 발생하는 경우는 거의 없다. 따라서 일반 관광객에 비해

비자 발급에 좀 더 융통성을 부여할 필요가 있고 필요하면 개별 비자 발급이 아닌 기업 차원에서 일괄 비자 발급을 진행하는 등의 정책이 필요하다. 특히, 대규모 행사를 진행하는 경우 항공 좌석과 숙박 블록을 확보하는 데 어려움을 느끼고 있으므로 이에 대한 관련 업체들의 협력체제 구축이 필요하다.

또한, 여행목적지에서는 일반관광객이 체험을 뛰어넘어 특화된 프로그램을 제공할 수 있어야 한다. 인센티브 투어는 성과가 뛰어난 직원에 대한 보상의 성격도 있지만 행사를 통해 기업의 매출을 확대하고 애사심을 높이며 동기부여를 강화하려는 목적도 있다.

4) 테마파티 및 팀빌딩 상품개발 전략

인센티브 투어 단체는 일반관광객이 체험하지 못하는 독특하고 평생 기억에 남을 수 있는 맞춤형 프로그램을 원한다. 따라서 일반 패키지 관광프로그램으로는 이들의 욕구를 채울 수 없다. 인센티브 투어를 위한 대표적인 상품이 테마파티와 팀빌딩 상품이라 할 수 있는데 제대로 상품을 개발할 수 있다면 인센티브 투어 단체 유치에 결정적인 역할을 할 수 있다.

테마파티는 일반파티와 달리 특정한 주제를 설정한 후, 그에 부합되도록 행사장, 참가자 의상, 행사 프로그램 등을 연출하여 행하는 파티라고 할 수 있다. 테마파티는 MICE 행사 중 특히 컨벤션과 인센티브 투어 참가자들의 상호 교류를 증진시키고, 적극적으로 참여할 수 있는 기회가 되며, 이를 통해 차기 행사에 대한 기대와 행사의 반복 개최 동기를 부여할 수 있다.

반면 팀빌딩은 팀을 구축한다는 의미로 조직단위(부, 과, Team)의 구성원들이 팀-워크를 강화하여 궁극적으로 조직운영과 성과 등을 높이기 위한 프로그램이다. MICE 행사 중 인센티브 투어에서 필수적인 프로그램으로 기업 신입사원 연수회, 워크숍 등의 행사에서 활용될 수 있다.

5) 인센티브 투어 전문여행사 지정 및 육성

일반 관광패키지 상품을 판매하는 여행사가 인센티브 상품을 다루는 데는 한계가 있기에 정책적 차원에서 잠재력 있는 여행사를 인센티브 투어에 특화된 여행사로 지정하여 지원 및 공동마케팅을 펼쳐나갈 필요가 있다. 준비가 미흡한 상태에서 특화 여행사로 출발하면 비용 대비 수익 창출이 힘들어 초기에 고전할 수 있기에 인큐베이터 형식을 빌려 어느 정도

안정적인 기반을 잡을 때까지 지원이 뒤따르면 전문여행사를 확보할 수 있을 것이다.[3)]

우리나라의 국제회의 및 인센티브 주요 유치 사례

단체명	방한 목적	국적	방한 기간	규모(명)
BAO VIET LIFE CORPORATION	인센티브	베트남	2022.8	1,727
Millionaire Club Indonesia	인센티브	인도네시아	2020.2	4,488
辽宁溢涌堂生物科技有限公司	인센티브	중국	2020.1	4,145
HERBALIFE PRODUCT MALAYSIA SDN BHD	인센티브	말레이시아	2019.11	1,533
广州颜如玉医药科技	인센티브	중국	2019.9	1,958
PT SUKSES INTEGRITAS PERKASA	인센티브	인도네시아	2019.8	1,260
Unicity International	기업회의	싱가포르	2019.6	3,184
WILL株式会社	인센티브	일본	2019.4	1,570
Asuransi Allianz Life Indonesia	인센티브	인도네시아	2019.3	2,022
4 ORANGES CO., LTD	인센티브	베트남	2019.3	1,292
日式威廉髮藝集團	인센티브	대만	2018.8	1,771

출처 : 한국관광공사(2024), 2024 기업회의 · 인센티브 지원제도 안내

4. 인센티브 투어 시장 전망

1) 인센티브 투어 주요 시장 전망

국제인센티브연구재단(Incentive Research Foundation)의 2024년 전망 보고서(Incentive Travel Index Survey Highlight, 2024)에 따르면, 인센티브 투어의 주요 구매자는 '금융 및 보험' 업계인 것으로 나타났다. 그 뒤를 이어 '기술', '제약 및 건강관리' 등의 순으로 나타났다. 인센티브

3) 홍성화(2014), 「인센티브 투어단체 유치를 위한 제주의 전략」, 제주관광학회 학술대회, pp.48-61

투어를 기획하는 기업들의 1인당 평균 프로그램 예산은 4,900달러이며, 북미지역 응답자의 예상 비용은 5,400달러로 가장 높았다.

2025년 인센티브 투어 프로그램을 위한 예상 비용은 항공권이 예산의 절반 가까이 차지하였으며, 뒤를 이어 식음료, 체험 활동비 등의 순으로 나타났다. 향후에는 호텔 요금이 인상될 것이라고 전망하는 응답자가 많았으며, 1인당 지출과 활동이 증가할 것으로 전망하였다.

인센티브 투어 프로그램에서 선호하는 활동으로는 식사 경험과 그룹 문화 경험이 중요하다고 하였다. 뒤를 이어 관계 형성을 증진하기 위한 활동, 여가 시간 등이 중요하다고 응답하였다. 북미지역에서는 여가 시간이 성공적인 인센티브 투어 프로그램에서 가장 중요한 것으로 언급되었다. 특별히 여가 시간은 기술, 제조, 금융 및 보험, 자동차산업 분야 기업에서 중요한 것으로 나타났다. 또한 관계 구축 촉진을 위한 활동들은 다른 지역보다 북미 사람들에게 더 중요한 것으로 응답되었다.4)

• Incentive Travel Index Survey Highlights

☐ **Executive Summary**

[그림 1] Customer industries (Share of buyers indicating a top three rank)

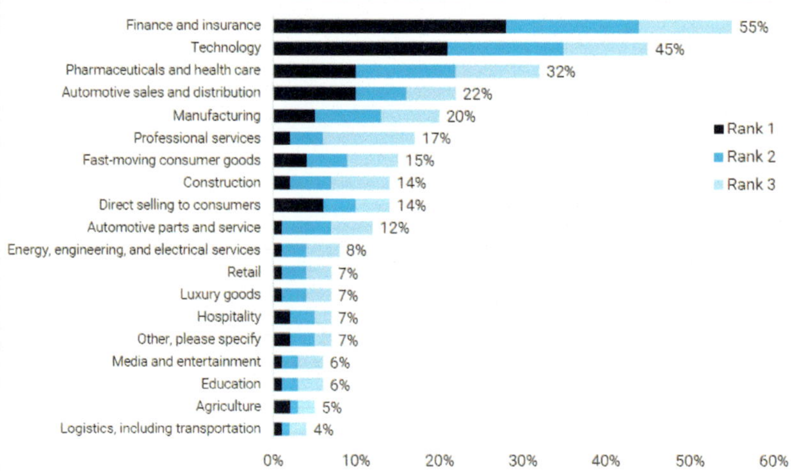

M5. For which of the following industry(ies) does your team primarily organize incentive travel programs?
Rank 1 is most important; label is % of all buyers choosing sector in top three
Response base (Buyers): n = 521 respondents

4) 한국관광공사(2024), 인센티브 여행 지수의 결과가 우리에게 주는 메시지, MICE 지식마당-리서치

[그림 2] Average program budget allocation in 2025
(Spending category share of total budget allocation)

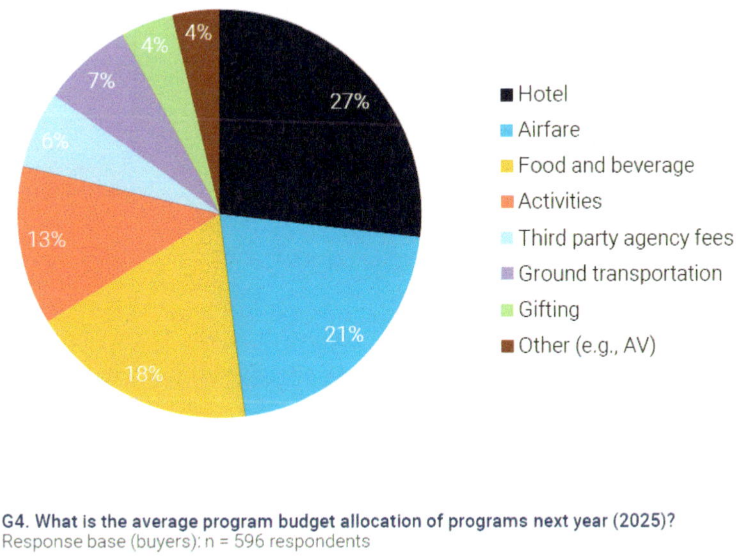

[그림3]

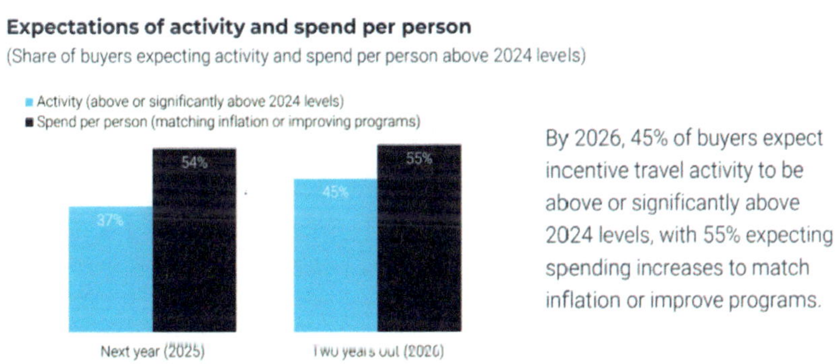

출처 : IRF(2024), Incentive Travel Index 2024 Survey Highligt(https://www.Incentiveindex.com)

2) 인센티브 투어의 트렌드 변화

국제 인센티브 연구 재단(Incentive Research Foundation)의 2024년 설문조사 결과에 따르면, 인센티브 투어를 통한 혜택으로 매출 증가와 같은 하드 - 파워, 재정적 ROI의 측면이 중요하게 나타났지만, 인센티브 투어 프로그램 구매자의 절반 이상은 기업 문화 구축 및 참여 등과 같은 소프트 - 파워 측면의 혜택에 더 큰 목적을 두며 향후 프로그램이 변화할 것이라고 응답하였다. 상위 관리자들은 이 두 가지 모두에 집중하고 있는데 이는 인센티브 투어가 제공하는 독특한 동기부여와 조직문화 구축의 효과 측면에서 중요성을 시사한다.

또한, 인센티브 투어 시장 전망의 주요 내용은 "AI는 인센티브 투어에 어떠한 영향을 미칠까?"라는 질문에서 AI는 사람들이 일하는 방식, 특히 인센티브 투어에서 변화를 가져올 것이라 전망하고 있으나, 일부 응답자는 AI 사용은 기술적으로 앞선 분야로 일부에 국한된 내용이라고 응답하였다.

기업에서 인센티브 투어의 전략적 중요성에 대해서는 많은 응답자들이 재능 있는 직원의 유지와 채용 시의 경쟁 우위가 영향을 미칠 수 있다고 하였으며 새로운 세대는 원격 근무와 같이 분산된 인력의 특성으로 인해 조직행동 관리 측면에서 인센티브 투어의 중요성이 높아질 가능성이 있다고 강조하였다. 또한, 기업의 탄소 발자국에 더 집중하는 것이 전략적으로 중요할 것이라고 응답하기도 하였다.

구매자들은 점점 더 새로운 목적지와 올-인클루시브 리조트를 찾고 있으며, 여행 비용을 줄이기 위해 가까운 곳의 목적지를 우선시하는 것으로 나타났다.

북미에서 가장 큰 도전 요인으로 나타난 부분은 인재를 유치하고 유지하는 것이었으며, 그 다음은 기후변화로 나타났다. 기후변화는 다른 지역에서도 주요한 초점 사항으로 대두되고 있다.

또한, 서유럽에서는 AI를 효과적으로 활용하는 것이 주요 과제로 대두되고 있다. 일부 응답자는 "몇 년 안에 장거리 인센티브 투어는 기후변화의 측면에서 더 이상 정당화될 수 없을 것"이라고 하였으며, "현재의 인센티브 투어 설계는 세대교체 시대에 뒤처지고 있다."고 응답하여 '세대 변화'가 인센티브 투어에 가장 큰 위험 요인이라 생각하고 있음을 알 수 있었다. 이러한 내용은 인센티브 투어 산업이 기술, 지속 가능성, 변화하는 세대의 선호도와 관련된 트렌드에 따른 요구사항을 반영해야 함을 시사한다.

AI나 기후변화 등과 같이 최근 중요하게 거론되고 있는 트렌드가 장기적으로 더 중요하게 인센티브 투어 산업에도 영향을 미칠 것으로 응답하고 있으며, 무엇보다 직원의 채용이나 유지, 원격 근무와 같은 직장 트렌드의 변화가 이 시장의 성장 혹은 감소 요인이 될 수 있음을 나타내고 있다. 기술을 활용한 인센티브 투어 프로그램의 효율적인 운영 시스템 개발, 기후변화 대응과 기업의 탄소 발자국을 저감하기 위한 친환경적인 인센티브 투어 프로그램의 설계를 고민해야 함을 시사한다.

무엇보다 많은 응답자들은 젊은 세대의 트렌드를 위한 인센티브 투어 산업의 변화가 요구되고 있다고 하였고, 젊은 세대가 기업의 리더가 되었을 때 인센티브 투어에 대해 어떠한 의사결정을 할지 주목되고 있다. MZ세대의 등장은 인센티브 투어 시장과 산업에서도 큰 도전이 되고 있다. 이들이 선호할 만한 목적지 선택과 활동 프로그램의 개발이 앞으로 인센티브 투어 상품의 발전에 기여할 수 있도록 지속되어야 할 것이다. 무엇보다 다양해지고 있는 젊은 세대들의 요구와 트렌드를 충족시키기 위해 개별적으로 맞춤화된 프로그램 기획이 더욱 중요해질 것임을 시사한다.

인센티브 투어는 MICE산업과 밀접한 연결성을 지니고 있다. 인센티브 투어 프로그램을 MICE 행사와 결합하여 기업 행사에 참여하는 직원이나 고객들에게 독특하고 매력적인 경험을 제공할 수 있으며, 인센티브 투어 참가자들이 MICE 행사에 초대되어 유관 산업 관계자들과의 네트워킹 기회를 통해 새로운 비즈니스 관계나 기회를 창출하는 데 기여할 것이다. 또한, 유니크베뉴 등을 탐방하거나 MICE 시설을 연계 활용할 수 있도록 인센티브 투어 프로그램을 기획하고 운영할 수도 있다.5)

• Incentive Travel Index Survey Highlights

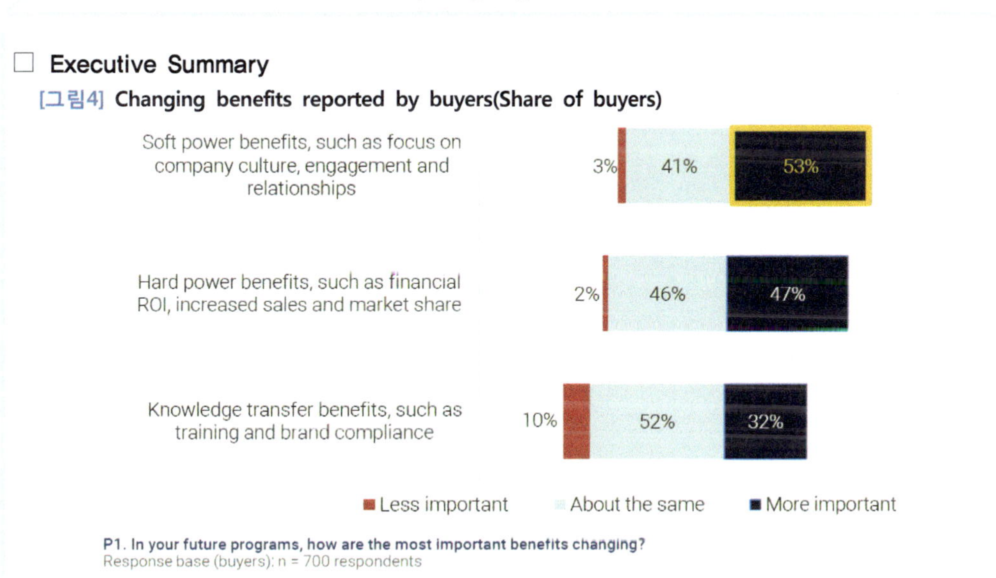

5) 한국관광공사(2024), 인센티브 여행 지수의 결과가 우리에게 주는 메시지, MICE 지식마당-리서치

[그림5] **How will be used**

(Share of respondents that view AI will be effectively used within future incentive travel programs)

S17Yes. Of those who answered "yes" to S17: What uses are or will be most important?
Response base: n = 1,052 respondents (multiple responses allowed)

출처 : IRF(2024), Incentive Travel Index 2024 Suvey Highligt(https://www.incentiveindex.com)

REFERENCE 참고문헌

박기홍(2011), 「인센티브여행 육성전략 수립 연구」, 동덕문화관광이벤트전략연구소, 한국관광공사

홍성화(2014), 「인센티브 투어단체 유치를 위한 제주의 전략」, 『제주지역 MICE산업 활성화를 위한 학술 세미나 자료집』, pp.48-61

IRF(2024), Incentive Travel Index 2024 Survey Highlight(https://www.incentiveindex.com)

Singapore Tourism Board, Singapore Tourism Analytics Network Homepage(https://stan.stb.gov.sg/public/hub)

한국관광공사(2014), 『인센티브 관광단체 유치 매뉴얼(2014)』(https://k-mice.visitkorea.or.kr/convention_kr/pds/e_book/2015/2015_incentive.pdf)

한국관광공사(2024), 2024 인센티브여행 지수의 결과가 우리에게 주는 메시지(https://k-mice.visitkorea.or.kr/mice_intelligence_KR/rsrh.kto)

한국관광공사(2024), 『기업회의/인센티브 관광단체 지원안내(2024)』(https://k-mice.visitkorea.or.kr/convention_kr/incentive/incentive.jsp)

현대 MICE
산업의 이해

CHAPTER

8

전시회

Meeting

Incentive

Convention

Exhibition

CHAPTER 08

전시회

1. 전시회의 특성

1) 전시회의 유래

전시회는 Trade fair, Trade show, exhibition, exposition 등 다양한 단어로 사용되고 있다. 여기서 Fair는 휴일을 뜻하는 라틴어에서 유래한 것으로 종교적 휴일에 발생하는 사람들의 모임이 차후 물물교환을 위해 모이게 되면서 이를 일컫는 말로 사용되었으며, exhibition은 '본다'라는 의미의 라틴어에서 유래한 것으로 18세기 이후 유럽에서 발생한 한시적인 시장을 가리키는 말로 사용되었다.

단어의 어원을 통해 살펴보았을 때, 전시회는 물물교환의 목적 아래 사람들이 모이는 장소라고 정의할 수 있고, 업체와 전시회의 판매 효율성을 비교해 보았을 때, 업체가 직접 고객에게 물건을 판매하는 것보다 전시회가 더 효과적인 마케팅 수단임을 밝히고 있다.

최근, 독일을 중심으로 유럽지역에서 사용되는 '메세(messe)'라는 용어 역시 종교적인 의미에서 사용되기 시작한 용어로 종교적 목적으로 물물교환을 이루다가 최근 전문화된 물물교환 장소를 지칭하는 전시회를 의미하게 되었다고 볼 수 있다. 이에 따라 전시회 및 전시회장, 전시산업을 지칭하는 용어로 메세라는 용어를 사용하는 경우가 점차 늘고 있다.

전시회를 나타내는 여러 단어들을 종합하면, 전시회란 사전에 주최측에 의해 설정된 주제와 목표에 따라 일정기간 동안 한 장소에서 기업이 참관객을 대상으로 제품 및 서비스를 진열해 놓고 상담을 벌이거나 판매를 위한 홍보활동을 위해 기획된 행사라고 할 수 있다.

2) 전시회의 유형 분류

(1) 참관객 특성 차이에 의한 분류

미국 전시산업연구센터(CEIR)는 전시회의 분류를 전시 참관객의 유형에 따라 3가지로 분류하고 있다. 분류에 따르면 산업전시회는 산업제품을 취급하고, 참관객을 바이어에 제한시키는 기업을 대상으로 열리는 전시회라 할 수 있으며, 이와 반대로 대중전시회의 경우 참관객들이 일반대중이라는 점에서 차이를 보이고 있다.

참관객의 특성에 따른 전시회 분류

분류 / 특성	무역전시회	소매자(일반)전시회	혼합(복합)전시회
영문용어	Trade show, Trade fair	Consumer show, Public show, Exhibition	Combined show, Mixed show
산업범주	Industrial, B2B, Scientific and Engineering	다양한 산업분야의 소비재 산업 및 서비스	Trade Show와 Consumer Show의 혼합적 성격의 상품 및 서비스
성격	· 전문적, 세분화 · 철저한 상거래를 목적으로 함	· 일반적, 대중적 · 상품의 일반대중에 대한 홍보 및 판매	· 총론적, 종합적 · 상거래와 일반대중에 대한 홍보
전시 참가기업	제조업체, 유통업체	소매업체, 직접 구매결정자와 접촉하려는 제조업자	제조업체, 유통업체
참관객	구매결정자, 바이어	일반대중, 일반소비자	구매자(바이어), 일반대중
입장제한	전문구매자 또는 초청장 소지자	입장제한 거의 없음	방문객 종류에 따라 입장 시간에 차등을 둠
비율	미국 내 전시회의 51% 차지	미국 내 전시회의 14% 차지	미국 내 전시회의 35% 차지

출처 : 한국전시주최자협회(2021), 『국제전시기획론』, 한올출판사. 참고 저자 재구성

산업전시회는 전문전시회라고도 불리며 일반인이 아닌 기업체를 대상으로 하는 Business-to-Business(B2B) 성격을 가지고 있고 바이어를 대상으로 세일즈 및 마케팅활동을 펼치는 전시회를 말한다. 참가업체는 전형적으로 관련 산업에 종사하는 상품 또는 서비스 제조업자, 유통업자들이며 참관객의 경우 최종 사용자의 특징을 갖는다.

특정분야의 산업을 대상으로 개최된다는 특징으로 인해 전시회 참가 자격, 비즈니스 자격 또는 사전등록은 해당 산업에 종사하는 사람들로 한정된다. 시장의 종류에 따라 3~4일 정도 개최되며 매년 혹은 격년에 한 번씩 개최된다. 산업전시회의 경우 일반적으로 종사자들을 위한 컨퍼런스나 최신 정보를 다루는 세미나를 동반하게 된다.

대중전시회는 산업전시회와 달리 일반대중(소비자)에게 개방되는 전시회로 Business-to-Consumer(B2C)를 지향하는 전시회라 할 수 있다. 전시회에 참여하는 기업들은 전문적인 산업체라기보다 일반적인 소비재 생산기업들이 참여하게 되므로 가구, 인테리어, 관광, 컴퓨터, 가전 등 다양한 분야가 있다. 대중전시회는 소비자상품 마케팅에서 중요한 역할을 한다. 많은 기업들이 대중전시회를 새로운 상품을 출시하기 전에 시험해 보는 자리이자 적극적인 홍보의 기회로 활용하고 있다.

참가에 제한을 두는 산업전시회와 달리 대중전시회의 경우 일반대중(General Public)을 상대로 하기 때문에 전시회 출입에 제한을 두지 않고 등록비 또한 요구하지 않지만, 전시회의 운영재원을 마련하기 위한 입장료는 받는 경우가 있다. 국내의 경우 건강박람회, 결혼상품전시회, 건축박람회 등을 예로 들 수 있으며, 실제로 전문바이어들이 초청되어 방문하기도 하지만, 1차적으로 대중전시회는 일반소비자들을 대상으로 한 마케팅을 주로 하는 전시회라 할 수 있다.

혼합전시회는 앞서 살펴본 대중전시회와 산업전시회가 혼합된 전시회 형태를 지칭한다. 참관객은 바이어와 일반대중을 대상으로 하지만, 참관일에 차이를 두고 특정날짜만 바이어에게 개방하며 이외에는 일반대중에도 개방하는 형태를 띠고 있다. 국내전시회의 경우, 운영 및 재정적인 문제로 인해 혼합전시회 형태를 선호하는 경우가 많다.

(2) 전시회 인증제도

전시회 인증제도는 전시회 전시주최사업자가 제출한 보고서를 제3의 기관이 표준화된 기준에 따라 검증하여, 요건이 충족될 경우 인증서를 발급하고, 인증마크를 부여해 참가업체와 참관객이 신뢰를 가질 수 있도록 하는 제도이다. 전시회에 대한 객관적이고 믿을 수 있는 정보를 제공함으로써, 전시회를 활용하려는 사람들에게 공인된 근거를 제공하고, 유사 전시회들이 범람하는 전시환경에서 경쟁력을 갖추기 위한 방안으로 인증제도가 활성화되고 있다.

현재 활용되는 인증제도는 국제전시연맹(UFI: Union of International Fair)에서 운영하는 국제인증제도와 산업통상자원부의 위탁을 받아 한국전시산업진흥회에서 운영하고 있는 국내인증제도로 나누어볼 수 있다.

전시회와 관련하여 가장 큰 영향력을 행사하는 국제전시연맹은 까다로운 기준을 통해 전시회를 검증하는 인증제도를 운영하고 있으며, 인증 여부를 기준으로 인증전시회와 비인증전시회로 구분하기도 한다. UFI는 협회의 조약에 인증기준을 밝혀두고 있으며, 인증을 받기 위한 기준은 다음과 같다.

- 전시회는 지역전시회가 아닌 국제전시회여야 한다.
- 총 전시 참여업체 중 적어도 10% 이상이 해외 참여업체여야 한다.
- 총 방문객 수 중 해외방문객이 5% 이상을 차지해야 한다.
- 전시회가 개최될 시설의 규모, 국내외 참가업체의 수, 참관객의 수는 UFI가 권고하는 방법에 따라 계산되어야 한다.
- 인증을 지원할 당시 과거 2회 이상 물리적, 디지털 또는 두 가지를 혼합한 방식으로 개최한 연혁을 갖고 있어야 한다.
- 개최 장소는 완벽하게 기능하고 잘 관리되어야 하며 효과적인 건강 및 안전 절차를 갖추어야 한다.
- 전시회를 개최할 때 적절한 기자재의 공급과 참가업체들이 요구하는 서비스를 제공할 수 있어야 한다. 또한, 국내외 참가사들을 위해 등록양식과 광고매체, 카탈로그 등을 준비해야 하고, 개최지역의 언어뿐만 아니라 영어 등의 외국어 서비스가 가능해야 한다.[1)]

위와 같은 기준들을 충족하여 전시회 인증을 받고자 할 때, UFI위원회에 신청하면, 감독관이 해당 지역과 행사를 살펴본 후 인증절차를 진행하게 된다. 다만, UFI는 위 기준을 적용함

1) UFI Internal Rules, June, 2021

에 있어 지정학적 요인이나 자연적 요인들로 인해 기준 준수가 어려울 경우에는 예외를 허용한다고 규정에 밝히고 있다.

한편, 국내인증을 담당하는 한국전시산업진흥회는 산업통상자원부로부터 인증제도 운영 업무를 위탁받아, 국내 전시회를 대상으로 전시인증제도를 운영하고 있다. 국내에서 유사전시회가 난립함에 따라 참가업체와 참관객 수가 감소하고, 경쟁력이 약해지자 이런 상황을 타개하고 전시회 참가업체 및 참관객에 대한 신뢰성 있는 서비스를 제공하고자 2005년부터 인증제도가 도입되었다.

인증 종류는 인증전시회와 국제인증전시회의 두 가지로 분류되어 있으며, 인증받고자 하는 업체가 신청하면 요건 집계기준에 따른 충족 여부에 따라 해당 부분의 마크를 부여하게 된다. 한국전시산업진흥회가 밝힌 인증절차와 종류는 다음의 그림과 같다.

• 인증절차

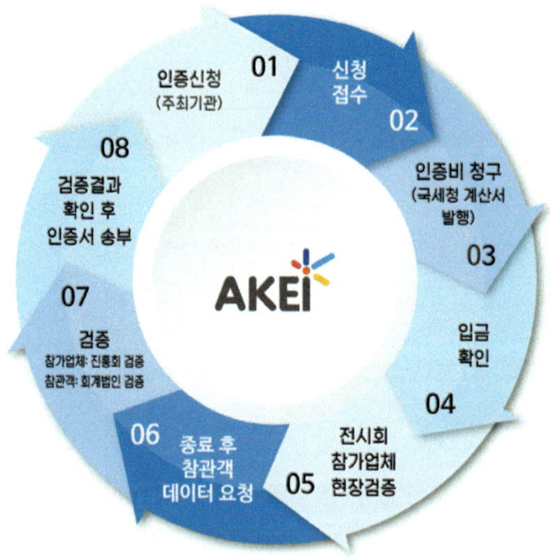

출처 : 한국전시산업인증회(2023), 2023-2024인증전시회 디렉토리

인증절차의 과정은 전시 주최측으로부터 인증신청이 들어오는 것에서 시작된다. 그러면 산업통상자원부로부터 인증업무 위탁을 받은 한국전시산업진흥회가 주최측이 신청한 전시회의 데이터를 검증한 후, 결과에 따라 인증서를 송부한다.

국내 전시인증은 크게 인증전시회와 국제인증전시회로 나눌 수 있으며, 인증전시회는 데이터의 객관성만을 기준으로 하고 국제인증전시회는 데이터의 공신력과 함께 전시회 개최실적, 전시면적, 참가업체, 그리고 참관객 수에 대한 요건을 충족시켜야 한다.

인증 종류

<table>
<tr><td colspan="2">인증전시회
(①)</td><td>① 전시회 정보 검증(data audit) 후 부여</td><td></td></tr>
<tr><td rowspan="2">국제
인증
전시회</td><td>(①+②)</td><td>② 요건 충족
- 필요조건 : 2회 이상 개최실적(3회부터 가능)
- 선택조건 : 해외 직접/간접 참가업체 수 10% 이상, 해외참관객 수 5% 이상 중 1개 이상 충족</td><td></td></tr>
<tr><td>(①+③)</td><td>③ 국제인증 전시회 중
- 해외 직접 참가업체 수 10% 이상, 해외 바이어 수 5% 이상 중 1개 이상 충족</td><td></td></tr>
</table>

출처 : 한국전시산업인증회 홈페이지(https://www.akei.or.kr)

한국전시산업인증회에서 발표한 연도별 인증 현황을 살펴보면 2007년 47건에서 매년 증가하는 추세를 볼 수 있으며 2022년에는 189건이었다.

연도별 인증 현황

연도	'07	'08	'09	'10	'11	'12	'13	'14
인증 전시회수(건)	47	44	59	78	85	86	101	102
연도	'15	'16	'17	'18	'19	'20	'21	'22
인증 전시회수(건)	101	90	97	106	128	125	135	189

출처 : 한국전시산업인증회(2023), 2023-2024인증전시회 디렉토리

3) 전시회의 구성요소

전시회는 크게 참관객, 참가업체, 주최자, 전시시설업체 그리고 협력업체 등으로 구성되어 있고, 이들 주체를 지원하기 위해 도시마다 컨벤션뷰로(Convention Bureau)를 비롯한 전담기구들이 형성되어 있다.

(1) 참관객

참관객은 전시회를 방문하는 고객을 말한다. 참관객들의 방문목적과 의도에 따라 일반참관객, 방문객, 바이어 등으로 다양하게 구분된다. 이들은 전시회에 참여함으로써 신제품을 관람하거나 정보의 습득, 업체와의 미팅, 현황 파악 등 다양한 목적을 성취하고자 하며, 전시회의 최종 소비자라고 할 수 있다.

전시회를 방문하는 참관객들은 전시 중인 상품을 구매함에 있어 실질적인 권리를 갖고 있느냐에 따라 전문적인 참관객과 일반참관객으로 구분할 수 있다. 성공적인 전시회의 개최를 위해서는 전시회가 타깃으로 삼고 있는 표적시장 참관객의 규모와 질적 수준에 큰 영향을 받게 된다. 구매력이 높고 질적 수준이 높은 참관객을 유치할수록 이를 기준으로 더 많은 참가업체들이 전시회에 참여할 의향을 비추기 때문이다. 그러므로 기획자는 우수한 참관객 유치를 위해 각별한 노력을 하게 된다.

(2) 참가업체

업체들에게 전시회는 자신들의 상품을 판매하고 마케팅을 할 수 있는 수단 중 하나이다. 또한 자사 상품에 대한 시장조사 및 반응조사를 비롯하여 시장의 동향분석, 정보수집, 경쟁상품에 대한 정보수집 및 분석을 시행할 수 있는 기회이기도 하다. 바이어들을 포함한 참관객의 입장에서, 참가업체의 양적 규모와 질적 수준은 전시회를 방문하는 기준으로 작용하게 된다.

리스트에 나와 있는 참가업체들이 산업을 대표하는 기업인지, 평가는 어떤지 등 기업의 수준과 대표성에 따라 많은 참관객을 유인할 수 있게 된다. 특히 산업군의 핵심 기업이라 할 수 있는 대표기업, 이른바 앵커부스(Anchor exhibitor)의 참가 유치는 다른 업체들의 참가를 유도할 뿐만 아니라 많은 참관객들을 유인하기 때문에 전시회 성공여부에 있어 중요하다고 할 수 있다.

최근, 전시회 참가에 따른 기업부담비용이 늘어나면서 기업들은 참가목표에 적합한 전시회를 선정하고자 하고 있으며, 예산 대비 투자회수율(ROI)을 높이려는 다양한 관심을 기울이고 있다.

(3) 주최자

주최자는 상업적 전시회를 기획하고 조직 · 운영하는 기업들을 말한다. 이들은 전시회 개발과 운영을 담당하고 관리하는 주체로 전시회 기획, 운영, 홍보, 유치, 사후관리 등 전시회 개최 및 진행에 있어 모든 과정을 책임진다. 주최자가 기업이 아니라 공공부문이거나 협회일 경우 내부적으로 전시회 전문인력이 부족하기 때문에 전시기획자(PEO: Professional Exhibition Organizer)나 전시회 운영업체(show management company)에게 위탁운영을 하거나 컨설팅을 받기도 한다.

전시회 주최자의 성격은 매우 다양하게 구성되는데 정부기관, 전시센터, 민간 전시회 기획업체, 협회 및 단체, 언론 및 방송사 등 각 분야에 망라되어 있다. 이외에도 개별기업이나 대사관 등 특정주제를 갖고 소규모 전시회를 개최하는 사례도 있다.

(4) 협력업체

협력업체란 전시회의 부스 설계를 비롯해 전시회 기간 내에 필요한 기자재의 설치 및 필요 서비스를 제공하여 물리적인 환경을 조성하는 업체들을 말한다. 크게 전반적인 서비스를 제공하는 종합협력업체(GSC: General Service Contractor)와 특정 서비스를 제공하는 전문협력업체(Specialized Service Contractor)로 분류할 수 있다. 종합협력업체는 전시회와 관련된 모든 서비스를 제공하므로, 전시회 참가업무의 수행을 용이하게 해주며, 전문협력업체의 경우 차별화된 서비스를 제공한다는 장점이 있다.

(5) 전시장 소유주체

전시장 소유주체란 전시회가 개최되는 물리적인 공간과 그에 따른 부대시설을 운영하는 주체를 의미한다. 흔히 이야기하는 전시컨벤션센터가 여기에 해당되는데, 대부분의 전시장은 규모가 크기 때문에 개인이 운영하는 것보다 국가에서 사회간접자본시설(SOC)의 일종으로 개발하여 운영하고 있다.

전시산업이 발전한 국가나 도시의 사례를 보면 전시산업을 전략산업으로 육성하면서 정부의 세금수입 증대는 물론 고용창출효과, 관광활성화와 같은 부가가치적인 효과를 누리고 있다. 이러한 이유로 세계 주요 도시는 전시컨벤션센터를 사회 인프라 개념에서 접근하여 운영하는 실정이다.

2. 전시회의 기능 및 운영전략

전시회는 오래전부터 시장개척에 어려움을 겪는 기업들에게 좋은 세일즈 기회로 작용해 왔다. 기업들은 전시회에 참여함으로써 많은 비용과 시간을 들이지 않고도 바이어들과 사업적 미팅, 실질적인 거래를 성사시켜 왔다. 이로 인해 무역 거래 시에 발생하는 거래비용과 위험성을 획기적으로 낮출 수 있었으며, 해당 시장의 동향을 쉽게 파악할 수 있었다.

먼저, 전시회는 기본적으로 세일즈 공간으로서의 기능을 한다. 오래전부터 전시회는 국내외를 불문하고 판매를 성사시키거나 구매욕구를 촉진시킬 수 있는 시장으로서의 역할을 수행해 왔다. 전시회 참가를 통해 많은 양의 현장주문을 확보할 수 있었고 이는 참가비용을 회수하고도 많은 이익을 갖게 해주었다. 전시회가 주목받게 된 큰 이유는 기업이 지금과 같이 양질의 고객과 커뮤니케이션을 진행할 수단이 빈약했기 때문이다.

기업은 판매, 홍보, 마케팅, 바이어와의 미팅을 위해 바이어가 있는 지역까지 이동해야 했으며 이는 많은 비용과 시간을 소비하게 했다. 따라서 해외시장을 개척하기 위해서 기업들은 상당한 거래비용을 지급해야 했다. 또한 정보기술이 발전하지 않아 경쟁기업의 상품에 대한 정보수집이나 분석, 시장의 동향 파악이 매우 어려운 실정이었다. 이러한 상황에서 손쉽게 정보를 교류하고 상품을 홍보할 수 있는 장소에 대한 필요성이 제기되었고 전시회가 주목을 받게 되었다.

기업들은 기존의 바이어와 일대일로 미팅을 하는 것보다 전시회에 참여함으로써 손쉽게 다수 사업체의 의사결정자와 만나거나 판촉 경로를 확보할 수 있었고 동시에 시장의 동향을 분석하며 고객들에게 자사 상품에 대한 반응을 파악할 수 있었다. 오늘날에는 정보망이 상대적으로 부족한 중소기업들이 전시회에 참여함으로써 판매경로를 확보하는 데 성과를 내고 있다.

또한 전시회는 통합적 마케팅 믹스 전략 활용 공간으로서의 기능을 한다. 통합적 마케팅 전략은 시장조사, 상품개발, 디자인, 포장, 광고, 유통, 판매촉진, 관리 등 여러 부서에서 각각 행해지던 마케팅활동을 통합적으로 계획하여 실행하는 것을 말하며, 오늘날 상당수 기업들은 통합적 마케팅 경영방식을 전시회 참가를 통해 해결하고 있다. 이에 따라 전시회는 단발적 참여행사가 아닌 지속적이며 반복적으로 활용해야 하는 마케팅수단으로 인식되고 있다.

이러한 관점에서 전시주최자는 효과적인 세일즈 공간 조성과 통합적 마케팅 믹스 전략 활용 공간으로서 아래와 같은 운영전략을 수립하고 추진한다.

1) 시장변화에의 대응

오늘날 전시산업을 둘러싼 경쟁환경은 갈수록 치열해지고 있고 유사중복 전시회 개최가 반복됨에 따라 수익성은 점점 더 악화되는 실정이다. 이러한 상황에서 전시주최기업이 지속가능하게 살아남으려면 시장을 연구하고 자체 경영혁신을 시도해야 한다.

국내외 전시회 성공사례를 분석하면 몇 가지 공통점이 발견되는데 우선 전시회 입지조건의 중요성이다. 전시개최자는 전시컨벤션센터 등 전시회가 개최될 장소의 항공기 접근성과 지상교통 접근성에 대해 우선순위를 가지고 고민해야 한다. 이어 전시회 개최 업종과 관련된 유사 산업시설이 개최장소 주변에 얼마나 산재해 있는지 파악해야 한다. 전자산업과 관련된 전시회라면 개최도시 주변에 세계적인 전자제품 제조회사가 있어야 하고 관련된 하청회사가 다수 존재해야 한다.

또한 전시주최자의 콘셉트 도출능력과 행사개최 노하우가 성패에 중요한 변수로 작용한다. 콘셉트 도출은 얼마나 시장을 정확히 읽어 그에 적합한 콘셉트를 도출해 낼 수 있는가 하는 문제이고, 개최 노하우는 참여업체와 바이어 그리고 참관객의 정확한 욕구를 정확히 읽어 그에 대응하는 서비스를 제공할 수 있는가 하는 과제이다.

더불어 최근처럼 시장경쟁이 치열한 상황에서 블루오션 아이템을 발굴하고 실제 전시회 개최로 이어질 수 있는 능력이 있는가 하는 점이다. 블루오션 아이템은 고정불변이 아니고 시장상황에 따라 요동치는 경우가 많다. 세계 경제위기나 호황이 갑자기 찾아오면 업종별로 위기와 기회가 혼재하는데 이러한 시장상황을 정확히 읽어내는 전략이 필요하다.

또한 최신 마케팅 트렌드를 전시회 개최에 접목시키려는 노력이 필요하고 홈페이지도 저비용으로 참여업체와 바이어를 이끌 수 있는 훌륭한 수단이 될 수 있다. 홈페이지에 참여업체 정보를 충실히 담아 지속적으로 고객에게 제공하는 서비스는 언제나 힘을 발휘하고 있고, 특히 사전에 온라인으로 바이어와 참여업체 간 미팅 스케줄을 성공적으로 잡아줄 수 있는 능력이 필요하다.

성공 전시회의 또 다른 여건은 홍보활동의 중요성이다. 어려울수록 홍보활동에 더 많은 비중을 할애하는 것이 중요한데 경제가 위축되는 시점에 모두들 홍보활동에 비용절감을 꾀하고 움츠러들 때 오히려 공격적으로 홍보활동을 강화해서 성공적인 전시회 개최에 성공한 사례도 많이 볼 수 있다.

마지막으로 고객 맞춤형 전시회 아이템 개발이 필요하다는 것이다. 시장은 항상 변한다고 언급했는데, 표적시장을 적절하게 선정하기 위해서는 시장조사와 더불어 인구통계학적으로 가장 유효한 집단이 무엇인지 분석해야 하고, 이러한 집단 특성에 맞는 전시회 개최로 연결되어야 하는 것이다.

2) 참여업체에 전시공간 할당

참여업체에 전시공간을 할당하는 것은 전시주최자에게 매우 중요한 의사결정과정이다. 왜냐하면 누구나 참관객의 눈에 띄는 장소와 홍보효과가 높을 것 같은 위치에 부스를 설치하고픈 욕구가 있기 때문이다. 전시공간을 할당하는 데에는 여러 방법이 있는데, 주의할 것은 공간할당 기준을 한 번 선택하면 다음 해에 참가하는 업체들은 그 기준을 염두에 두어 참가를 준비하기 때문에 여간해선 바꾸기가 어렵다는 것이다.

첫째, 가장 단순하면서도 공정성을 가져올 수 있는 방법은 선착순 방식이다. 이 방식은 전시참여 신청서의 영수증이나 우편소인 순서에 따라 처리된다. 여러 지원서가 같은 날에 도착할 때, 전시관리자는 단독부스 요청 전에 복합부스 요청에 공간을 우선 할당하거나 회원의 요청을 먼저 처리하는 것과 같이 다른 기준을 사용할 수 있다.

둘째, 전시관리자는 우선권 지정 시스템을 사용하여 전시회에 해마다 참가하는 업체에 대하여 사용공간과 비례하는 가산점을 부여한다. 대신 전시공간을 우선으로 할당받기 위해 참가업체가 지원서를 제출해야 하는 마감기한이 있을 수 있다. 참가업체들은 점수에 의해 순위가 매겨지고, 그에 따라 공간을 할당받는다. 마감 후에 전시관리자는 선착순으로 공간을 할당한다.

업체 간 갈등을 막고, 가장 설득력 있게 적용되는 기준은 전시회의 참가횟수를 기준으로 삼는 것이다. 해당 전시회에 업체가 몇 번 참석했는지 빈도를 기준으로 점수를 준다면, 참여 업체 규모에 상관없이 좋은 공간을 받을 수 있을 것이며 여기에서 탈락된 신청업체도 불만을 제기하지 못할 것이다.

셋째, 사전판매 시스템이다. 전시관리자는 전시가 진행되는 동안 차년도 전시회를 위한 공간배정을 미리 할당할 수 있다. 이러한 시스템을 활용하면 주최측은 내년도 참가자를 미리 확보하여 안정적인 수입을 보장받을 수 있고, 업체 측에서는 원하는 자리를 미리 선점하여 준비할 수 있다는 이점이 있다. 또한, 사전 판매의 경우 기존 부스 판매가격보다 할인된 가격으로 제공되기 때문에, 업체의 지속적인 전시회 참여가 결정된 상태라면 사전 판매기간에 등록하는 것이 훨씬 효과적이다.

3) 예산관리

전시기획가가 전시운영에 필요한 비용을 산정했다면 그에 따른 수입과 지출금액은 어느 정도인지 분석해야 한다. 전시회 개최는 시장환경에 따라 성패가 좌우되는 경우가 많고, 전시회 개최결정과 실제 행사가 열리기까지 준비기간이 길기 때문에 중간에 어떤 돌발상황이 발생할지 모른다. 따라서 불확실성에 대처할 수 있는 위기관리 능력이 필요하고 항상 예비비를 적정수준 확보할 수 있어야 한다.

예산의 수입과 지출에 가장 큰 영향을 미치는 요소가 전시공간의 확보이다. 너무 좁아서도 안 되고 필요 이상으로 공간을 확보하면 예산낭비의 요인이 될 수 있다. 따라서 필요한 전시공간이 얼마나 되는지 체계적인 분석을 통해 결정해야 한다. 더불어 공간임대 비용이 적절한지도 판단해야 하는데 다른 전시회 개최 상황과 비교하여 분석할 수 있다.

일반적으로 전시공간은 부스의 숫자나 공간의 면적을 기준으로 산정된다. 부스 판매를 통한 기대수익을 산정할 때, 부스가격이 참가자에게 일괄적으로 적용되는 것은 아니며, 참여업체가 특별회원이나 협력업체일 경우 제공해야 하는 할인 혜택도 염두에 두고 결정을 해야 한다.

전시회 개최 시 수입항목에 영향을 미치는 또 다른 중요 요소는 개최도시 스폰서의 확보이다. 지역 내 관련 기업에게 전시회 개최의 타당성과 개최효과 등을 설명하고 전시회 개최로 인한 지역기업 혜택 등을 설명하여 후원을 요청할 수 있다. 스폰서 계약을 통해 전시 주최측은 필요한 예산을 충당할 수 있고, 지역기업은 전시회 기간 홍보할 수 있는 기회를 얻을 수 있다. 따라서 중요한 것은 스폰을 통한 주최자와 지역기업이 얼마나 윈윈할 수 있는지 여부가 될 것이다.

전시회 예산기획 사례

전문 전시회 예산편성 예시

기준

- 개최지 : 국내 A 전시컨벤션센터
- 임대기간 : 7일 기준(장치 2일, 개최 4일, 철거 1일)
- 국제 전시회 기준

1. 수입항목

(단위 : 원)

분류	내용	금액
가. 전시회 수입	1) 부스 판매료	330,000,000
	가) 조립	1,800,000×100부스=180,000,000
	나) 독립	1,500,000×100부스=150,000,000
	2) 입장료	2,000×5,000명=10,000,000
	3) 디렉토리 광고료	1000,000×5page=5,000,000
나. 정부보조금	전시산업진흥회 또는 지방자치단체	50,000,000
수입 계		**395,000,000**

2. 지출

(단위 : 원)

분류	내용	금액
가. 전시장 임대료	1) 임대료	1,200원/㎡×7일×4,400=36,960,000
	2) 관리비	200원/㎡×7일×4,400=6,160,000
	소계	43,120,000
나. 전시장치비	1) 조립부스 설치비	300,000원/부스×100부스=30,000,000
	2) 통로 카펫	4000원/㎡×2200s/m=8,800,000
	3) 전시장치물(아치, 현황판, 매표소, 내부배너 등)	2,000,000×5개소=10,000,000
	소계	48,800,000
다. 광고선전비	1) 일간지광고비(매경/한경)	5,000,000×2회=10,000,000
	2) 지역일간지	2,500,000×2회=5,000,000
	3) TV SPOT광고	10,000,000
	4) 전문지 광고(국내외)	15,000,000
	5) 거리 입간판(배너, 육교현판)	10,000,000
	소계	50,000,000
라. 도서인쇄비	1) 브로슈어 제작비	@2000×3000매=6,000,000
	2) 포스터 제작비	@500×3000매=1,500,000
	3) 디렉토리 제작비	@2000×2000부=4,000,000
	4) 기타 인쇄비(초청장, 신청서, 매뉴얼)	4,500,000
	소계	16,000,000
마. 지급수수료	1) Agent 수수료 • 부스판매료의 20% • Agent유치비율 50%	총 부스 판매수익×20%×50% =33,000,000
	2) 경비원/도우미 고용	@50,000원×20명×7일=7,000,000
	3) 등록시스템 운영	10,000,000
	4) 기타 지급수수료	5,000,000
	소계	55,000,000
바. 해외바이어 초청비	1) 숙박료(2박 3일)	@200,000×50명×2박=20,000,000
사. 일반 운영비	1) 통신비	월 1,000,000×12월=12,000,000
	2) 회의비	30,000×10인×10회=3,000,000
	3) 업무추진비	월 1,000,000×12월=12,000,000
	4) 기타 운영비	월 500,000×12월=6,000,000
	소계	33,000,000
아. 부대행사비	개막식, 리셉션, 설명회 등	@5,000,000×5회=25,000,000
자. 직원 인건비		@2,500,000×12월×2명=60,000,000
지출 계		350,920,000

3. 기업체의 전시회 선정

1) 선정기준

기업이 전시회에 참여함으로써 판매 및 마케팅 활동을 진행하기로 결정하였으면, 어떤 전시회가 있는지 우선 파악하고 이후 기업의 경영전략에 가장 부합하는 전시회 참여를 결정하면 된다. 전시산업의 폭발적인 양적 팽창으로 오늘날 수많은 종류의 전시회가 있는데, 이들 중 기업 자신에게 가장 적합한 전시회 참여를 선정하는 것이 쉬운 일은 아닐 것이다.

선정에 필요한 주요 요소에는 개최장소, 산업분야와 전시회 종류의 일치 여부, 참여비용 등이 있는데, 단순히 이러한 기준뿐만 아니라 기업의 참가목표에 적합한 유망 전시회여야 하고, 나아가 기업의 인지도를 제고하며 판매증진이라는 목적도 달성할 수 있는 전시회를 신징해야 한다. 일반적으로 전시회를 선정하기 위해 고려하는 사항은 다음과 같다[2].

- 참가목표와의 적합성
- 전시회의 명성/평판
- 전시회 운영에 대한 평판
- 부스 임차비용과 운영비용
- 전시회 예상 방문객의 양적 규모와 질적 수준
- 예상되는 세일즈 리드의 양적 규모와 질적 수준
- 다른 참가업체들의 리스트
- 시기와 장소

2) 선정과정에서 고려해야 할 요소

(1) 마케팅 전략과 참가목표에 대한 이해

먼저 기업은 자사의 전시회 참가목표에 대한 이해와 함께 산업의 동향과 추세, 자사의 제품 또는 서비스의 특성, 주요 표적시장 및 자사의 전체적인 마케팅 전략과 목표 등을 포함

2) V. Kijweski, E. Yoon and Young G.(1993) : 김용관(2007), 『기업과 전시회마케팅』, 백산출판사, p.131 재인용

한 기본적인 사항에 대해 정확한 이해를 해야 한다. 특히 참가목표에 대한 이해는 전시회 선정에 큰 영향을 미치기 때문에 정확하게 이루어질 수 있도록 해야 한다.

이를 위해 먼저 표적시장의 고객을 이해하기 위한 정보수집이 이루어져야 한다. 자사의 전시회 참가목표와 전시회의 성격이 잘 부합되는지 여부를 파악하기 위해서는 고객의 특성에 대해 파악해야 하는데, 이러한 평가작업을 위해 업계 전문지, 각종 동향 보고서, 협회 간행물, 인터넷 등을 통해 잠재고객에 대한 정보를 수집해야 한다.

기업 내부조직이 세분화되어 있을 경우 부서 간 협력을 통해 다차원적인 방법으로 정보수집이 선행되어야 하며, 마케팅 담당자를 포함한 전사 간 커뮤니케이션을 통해 마케팅 전략과 목표달성을 위해 경영진들이 전시회에 대해 갖고 있는 기대와 관점 역시 파악해야 한다. 수집된 정보는 프로파일 작성을 통해 체계화시켜 놓을 수 있도록 하며, 차후 이 프로파일은 전시회뿐만 아니라 장기적으로 기업의 마케팅 활동을 위해 쓰일 수 있도록 하는 것이 바람직하다.

(2) 전시회에 대한 고객 인식조사

표적시장에 대한 이해를 통해 잠재적인 고객들의 명단이 작성되었으면, 이들을 대상으로 과거 참석했던 전시회와 그에 대한 평가와 관심도 등을 알아볼 수 있도록 한다. 전 고객을 대상으로 인식조사를 시행하는 것은 시간과 비용 측면에서 부담스럽기 때문에 표본을 추출하여 조사를 시행하게 되는데, 이 표본은 표적시장을 대표할 수 있도록 선정해야 한다.

방문객인 바이어들의 입장을 파악하는 것 역시 매우 중요한데, 과거 가장 만족스럽고 인상 깊었던 전시회에 대한 기억을 추려내어 조합하면 바이어들이 진정으로 원하는 전시회 운영방향에 대해 알아낼 수 있다. 또한 사전조사를 통해 미처 파악하지 못했던 신규 전시회의 강점과 약점에 대한 정보 습득도 가능하다.

고객 인식을 분석하는 방법은 다양하게 존재하나, 보편적으로 우편조사, 인터넷 조사, 업계 전문지 구독률 등을 통해 가능하다. 그리고 보다 중요한 것은 정보 자체에 대한 고객의 직접적인 반응인데, 분석을 위해서는 고객 심층 인터뷰나 업계 전문가 인터뷰가 필요할 수도 있다.

(3) 전시회 목록 작성

표적시장에 대한 분석과 고객의 인식조사 후에는 기업이 참여할 수 있는 전시회에 대한 목록을 작성하고 그 전시회에 대한 분석이 필요하다. 오늘날 수많은 전시회와 유사전시회로 인해 개최건수가 급증하여 정보를 수집하는 데 어려움이 있을 수 있으나, 업계 전문지, 인터넷, 관련 협회의 홈페이지를 통해 자신의 기업이 속한 분야의 전시회를 파악하도록 하며, 여러 뉴스기사를 통해 개최 내역, 전시회별 참가자 특성, 성과 등을 분석해 놓도록 한다.

(4) 주최자와의 접촉

전시회에 대한 분석이 끝나면 전시회 주최측과 접촉하여 참가자에 대한 정보와 차후 마케팅 방향에 대한 정보를 수집해야 한다. 기업 참가목표의 기본전제는 질적 수준이 높고 구매력이 있는 참관객을 얼마나 많이 끌어들이느냐가 관건이 되는데, 이를 위한 핵심정보에는 인구통계적 특성부터 지리적 분포, 관심도, 구매영향력, 구매예산 등이 포함된다.

그러나 입장을 바꾸어 주최측 입장에서는 기업이 원하는 핵심정보를 함부로 넘겨줄 수만도 없다. 정보가 고객을 통해 시장으로 흘러들어가면 경쟁전시회에 정보가 새나가는 상황이 되기 때문이다. 따라서 고객 확보와 정보 보안 사이에서 고민하는 주최측을 대상으로 기업측은 얼마나 효율적으로 정보를 확보하는가에 대한 고민이 있어야 한다.

그리고 기업은 주최측에 전시회 마케팅 전략에 대해 자료를 요청할 수 있다. 마케팅의 방향과 수단 그리고 표적시장 선정 등을 기업경영전략과 비교분석하여 전시회 참가비용 대비 성과를 어느 정도 창출할 수 있겠는가를 대략적으로 파악할 수 있어야 한다.

전시회 개최지역이 너무 멀어 접근성이 양호한지 확인해야 하고, 전시회 개최지역이 기업에서 설정한 주요 시장공략 지역인지도 더불어 고민해야 한다. 또한 국내에서 국제전시회가 개최된다 하더라도 참관객 중 대다수가 국내 참관객일 것이며 해외 참관객은 소수 바이어에 그칠 가능성이 크다. 그러므로 사전 조사를 통해 해외 바이어들의 영향력을 분석하여 매출상승에 실질적인 도움을 받을 수 있는지도 확인해야 한다.

4. 전시회 참여기업 예산편성

많은 국내기업들이 전시회에 참가하면서 적절한 예산편성에 대응하지 못하면서 비용대비 성과창출에 어려움을 겪는 경우가 많다. 예산은 프로젝트를 수행하는 데 있어 로드맵 역할을 하기 때문에 전시담당자들이 신경을 써야 할 부분이라 할 수 있다. 그러나 기업측 예산관련 담당자는 보통 최고의 전문가가 아니기 때문에 예산편성 업무 시에 전시회 개최측 전문가의 자문을 받는 것이 좋다.

참여기업의 전시회 예산배정은 대부분 마케팅활동을 어떻게 수행해 나갈 것인가에 주의를 기울이는 경우가 많은데, 전문기획자는 한 단계 더 나아가 마케팅활동을 통한 투자회수율 확대에 집중하는 전략적 설계를 한다. 따라서 기업담당자는 전시회가 끝난 후 자신들의 참여 성과를 파악하기 위해 투자회수율과 관련된 성과분석을 수행하는 것이 바람직하다.

1) 전시회 참가에 따른 지출항목

전시회에 참가해 본 경험이 있는 기업은 과거 참가했던 전시회에서 집행한 내역을 바탕으로 필요에 따라 항목별로 예산을 증감하는 것이 보편적인 행태이다. 그러나 시장환경이 빠르게 변화하고 기업경영전략도 수시로 변하기 때문에 이러한 상황을 반영한 예산책정이 가장 바람직하다고 볼 수 있다. 전시회에 처음 참가하는 기업의 경우는 전문 컨설턴트의 자문을 받는 것이 필수적인데, 예산 수립과정에서 어느 항목의 비용을 늘리고 줄였는지에 따라 행사기간 내에 기업의 활동방향과 범위가 정해진다.

2) 지출관련 주요 항목

(1) 부스 공간 임대

예산 수립에서 가장 먼저 다루어야 할 부분은 임대하려는 부스 공간면적을 산출하는 것이다. 처음 참가하는 기업은 대부분 기본 부스 규모로 참가하는 경우가 많다. 필요 면적을 산출하기 위해서는 부스 담당직원과 방문객 수를 예측하고 여기에 비품 점유공간을 합산하면 필요한 전체 부스 면적을 구할 수 있다.

혹은 경쟁업체나 다른 주요 기업들의 부스 임대면적이 변수로 작용할 수도 있다. 부스가 클수록 화려하고 참관객들의 시선을 끌게 되는 장점이 있으므로 기업이 새로운 시장진출을 모색하기 위해 전시회에 참가하는 것이라면 다른 항목에서의 예산을 줄이고 부스 임대면적을 늘리는 것도 하나의 방법이 될 것이다. 반면 경쟁업체를 의식해 필요 이상의 과다한 부스를 빌리려는 '전시효과'에 기대고자 할 경우 오히려 역효과를 낳을 수도 있다.

(2) 부스 인테리어 및 전시비용

부스는 전시회에서 회사를 나타내는 상징이기도 하지만, 무엇보다 중요한 것은 자사의 표적시장에 해당하는 참관객들을 많이 유인하기 위함이다. 그러므로 부스는 참관객들의 관심을 유도할 수 있도록 마케팅 관점에서 디자인되어야 한다. 부스 설치는 보통 세 가지 유형으로 분리된다.

첫째, 독립 부스는 전시회에 참가하여 기업을 홍보하거나 강인한 인상을 남기기 위해 선택하는 사안으로 기업에 적합한 맞춤형 부스를 설치할 수 있다. 기업이 소비자에게 전달하고자 하는 콘텐츠를 효율적으로 소통할 수 있고 참관객들의 이목을 끌 수 있는 장점이 있지만, 설치비용이 기본부스에 비해 비싸다는 단점을 가지고 있다.

둘째, 기본부스 예산이 제한되어 있을 때 혹은 전시회 참가성과에 대한 확신이 서지 않아 비용절감을 염두에 두고 있을 때 선택하는 경우가 많다. 물론 부스 근무직원의 역량에 따라 전시회 참가성과가 다르게 나올 수 있지만, 참관객 입장에서 보면 기본부스와 독립부스를 대하는 인식이 차이가 나는 것은 어쩔 수 없을 것이다. 기본부스는 설치와 해체 등이 간편하다는 장점이 있지만, 디자인이 단조로워 참관객의 눈길을 어떻게 확보할 것인가가 관건이 될 것이다.

그래픽 제작 역시 참여기업이 신경을 써야 할 부분이다. 부스 선택 시에 이미 그래픽을 어떻게 전개할 것인가를 동시에 고민해야 하는데, 가능하면 최근의 트렌드를 반영하는 것이 바람직하고 기존에 사용되었던 작품을 다시 사용할 수도 있지만, 기업이미지 쇄신과 신규고객 창출을 위해서는 비용을 다소 감수하더라도 전시회 참가 때마다 새로운 그래픽 제작을 시도하는 것이 바람직하다.

(3) 부스 근무직원 선발 및 교육비용

기업입장에서 부스에 근무할 직원을 차출할 때는 기업의 경영전략과 마케팅활동에 대한 이해가 가장 뛰어난 직원을 선발해야 한다. 그래야만 파워바이어나 참관객을 대상으로 기업의 상품판촉을 효율적으로 행할 수 있기 때문이다. 그러나 보통은 전시회 참가에 대한 인식이 부족하여 경험이 많지 않은 직원을 부스 근무자로 선정하는 경우도 적지 않다.

전시회 참가는 앞서도 언급했지만 정해진 시간과 공간에서 가장 효율적으로 다수의 바이어를 상담할 수 있고, 참관객 분석을 통해 표적시장에 대한 이해를 얻을 수 있는 절호의 기회인 것이다. 만약 파워바이어가 특정 부스를 방문해 상담을 하는데 경험도 없어 보이고 의사결정에 관여도 하지 못하는 위치에 있는 직원이라고 인식된다면 상담과정에 성의를 보이지 않을 것이다.

따라서 기업입장에서 최선의 선택은 역량이 뛰어난 직원을 선발하는 것이지만, 전시회 기간 동안 핵심인재가 회사를 비우게 되면 이 또한 기업입장에서 손실을 가져올 수도 있다. 따라서 현실적 여건이 따라주지 않는다면 다소 역량이 떨어지는 직원일지라도 교육과 관련된 비용지출을 과감하게 집행하여 효과적으로 교육활동이 이루어지도록 해야 한다. 기존 사례를 보더라도 교육을 받고 부스에 참여하는 직원과 그렇지 않은 직원 간에는 성과창출에 유의한 차이를 보였다는 내용이 제시되고 있다.

(4) 마케팅 및 사후관리 비용

기업입장에서 전시회 참여관련 가장 많은 비용지출이 이루어지는 부분이 마케팅활동과 관련된 부분이다. 마케팅비용은 전시회 기간뿐만 아니라 행사 이전에도 집행이 이루어져야 한다. 성과창출을 극대화하기 위해서는 사전에 파워바이어와 미팅 일정을 잡아야 하고 기업 홍보를 위한 각종 내용물을 온라인과 오프라인을 통해 전달할 수 있어야 한다.

그러나 대부분의 경우 사전 마케팅의 중요성을 간과하여 예산배정을 충분히 하지 않는 경우가 많은데, 이는 행사기간 아무리 열심히 판촉활동을 펼친다 하더라도 한계에 직면하게 될 것이다. 행사가 끝난 이후 사후관리도 고객과의 관계정립에 중요한 영향을 끼치게 되는데, 고객과의 미팅에 대한 소회와 지속적인 관계유지를 원하는 내용을 담은 감사편지는 좋은 판촉수단이 될 것이다.

왜냐하면, 전시회 상담의 효과는 보통 바로 나타나는 것이 아니라 중장기적으로 나타나는 경우가 많고 차기 행사에서 해당 바이어를 다시 만나게 되는 경우 상당히 친밀한 관계로 발전할 가능성이 크기 때문이다.

5. 전시회 마케팅

1) 전시회 마케팅의 의의

전시회 개최를 준비하는 주최측 입장에서 보았을 때 성공적인 전시회 개최는 양질의 참여업체와 파워바이어 그리고 열성적인 참관객을 유치하는 것이라 할 수 있다. 이처럼 전시회 핵심 주체들을 성공적으로 끌어들여 멍석을 깔아줄 수 있다면 세일즈 성과는 각 주체가 자연스럽게 달성할 수 있을 것이다. 그러나 최근 유사 전시회 개최가 늘어나고 시장경쟁이 치열해지면서 성과창출이 더욱 어려워지고 있는 실정이다.

따라서 핵심 주체들을 성공적으로 유치하려면 사전 마케팅에서 시작하여 현장 마케팅과 사후관리 마케팅까지 전시회 개최를 둘러싼 전 과정에 마케팅 활동이 진행되어야 한다. 자신이 개최하는 전시회에 참여를 희망하는 주체는 분명히 경쟁 전시회에서도 초청을 원하는 대상이다. 이러한 시장환경에서 전시회의 비교우위를 호소하지 못하면 매력적인 전시회 주체들은 관심을 두지 않을 것이다.

따라서 전시회 마케팅의 시작은 전시회에 대한 강점과 약점 분석을 한 후 약점에 대해서는 개선책을 마련해 고객의 불안이나 불신을 떨쳐낼 수 있어야 하고 강점에 대해서는 고객이 이해하기 쉽게 설명하고 설득할 수 있어야 한다. 이 과정에서 진실하지 않은 과장광고나 허위사실을 말하는 경우 고객은 단기적으로는 호응할지 모르지만 결국 전시회를 떠나게 될 것이다.

2) 전시회 마케팅 전략

(1) 사전 마케팅

앞서 언급하였듯이 전시회 마케팅은 전시회 개최 이전부터 사전 마케팅이 실행되어야 한다. 사전 마케팅 성패에 따라 전시회에서 참여를 바라는 핵심 주체를 초청할 수 있을지 여부가 판가름나는 것이다. 따라서 전시회 개최를 준비 중인 직원에게 경쟁 전시회의 동향을 파악하면서 사전 마케팅 전략을 치밀하게 짜도록 유도해야 할 것이다.

사전 마케팅 전략을 수립하는 데 있어 첫 번째 업무는 잠재고객에 대한 시장세분화를 통해 접근방식에 대한 수단을 정하는 것이다. 고객층은 반드시 초청해야 할 핵심고객, 지속적으로 참여해 온 기존고객 그리고 새로이 개척해야 하는 신규고객으로 나뉠 수 있다. 우선 핵심고객에 대해서는 정확한 리스트를 확보하는 것이 중요하다.

구매가능성이 높은 신규 고객사 임원, 협력 사업체의 임원 등이 핵심고객이라 할 수 있는데, 이들에 대한 개별적인 접촉은 어려울 수 있으므로 어떤 단체에 소속되어 있고 활동영역은 어떻게 되는지 파악하여 접촉할 수 있는 방안을 강구해야 할 것이다. 기존고객의 경우 앞서 언급한 세 집단 중 가장 비용이 적게 소요되는 집단이다. 그렇지만 소홀히 다룰 경우 언제든지 떠날 수 있는 고객층이기에 전시회 측에서 지속적으로 관심을 갖고 있다는 표현을 해주어야 한다. 더불어 전시회에 대한 충성도를 높이기 위해서는 긍정적인 이미지를 줄 수 있도록 PR 활동에도 소홀해서는 안 될 것이다.

신규고객은 잠재고객이라고도 할 수 있는데, 전에 전시회 측에 접촉경험이 있거나 기존 전시회에서 참여기업 부스를 방문했던 기록이 있는 집단이 대상이 된다. 역시 관건은 이들 집단에 대한 정보를 확보하는 것인데, 부스 참여업체의 협력을 통해 리스트를 확보한 후 집중적으로 마케팅을 시행하는 것이 효율적인 방법이 되겠다. 신규고객 유치비용은 기존고객 유지비용보다 더 많이 소요되기 때문에 예산적 측면을 신중하게 고려해야 한다.

사전 마케팅 방안으로는 파워 고객의 개별 접촉, 관련 전문지 광고, 직접 우편발송, 텔레마케팅 등의 수단이 있지만, 가장 효율적인 방안은 역시 개별 접촉일 것이다. 개별 접촉은 많은 시간과 비용이 소요되는 단점이 있지만, 전시회에 참여를 유도하는 데 가장 성과가 높다. 개별 접촉과정에서는 고객이 특별한 대우를 받고 있다는 인식을 심어줘야 하고, 필요하면 무료입장권이나 주차권 같은 인센티브를 부여할 필요가 있다.

반면, 전문지에 광고를 게재하는 것은 많은 잠재고객에게 동시다발적으로 참여를 호소할 수 있는 수단이 된다. 광고단가가 높다면 전문지 측에 광고와는 별도로 전시회를 소개하는 특별세션이나 인터뷰 대담을 요구하는 것이 바람직하다. 고객들은 광고를 통한 일방적인 메시지 전달보다는 기사화된 내용을 좀더 신뢰하고 관심을 갖는 경우가 많기 때문이다.

온라인을 통한 홍보는 제대로만 진행되면 저비용 고효율의 효과를 볼 수 있는 수단이 될 것이다. 최근 인터넷의 발달로, 포털사이트 메인에 광고를 기재하거나, 이메일을 보내 홍보를 진행하기도 한다. 그러나 이메일은 방법이 간단하고 시간도 대폭 줄어든다는 장점이 있으나, 스팸메일로 여겨져 읽히지 않는 경우가 발생할 수 있다. 또한, 상대고객의 이메일 계정이 바뀌어 회신되는 경우도 적지 않아 참가자들에 대한 데이터베이스를 꾸준히 업데이트하여 최신으로 유지하고 관리할 필요가 있다.

(2) 현장 마케팅

현장 마케팅은 전시회 개최지 차원에서 진행되는 마케팅과 전시회 개최장소에서 개최되는 마케팅으로 나뉠 수 있다. 개최지 마케팅은 공항이나 호텔을 비롯하여 전시회 참가자가 방문할 가능성이 높은 지역을 중심으로 진행되는데, 각종 매체를 통한 광고와 현수막 등을 통한 야외 홍보수단을 활용할 수 있다. 이어 지역신문이나 전문지를 대상으로 특집기사를 게재하거나 보도자료, 브리핑, 인터뷰의 진행, 전시회 디렉토리 광고 등이 이루어진다.

개최장소 마케팅은 전시회 현장에서 진행되는 사안으로서 부스 프로모션과 각종 이벤트를 활용한 방안이 있다. 부스 프로모션은 전시장 내에서 참관객의 시선을 끌 수 있는 프로그램을 기획하는 것이 중요하다. 깜짝 이벤트나 각종 경품을 내걸면 많은 참관객들의 시선을 확보할 수 있다. 사람이 모여든 순간 재치를 발휘하여 제품설명이나 시연 등을 행할 수 있다. 제품시연은 자사의 상품을 제품 담당자가 고객들 앞에서 직접 사용하는 장면을 보여주는 것으로 동적인 분위기를 조성하여 고객들의 참여를 유도하는 것이 좋다.

(3) 사후 마케팅

전시회 종료 후에도 고객을 지속적으로 확보해 나가려면 사후 마케팅 시행이 필요하다. 앞서 언급하였지만 기존고객 관리가 신규고객 창출보다 비용면에서 유리한 측면이 있기 때문에 이들을 관리하기 위한 다양한 수단을 강구해야 한다. 행사 종료 후 이메일로 감사편지를 보내는 것은 가장 기본적인 사항이 되는 것이고 주최측의 이벤트나 특별 행사가 있을 때 초청장을 지속적으로 보내 항상 고객을 생각하고 있다는 메시지를 던져야 한다. 그리고 전시회 개최기간 고객의 요청사항이 있을 때에는 기록을 한 후 행사 이후라도 반드시 처리를 해줘야 한다. 고객은 자신이 요청한 서비스가 무시되어 답변을 받지 못한다면 다시는 행사에 참여하지 않을 것이다.

6. 전시회에서 세일즈 리드(lead)의 중요성

1) 리드의 중요성

전시회에 참가하는 목적은 다양하지만 궁극적인 목적은 바이어와 참관객 대상의 상담을 통해 매출확대를 꾀하고자 하는 것이다. 물론 현장판매가 이루어져 즉석에서 성과를 거둔다면 가장 바람직하겠지만, 현실적으로 전시회 현장에서 참관객이 구매서명을 바로 하는 경우는 드물다. 다만, 상담과정을 통해 표적시장층이라 할 수 있는 참관객의 상품구매 계획과 성향을 파악할 수 있고 중장기적으로 구매행동에 나섰을 때 자사제품을 구매할 수 있게끔 연결고리를 만들어 놓는 것이 중요한 것이다. 바이어 역시 상담과정을 통해 다양한 구매정보를 획득할 수 있다.

리드(lead)는 이처럼 자사제품에 대한 구매가능성이 있는 잠재고객의 구매계획과 성향에 대한 정보를 말한다. 전시회 부스에서 근무하는 직원이 해야 할 가장 중요한 업무는 이러한 리드를 정확하게 확보하는 것이라 할 수 있다. 그러나 국내 전시회 부스에 참여하는 대부분의 직원은 리드의 중요성을 간과한 채 단순 회사홍보에 치중하는 경향이 많은데, 이는 사전교육이 부실하게 이루어졌다는 증거가 되는 것이다.

사실 전시회 참가를 통한 매출성과는 행사기간보다는 행사 종료 후 확보된 리드를 바탕으로 세밀한 판촉계획을 세워 본격적으로 이루어질 수 있다. 따라서 리드 확보가 부실하게 되면 전시회에 참여한 회사입장에서는 추후 매출확대 기회를 상실한다고 볼 수 있기 때문에 리드의 중요성은 매우 크다고 할 수 있다. 전시회 참여가 갖는 가장 큰 장점은 평소 만나고 싶은 바이어와 참관객을 한 장소에서 집중적으로 만날 수 있다는 것이다. 물론 부스 구매비용 등 전시회 참여에 따른 비용지출이 발생하지만, 리드관리를 효과적으로 할 수 있다면 투자대비 더 높은 성과를 거둘 수 있을 것이다.

2) 리드 작성방법

리드 작성을 통한 잠재고객의 정보를 획득하고 정리하기 위해서는 사전에 질문항목을 꼼꼼하게 정리할 필요가 있다. 너무 단순한 질문은 정보획득에 한계가 있고 또 너무 복잡하고 많은 질문항목은 고객을 불편하게 할 수 있기 때문에 적절한 분량의 질문을 준비해야 한다. 또한 리드 작성의 방향은 자사의 전시회 참여목표에 따라야 할 것이다. 기존고객 관리, 신규고객 창출, 바이어 중심의 미팅 혹은 신상품 테스트 등 여러 목표가 있을 것이다.

리드양식에 포함되어야 할 핵심정보는 크게 기본정보, 고객의 프로파일, 고객의 관심사항, 고객의 요구사항, 고객의견 등이 될 것이다. 기본정보는 보통 시간절약을 위해 명함으로 대신할 수 있다. 고객 프로파일은 고객의 담당업무와 직함, 의사결정 권한 정도 그리고 선호하는 제품성향 등이고 관심사항은 고객이 어떤 유형의 상품과 서비스를 선호하는지, 그리고 수용가능한 가격대는 어느 정도인지를 파악할 수 있다. 고객요구와 의견은 반드시 기록을 해야 하는데 대화를 하다 보면 평소에 깨닫지 못했던 중요한 힌트를 얻을 수도 있다.

고객의 질문사항 중 현장에서 답변할 수 있거나 부스 참여직원의 의사결정권의 제한으로 인해 차후 답변을 해야 하는 상황이 발생할 수 있다. 이는 행사 종료 후 반드시 회사로 돌아가 답변을 구한 다음 고객에게 전달해 주어야 한다. 충실한 답변 전달이 고객을 자사의 충성고객으로 만들 수 있는 중요한 요소가 될 것이다.

리드 작성을 할 때 고객과의 미팅시간이 충분하다면 여유를 가질 수 있지만, 동시에 수많은 고객이 방문코자 했을 때 미팅 시간관리는 중요하게 된다. 이때는 리드 기록을 신속하게 해야 하는데 우선 고객에 대한 상대적 중요도를 빠르게 파악해야 한다. 단순 참관객인지, 혹은 제품 구매의사에 깊은 관심이 있는지, 나아가 제품구매를 대량으로 결정할 수 있는 의사결정자 위치에 있는지를 분류할 수 있어야 한다. 그리고 설명은 강조하고 싶은 핵심단어 위주로 간결한 질문과 답변을 유도해야 한다.

REFERENCE 참고문헌

김용관(2007), 『기업과 전시회마케팅』, 백산출판사
한국전시산업인증회(2023), 「2023-2024인증전시회 디렉토리」
한국전시주최자협회(2021), 『국제전시기획론』, 한올출판사

UFI(https://www.ufi.org)
한국전시산업진흥회(https://akei.or.kr)

CHAPTER

9

컨벤션뷰로와 국제관광기구

Meeting

Incentive

Convention

Exhibition

CHAPTER 09 컨벤션뷰로와 국제관광기구

1. 컨벤션뷰로의 이해

1) 컨벤션뷰로(Convention and Visitor Bureau)의 개념

컨벤션뷰로는 특정 도시가 MICE와 관련된 행사를 유치하면서 필요한 업무와 정보를 제공해 주는 공공조직이라 할 수 있다. 대부분의 협회와 기업은 회의유치 등과 관련한 업무에 전문성이 부족하므로 컨벤션뷰로와 같은 조직에 컨설팅을 의뢰하는 경우가 많다. 컨벤션뷰로는 유치추진 절차에서부터 행사장 선정, 소요 예산 분석, 유치 제안서 작성, 현지 설명회 개최, 마케팅, 국제기구 임원을 대상으로 한 홍보 활동 등 포괄적인 업무를 지원해 준다.

최근에는 컨벤션뷰로가 전통적 업무인 회의 분야에서 벗어나 인센티브 투어, 전시회 및 이벤트 등 다양한 MICE 행사를 자신들의 도시로 유치하려고 노력하고 있다. 이를 위해서는 자신이 속한 도시가 MICE 개최에 필요한 인프라와 전문 인력 그리고 다양한 콘텐츠를 보유하고 있다는 도시홍보 마케팅을 펼쳐야 하는데, 이에 따라 컨벤션뷰로는 DMO의 성격을 띠고 있어야 한다. DMO는 Destination Marketing Organization의 약어로 국가나 도시의 관광청, 관광공사, 컨벤션뷰로 등 관련 전담 부서들을 총칭하는 용어로 사용되고 있다.

오늘날의 컨벤션뷰로는 1800년대 미국의 디트로이트시에서 시작되었다고 할 수 있다. 당시 디트로이트시는 발달한 교통망의 중심지였고 미국의 3대 자동차회사인 Ford, Chrysler,

GM의 본부가 위치하고 있었다. 이처럼 발달한 교통망과 기업본부의 소재는 다양한 회의가 필요하였고, 자연스레 회의를 기획하고 운영할 수 있는 주체를 필요로 하게 되었다. 이러한 배경이 디트로이트시에서 컨벤션뷰로가 탄생하게 된 배경이 되었다. 물론 일부 도시와 호텔에서는 관련 업계들이 공동으로 마케팅을 진행하였으나, 컨벤션뷰로의 설립은 그동안 단편적이고 개별적인 마케팅을 전문화하고 대형화시키게 되는 계기를 마련하였다. 이렇게 발생한 컨벤션뷰로는 초기에 기업 회의에 초점을 맞추면서 개별 관광객들을 마케팅 대상에서 제외하였다.

그러나 1970년대에 이르러 개별 관광객들이 관광시장에 기여하는 정도가 높아짐에 따라, 주력 시장에서 개별 관광객들을 다루기 시작하였고, 이에 따라 처음에는 Convention Bureau에서 시작한 것이 관광 홍보의 기능을 맡으면서, 관광객 유치가 중요해지자 이에 대한 초점을 맞추어 Convention and Visitor Bureau로 명칭을 바꾸게 되었다.

2) 컨벤션뷰로(Convention and Visitor Bureau)의 역할

컨벤션뷰로는 우선 비영리 조직으로 목적지를 홍보하고 관광산업을 발전시켜 지역 사회의 장기적인 경제개발에 힘쓴다는 목표를 갖고 있다. CVB는 관광이나 회의업에 종사하는 지역 사업체들의 협회로 구성되기도 한다. 방문객들에 대해서, CVB는 도시에 대한 핵심적인 정보 제공자이다. 브로커와는 달리 편파적이지 않은 공정한 정보를 제공하게 되며, 방문객들이 선호할 만한 역사적, 문화적, 오락적 장소들에 대한 정보를 제공함으로써 컨벤션이나 비즈니스 회의를 준비하는 자들에게 편의를 제공한다.

컨벤션뷰로가 본연의 역할을 얼마나 잘하느냐에 따라 회의를 준비하는 기획자의 시간과 노력을 절감할 수 있다. 선진 MICE 도시의 컨벤션뷰로는 업무 체계가 시스템화되어 있어 회의 기획가가 편하게 회의 준비를 할 수 있게끔 되어 있다. 구체적으로 보면 컨벤션뷰로는 회의를 시작하기 전에 회의 장소를 물색하고 이용가능한 숙박시설을 파악하며, 현장답사를 원활하게 진행할 수 있도록 기획가를 돕고 있다.

컨벤션뷰로는 또한 회의 진행 시 필요한 각종 첨단 회의 진행 장비, 케이터링 업체, 이벤트사, 운송업체 등 지역 내 서비스 제공업체들과 기획가를 업무적으로 연결함으로써 원활한 회의 진행을 위해 노력하고 있다. 컨벤션뷰로는 개최 예정 행사에 영향을 줄 수 있는 지역 법률이나 규정에 대해서도 자문한다.

여기서는 각종 세금, 유류 반입 규정, 관세 정보 등 행사유치와 진행에 있어서 발생할 수 있는 모든 상황에 대한 법적 문제에 대해 자문을 하게 된다. 특히, 개최하는 행사가 다른 지역으로부터의 물품 유입이나 환율 등 민감한 부분이 포함된다면, 회의 기획자들은 개최지의 지역경제 동향과 법률에 대해 사전에 파악해 두어야 하며, 컨벤션뷰로에서도 필요한 정보를 제공할 수 있도록 준비해야 한다.

컨벤션뷰로의 직원들은 지역 전문가로 구성되는 경우가 많다. 이들은 호텔, 레스토랑, 관광지, 컨벤션센터를 비롯해 많은 장소에 대한 정보를 제공하며, 회의 기획자들이 필요로 하는 장소를 추천해 준다. 회의의 목적에 맞는 적합한 장소를 물색하고 결정하는 것은 회의 성패를 결정짓는 매우 중요한 업무이다. 컨벤션뷰로의 역할을 크게 회의유치 활동과 행사 진행 그리고 사후관리로 나누어 아래와 같이 정리할 수 있다.

(1) 회의 유치를 위한 서비스 제공

컨벤션뷰로는 유치 활동 지원을 위하여 지역에서 제공되는 서비스와 시설들에 대한 객관적인 정보를 제공하기 위한 광대한 정보 데이터베이스를 구축하고 있으며, 이를 통해 장소 섭외와 회의 기획자들의 시간, 에너지, 예산을 절약할 수 있고 업무를 효율적으로 추진할 수 있도록 지원한다.

회의 기획자들을 위해서는 지역업체 간 네트워크를 구축 지원하고 적합한 서비스 제공이 이루어질 수 있게 하여 자유시간을 극대화하고 행사 후 관광프로그램, 배우자 프로그램, 저녁 이벤트 등의 진행을 지원한다.

호텔 예약 시 할인 혜택과 호텔과의 협상에서 발생하는 갈등을 조정하고 회의 개최 가능 시설에 대한 정보, 호텔의 이용 가능 여부, 컨벤션센터에 대한 시설 현황을 제공하고 지역 내 운송업체들에 대한 정보를 제공함으로써 회의 기획자가 셔틀 서비스, 지상, 항공운송을 통해 접근성을 파악할 수 있도록 지원한다. 그 외 지역 내 이벤트, 관광지, 레스토랑 등 관광 이벤트와 관련된 정보를 제공함으로써 프로그램 기획에 도움을 주고, 행사 기간 내 이용 가능한 객실 대상으로 블록 단위의 예약 진행 등 주최측의 현장답사와 사전답사를 지원함으로써 지역 내 MICE 유치 지원활동을 펼친다.

MICE 유치가 확정된 뒤 운영 단계에서는 사진, 슬라이드, 비디오 프레젠테이션과 같은 홍보 자료를 제공하면서 많은 참가자를 대상으로 홍보 활동을 지원한다. 회의 주최측의 요구에 따라 도시의 광장, 특화 거리 등을 행사 활용 목적으로 사용할 수 있도록 지역 정부와의 협조하에 도움을 제공하고, 회의 진행에 필요한 보조적인 수단과 온라인 등록, 사전등록 등을 지원한다.

지역 내에 행사가 개최될 때 전문 서비스를 제공하기 위해 지역 사회를 대상으로 서비스 교육, 언어 교육을 시행하며, 시설 안전수준 확보와 필요시 전문 회의 기획가(PCO)나 현지 운영대행사(DMC)를 추천한다.

행사가 끝나고 난 뒤 이루어지는 사후평가에서도 CVB는 부가적인 서비스를 제공한다. 행사 기간 동안 제반 시설 활용의 효율성을 확인하기 위해 CVB는 주최측과의 사후 인터뷰를 진행하고, 제공된 숙박시설에 대한 점유율, 참여율, 노쇼(No Show) 비용 등의 통계자료를 수집하여 차후 행사에서 활용한다. 컨벤션뷰로는 회의 기획가가 차기 행사가 개최될 도시의 CVB와의 관계를 형성할 수 있도록 지원하는 활동을 지속적으로 유지한다.

(2) 마케팅 기능

관광목적지 및 컨벤션 개최지로서의 마케팅을 위하여 컨벤션 세일즈를 담당하는 마케팅 부서가 CVB 조직 내에서 역할이 가장 크며, 각종 회의, 전시 등 컨벤션의 유치를 도모하고 관광객의 도시 방문에 관해 문의하는 모든 사항에 대한 정보를 제공하는 활동을 지원한다.

또한 도시 이미지 창출을 위하여 도시의 이미지를 개발하고, 관광 및 컨벤션 목적지로서 경쟁력을 갖게 하려면 해당 도시의 이미지를 개발하는 미디어를 활용한 홍보 활동을 지속하여 잠재 고객에게 우호적인 이미지를 전달하는 마케팅활동을 한다.

2. 주요 컨벤션뷰로 현황

1) 국내 컨벤션뷰로

MICE산업의 특성상 민관 합동의 다양한 지원 정책이 효과적으로 작용하게 되면서, 많은 지역에서 컨벤션뷰로를 설립하여 운영하고 있다. 서울관광마케팅 주식회사를 비롯해 지방에서는 부산관광컨벤션뷰로, 대구컨벤션뷰로, 제주컨벤션뷰로, 대전컨벤션뷰로, 광주관광컨벤션뷰로, 인천관광공사 그리고 경주컨벤션뷰로 등이 설립되어 전담 조직으로서의 역할을 수행하고 있다.

컨벤션뷰로는 활동을 통해 직접적으로 이익을 창출하는 것이 아니라, 지역업체를 통한 간접적인 이익 창출을 하는 경우가 많다. 국내에서는 「국제회의산업 육성에 관한 법률」의 제정 · 시행으로 컨벤션 산업을 정책적으로 지원할 수 있는 기반을 마련하고 있지만, 재정적으로 어려움을 겪고 있다. 그러므로 지역 사회의 이해도를 높여 민간 차원의 재원 조달 방안을 꾀하고 회원확보 및 수익 창출을 위한 다양한 노력을 펼쳐나가는 것이 주요 임무이다.

(1) Korea MICE Bureau

한국관광공사는 1979년 국제회의부를 설치하여 컨벤션 업무를 포함시킨 후, 2010년 초 Korea MICE Bureau로 개편하여 국제회의 유치 활동 및 국내 개최 국제회의 운영지원, 홍보 선전 활동 전개, 국제회의 정보 제공 및 전문인력양성 등 국제회의산업 육성 활동을 전개함으로써 국제회의 전담 부서로써의 역할을 하고 있다.

현재 MICE 기획팀, 컨벤션팀, 인센티브 전시팀, 국제행사팀 등 4개 팀으로 구성되어 있으며, 유치 가능한 국제회의 발굴, 원스톱 서비스 제공, 국내 개최 확정 단체에 대한 지원, MICE 정보 수집 및 제공, 국내 MICE산업 육성을 위한 정책적 지원을 맡고 있으며 주요 활동 사항은 아래와 같다.

- 유치가능 국제회의 발굴 : 국제회의 유치의향 조사, 국제기구 자료에 의한 유치가능 국제회의 조사, 유치 가능성이 높은 국내단체에 대한 세일즈콜 및 유치권유 활동, 유관 인사 방한 초청지원을 한다.
- 국제회의 유치에 대한 원스톱 서비스 제공 : 국제회의 유치절차 안내 및 자문, 유치전문 PCO를 활용한 유치 서비스 제공, 보조금 지원(국제기구 간부 사전답사, 기념품 등), 한국 홍보 간행물 및 영상물 제공, 한국홍보데스크 운영지원, 공사 해외지사망을 통한 유치활동을 지원한다.
- 국내 개최가 확정된 국제회의 주관단체에 대한 지원 : 당해연도 개최 지원, 국제회의 개최 관련 정보 제공 및 자문, 보조금 지원(관광프로그램 운영, 문화예술 공연 등), 한국홍보

간행물 및 영상물 제공, 한국홍보영상물 상영 및 관광 안내 데스크 운영지원, 참가자 유치증대를 위한 사전홍보, 공사 해외지사망을 통한 홍보, 보조금 지원(기념품 등), 한국 홍보 간행물 및 영상물을 제공한다.

- MICE 마케팅활동 : MICE 전문 전시회 참가 및 한국홍보관을 운영하고 관련 전문지 광고 게재 및 기사화에 노력한다. 해외 MICE 로드쇼 실시 및 세일즈콜을 실시하고 홍보 영상물과 각종 간행물을 제작 배포한다.
- K-컨벤션 육성 · 지원 : 국내에서 정기적으로 개최되며 국내 기관 또는 국내 소재 국제기구가 주최하는 글로벌화 가능한 국내 기반 국제회의 공모 선정, 육성 단계별(유망/우수/글로벌) 개최 및 해외홍보 보조금 지원, 전문 컨설팅, 행사 유형별 현장 모니터링, K-컨벤션 국내외 홍보 지원을 하고 있다.
- 국제이벤트 지원제도 운영 : 국제이벤트 유치, 해외홍보, 개최 지원, 국제이벤트 유치 및 해외홍보 선정 행사 대상 해외 활동 지원, 국제이벤트 개최 지원 선정 행사 대상 모니터링을 시행한다.
- 전시회 해외참가자 대상 관광상품 제공 : 전시회 해외참가자 대상 관광프로그램 개발 및 운영, 전시회 내 관광 컨시어지 데스크 운영, 전시회 해외참가자 실태조사 및 관광프로그램 만족도 조사를 시행한다.
- MICE산업 육성 기반 조성 : MICE 육성 중장기 전략 수립 및 정책대안 발굴, 한국MICE산업발전협의회(Korea MICE Alliance) 운영, 한국 대표 이색 회의 시설(코리아 유니크베뉴) 선정 및 육성 지원을 한다.
- 업계 스마트 MICE 활성화 지원 : 업계 디지털 전환 및 회의 기술 도입 지원을 통한 스마트 활성화, 시억 MICE산업 디지털 기반을 마련하고 있다.
- 지역 MICE 육성 지원 : 지역 MICE 유치개최 활성화 지원, 지역 MICE 발굴 및 육성 지원을 하고 있다.
- MICE 정보 수집 및 제공 : 한국 MICE 통합정보시스템(K-MICE 국 · 영문) 홈페이지 운영, MICE산업통계 및 참가자 조사 실시 및 제공, 국제회의 개최 실적 조사 실시 및 MICE 캘린더 제공, 국내외 MICE 시장동향 정보 제공, 국내외 MICE 전담 조직 및 전문시설 조사, 유관기관 관계자 대상 MICE 뉴스레터(국/영문)를 발송한다.

• 국제기구와의 협력 활동 : 국제관광기구 관련 회의유치 지원을 하고 MICE 관련 국제기구와 협력 활동을 하면서 국제기구 회의에 참석한다. PATA, UNWTO 등 국제관광기구와의 협력 활동, 개발도상국 관광 ODA, 국제기구(UIA, ICCA, GBTA) 회의에 참여하고 있다.[1)]

2) 해외 주요 국가 컨벤션뷰로

(1) 비엔나 컨벤션뷰로(Vienna Convention Bureau)

비엔나 컨벤션뷰로(Vienna Convention Bureau, 이하 VCB)는 비엔나 도시 활성화를 목표로 1969년에 설립되었다. 비엔나 관광청 산하의 한 부서로 시작된 초기와 달리, 현재 VCB는 ACB, Destinations international, ICCA, MPI, PCMA, UIA와 같은 선도적인 국내 및 국제회의 연합기관들의 일원으로서 그 활동 영역을 넓혀가고 있다.

VCB의 성장은 최근 국제회의 개최 실적의 빠른 성장에서 두드러진다. 2005~2012년간 ICCA 기준 세계 1위 국제 미팅 개최지였으며, 최근 기록에도 2018년 ICCA 2위, 2019년 UIA 도시별 랭킹 4위를 차지하는 등 국제회의 유치 부분에서 지속적으로 상위권에 있다. 이러한 성과는 VCB가 도시의 장기 성장 비전에 컨벤션 부문의 경쟁력 향상을 강조하고, 관련 특화 관광자원을 전략적이고 효율적으로 운영한 결과로 분석된다.

제4차 산업혁명에 따른 신기술의 활용 및 회의와 관광이 결합한 블레저(Bleisure: Business + Leisure)의 기능 강조 등 급변하는 현 글로벌 MICE산업 환경에서도 국제회의 유치 및 개최 경쟁에 성공적인 위치를 점하고 있는 VCB에 대한 사례연구는 한국 컨벤션 유치 경쟁력 강화 및 진화된 패러다임 정립에 활용될 것으로 기대된다.

비엔나 관광청은 'Tourism Strategy 2020'(관광전략 2020)이라는 장기적 발전 전략을 제시하고, Global, Smart, Premium이라는 세 가지 가치를 핵심 전략으로 수립하였다. 국제도시의 중심, 전통 및 고급문화의 보존뿐만 아니라 스마트 기술 및 지식기반 활동을 포용한 스마트 관광도시, 고급스러운 경험에 특화된 관광목적지로 포지셔닝하는 차별적 전략을 추진하고 있다.

1) 한국관광공사 k-mice 홈페이지(https://k-mice.visitkorea.or.kr)

VCB는 장기적이고 포괄적인 관광 발전 전략과 그 맥을 같이하는 가운데 특히 지속 가능성에 대해 강조하고 있다. VCB는 비엔나에서 개최되는 이벤트, 미팅, 컨벤션 등이 녹색 도시 보존 정책인 "오스트리아 에코 라벨(Österreichisches Umweltzeichen)"에 따라 녹색 모임(Green Meeting) 인증을 받도록 적극적으로 홍보하고 있다.

또한 컨벤션 및 회의 등 MICE 관련 행사의 원활한 운영을 돕기 위하여 주변 호텔 및 개최 지역에 주변의 관광자원에 대한 정보를 제공하며, VCB 홈페이지에 행사 관련 일정을 공지 및 안내하고, 비엔나 내 관광산업 관련 다양한 서비스 제공자들과 연결을 해주기도 한다. 개최행사의 운영 일반에 대한 정보와 홈페이지 구성 등에 관한 도움도 제공하고 있다.[2)]

(2) 독일 컨벤션뷰로(GCB: German Convention Bureau)

독일은 국제회의협회(ICCA) 통계상 국제회의 개최 실적 부문에서 미국에 이어 세계 2위를 차지하고 있다. 1973년 설립된 독일 컨벤션뷰로(GCB: German Convention Bureau)는 유럽 제1의 컨벤션 목적지인 독일의 지속 발전과 경험 및 아이디어 교류 증진을 조직의 목적으로 하며, 지속 가능한 세계적 컨벤션 목적지로서의 독일을 대표하고 컨벤션 산업 지원과 회원 및 파트너 마케팅 지원을 사명으로 하고 있다. 더불어 탁월한 인프라와 안정적이고 전문화된 파트너, 최첨단 기술 및 고품질 서비스 제공을 기반으로 세계 주요 무역박람회의 3분의 2가 개최되고 있는 MICE 목적지이다.

GCB는 국가 및 글로벌 차원에서 독일에서 행사를 계획하는 모든 고객에게 정보를 제공하고 있으며, 호텔, 컨벤션센터 및 목적지, 렌터카업체, 이벤트 대행사, MICE 서비스 제공업체 등 205개의 회원사로 구성된 네트워크를 가지고 있다. GCB는 지속적인 경쟁적 우위를 확보하고자 MICE 분야의 800년 역사에서 나온 경험의 노하우를 혁신적으로 활용하여 주최자나 MICE 시장 공급 업체 간의 소통을 주도하고, 동시에 MICE 계획 및 구성에 대한 조언과 지원을 위해 미래지향적 연구를 지속 수행하고 있다.

GCB는 전 세계 MICE산업 주최자들에게 맞춤형 솔루션을 제공하고, 독일 전역의 공연장, 회의센터 등의 베뉴 공급업체와 이벤트 대행사 및 마케팅 조직에 대한 접근을 지원한

2) 한국관광공사 k-mice 홈페이지(https://k-mice.visitkorea.or.kr)

다. 그뿐만 아니라, 독일 내 MICE산업 이해관계자들과의 네트워크 형성을 위해 폭넓은 지원체계를 운영한다. 첫째, 호텔 50개, 컨벤션 개최 장소 47개, 도시/컨벤션뷰로 32개, PCO/이벤트업체 18개, 기타 10개, 호텔 체인 5개 등 200여 개의 업계 회원사, 둘째, 파트너로서 미디어와 사업 상대, 셋째, 전략적 협의체로 과학단체, 협회 및 기타, 마지막으로, 고객에 해당하는 기업, 협회 및 관련기관과 일반 소비자로 세분되어 있다. 특히 전략 파트너로서 도이치 루프트한자(Deutsche Lufthansa, 항공사), 도이치 반(Deutsche Bahn, 철도), 그리고 독일국가관광위원회(DZT)가 있으며, 2014년부터 '유럽 컨벤션뷰로의 전략적 제휴' 아래 28명의 유럽 지역 뷰로 대표단이 구성되어 있다.

GCB는 독일 전 지역에 다양한 MICE 대안을 제공하고자 컨벤션 주최자와 기획가의 창의적 기획에 도움이 될 수 있도록 주요 MICE 우수사례를 통한 관련 산업의 지식 전달 역할을 담당하고 있다. 독일 MICE산업에 대한 인프라, 접근성 및 비용 대비의 가치와 함께 의학 및 건강(의료 기술 및 건강 경제 분야), 물류 및 운송(자동차, 운송 시스템, 항공 우주 분야), 화학 및 제약(생명 과학 및 생명 공학, 유전 공학, 생화학 및 신소재 분야), 기술과 혁신(기계 공학 관련 정보통신 기술, 광학 기술, 전기 공학 및 마이크로 전자 공학 및 나노 기술 분야), 에너지 및 환경, 금융서비스의 6가지 주요 산업 분야의 전문 지식이 통합되어 개최되는 행사가 지역 산업 허브의 역할을 하도록 계획하고, 관련 정보의 지속 생산과 동시에 사례를 개발함으로써 산업 관련 전문 지식을 공유하는 중개적 역할을 수행하고 있다.

지속적으로 글로벌 경쟁 우위를 유지하기 위해, GCB는 MICE산업 모니터링을 포함하여 유럽 최대의 연구기관과 협력 체계하에 관련 분야 연구 및 프로젝트를 주도하고 있다. 이는 독일 MICE산업 현황 및 동향을 분석하고, 미래 글로벌 트렌드를 반영하여 통합적 시사점을 도출함으로써 실무적 측면에서 전략 및 방향 수립에 기초적 자료를 제공하고 있다.[3)]

3) 싱가포르 전시 & 컨벤션 사무국(Singapore Exhibition & Convention Bureau, SECB)

싱가포르 관광청(Singapore Tourism Board, STB) 산하 기관으로, 싱가포르를 세계적인 비즈니스 이벤트 목적지로 발전시키는 데 중추적인 역할을 수행하고 있다. 비즈니스 이벤트의 수호자로서 SECB는 싱가포르가 역동적인 비즈니스 이벤트 목적지로 인지도를 쌓도록 성장,

3) 글로벌 MICE 인사이트 홈페이지(https://miceinsight.co.kr)

육성, 강화하고, 기억에 남는 고품질의 이벤트를 개최할 수 있도록 광범위한 인적, 기술적 네트워크와 아이디어를 활용한다. 비즈니스 경험을 설계하는 디자이너로서 SECB는 비즈니스 대표들에게 특별한 경험을 제공하기 위해 전문 담당자와 파트너들은 이벤트가 원활하고 효율적으로 개최되도록 업계 파트너들에게 지원을 제공한다. 글로벌 마케터로서 SECB는 싱가포르를 최고의 비즈니스 및 MICE 목적지로 홍보하는 데 중요한 역할을 하고 있다. 또한, 마케팅 및 홍보를 지원하여 고객이 싱가포르와 해외에서 타깃 고객에게 접근할 수 있도록 한다.

SECB는 40년 이상의 경험을 바탕으로 전 세계 이벤트 전문가, 회의 기획자, 인센티브 조직자들이 싱가포르에서 성공적인 행사를 계획하고 실행할 수 있도록 지원하고 있다. 또한, 싱가포르 관광청(STB)은 회의, 인센티브, 컨벤션 및 전시회(MICE) 산업 내 지속 가능성을 향상하기 위한 여러 계획을 도입하였다. 싱가포르는 국제회의 컨벤션협회(ICCA)에서 선정한 아시아 최고 컨벤션 도시에 꾸준하게 이름을 올리며, 비즈니스 이벤트 부문의 글로벌 리더로 자리매김하고 있다.[4)]

4) 홍콩 관광청(Hong Kong Tourism Board)

2001년에 설립된 정부 주도기관으로 HKTB는 1957년에 설립된 홍콩관광협회(HKTA)로부터 새롭게 구성되었다. 전 세계 6개 시장에 15개의 지사와 대표 사무소가 있으며, 관광 분야에서 홍콩 커뮤니티에 미치는 사회적, 경제적 기여를 극대화하고, 정부, 여행 업계 및 기타 파트너와 협력하여 홍콩을 전 세계적으로 마케팅하고 홍보하여 홍콩의 브랜드 강점을 전 세계의 여행 업계, 미디어, 소비자에게 알리기 위해 다양한 채널을 활용하여 포괄적인 캠페인과 대규모 이벤트의 연중 프로그램을 기획하고 있다. 이러한 HKTB의 활동은 방문객의 경험을 풍부하게 하고 여행 관련 업계의 비즈니스 기회를 창출하는 데 기여하고 있다.[5)]

4) 싱가포르전시컨벤션사무국(SECB) 홈페이지(https://www.visitsingapore.com)
5) 홍콩관광진흥청(HKTB) 홈페이지(https://www.discoverhongkong.com)

3. 국제 관광 기구

1) 국제 컨벤션뷰로의 탄생과 변천사

컨벤션뷰로와 관련된 조직은 1915년 미국의 세인트루인스에서 미국 내 28개 지역의 컨벤션 담당자들의 모임(The Association of Convention Secretaries)으로 시작되었다. 이들은 각자의 지역에 대한 정확한 정보를 공유하고, 전문적인 컨벤션 경영기술을 공유하며, 객관적인 컨벤션 경영관리기법을 개발하는 데 초점을 두었다. 그 후 1919년에는 미국뿐만 아니라 세계 각국의 컨벤션뷰로가 회원국으로 가입하게 되면서 명칭을 International Association of Convention Bureaus(IACB)로 바꾸게 되었다.

차후, 컨벤션뷰로가 단순한 컨벤션 판매뿐만 아니라 관광객 유치에도 초점을 맞추어 뷰로의 명칭에 Visitor가 삽입되는 경향을 보이자, 1974년에는 협회의 이름을 International Association of Convention and Visitors Bureau(IACVB)로 바꾸었다. 이는 급증하는 관광객들을 유치하는 것의 중요성을 반영하는 맥락에서 이루어졌다고 할 수 있다.

MICE산업이 발전하면서 컨벤션뿐만 아니라 인센티브 투어, 전시회 등 여러 사업이 발전함에 따라 이런 행사를 유치하기 위해 자신들의 도시들을 홍보하는 데 집중하였다. 각 지역의 컨벤션뷰로는 회의 수요층을 방문하여 도시를 홍보하는 적극적인 노력을 펼쳤고, 이는 컨벤션뷰로가 단순한 컨벤션 지원기능뿐만 아니라 도시홍보를 위한 전담 기구로 자리 잡는 데 일조하게 되었다. 이에 2005년 8월, 이러한 추세를 반영하여 협회는 명칭을 DMAI(Destination Marketing Association International)로 바꾸게 되었다.

DMAI는 지속적으로 회의산업의 서비스 품질과 범위를 증진하는 것에 목적을 두고 있으며, 이를 위해 각 지역의 도시 마케팅 전담기구, CVB를 대상으로 전문 교육 프로그램, 인증 프로그램을 운영하고 있다. 특히, CVB 종사원 자격증 프로그램(CDME, Certified Destionation Management Executive)을 통해 기본적인 기획력, 마케팅 능력을 검증하고 있으며, 이를 통해 각 도시에서 전문적인 회의컨벤션 서비스를 제공하였으며 현재는 DI(Destinations International)로 명칭을 변경하였다.

DI는 CVB 회원으로부터 얻은 정보들을 포털 홈페이지에 소개하고 회의 기획가는 DI 홈페이지를 통해 개최지를 검색하고 도시를 선택하며, 선택한 도시에 E-mail로 직접 RFP/입찰 제안서를 보낼 수 있다. 또한 홈페이지는 전 세계 여행지의 공식 관광청 홈페이지에 링크되어 있어 회의 기획가들이 중요 정보를 쉽게 접할 수 있도록 구축해 놓고 있다. 2023년 DI의 연례보고서에 따르면 회원사가 총 727개사를 넘으며, 홈페이지 가입자 수가 414,236명에 달하고 있다. DI는 미래에 초점을 맞춘 혁신적인 업무 방식을 추구하고 새로운 도구와 자원을 개발하고 있다.[6)]

2) 국제협회연합(UIA, Union of International Associations)

1907년에 설립된 국제기구로서 매년 5~6월 중에 전 세계 국가/도시별 국제회의 개최 실적을 집계하여 순위를 발표하고 있다. 20세기 초부터 세계 시민 사회를 지지해 온 국제 연맹으로 비영리적인 독립된 연구기관으로서 간행물 출간 및 네트워킹 활동을 통해 국제협력, 평화, 안보 및 지속 가능성을 증진하는 노력을 지속하고 있다. UIA의 글로벌 시민사회 데이터베이스(Global Civil Society database)는 지속적으로 업데이트되고 확장되고 있으며 다양한 출판

국제협회연합(UIA) 개요

구분	내용
명칭	Union of International Associations
홈페이지	www.uia.org
기관 성격	비영리기구
설립연도/본부	1907년, 벨기에 브뤼셀
회원사 현황	세계 약 68개(한국회원 공사 포함 8개) 기관
가입 국제기구 현황	76,911개 기관
설립목적	국제기관 및 협회 간 정보교류와 발전을 목적으로 창설
주요 사업	• 전 세계 국제회의 실적 집계 및 통계보고서 발간 • 세계 정부 · 민간단체, 국제기구 자료 수집 및 발간 • 국제협회의 법적 신분 상승을 위한 진흥 활동 • 연례총회 개최
기준	Year Book에 나열된 하나 이상의 국제기구가 주최하거나 후원하는 모든 회의 또는 아직 연감에 등재되지 않았지만, 등재될 자격이 있는 기구가 주최하는 회의 ※ 다만, Year Book에 'Autonomous conference series' 카테고리를 생성하여 공시적인 주최 협회 없이도 진행되는 회의도 개최 실적 인정 기준에 부합한다면 포함

출처 : 2023년 국제회의 개최 실적 조사, KTO

6) DI 홈페이지(https://destinationsinternational.org)

물을 통해 정보를 제공하고 있다. UIA가 발행한 국제기구 연감은 정부 간 및 국제 비정부 기구를 포함하여 300개 국가 및 영토의 42,000개 이상의 활동 기관에 대한 자세한 정보를 제공하고 있다.7)

3) 국제컨벤션협회(ICCA, International Congress & Convention Association)

국제컨벤션협회(ICCA)는 암스테르담에 본부를 두고 있다. 국제회의 시장에서의 임무를 중점으로 하고 있으며, 80여 개국을 대상으로 750개 공급업체와 네트워크를 구성하고 있다. 회원사에는 CVB, DMC, 국제회의 기획사, 항공, 호텔 등 관련 산업 업체들이 포함되어 있다. 이들 단체는 공급업체 네트워크를 형성하면서 개최지 정보, 회의 개최지 선택, 기술적 조언, 전반적 컨벤션 계획과 같은 회의 개최부터 진행에 이르는 전문적 지식을 제공하고 있다.

국제컨벤션협회(ICCA) 개요

구분	내용
명칭	International Congress and Convention Association
홈페이지	www.iccaworld.com
기관 성격	협회
설립연도/본부	1963년, 네덜란드 암스테르담
회원사 현황	990개(한국회원 공사 포함 30개) 기관
가입 국제기구 현황	12,086개 기관
설립목적	회원사 간 정보 교류 확대를 통한 국제회의 및 비즈니스 기회 확대, 세계적인 주요 회의 기록 관리 목적으로 운영
주요 사업	• 회원사 간 비즈니스 기회 및 정보 교류 확대 • 회원사 대상 워크숍 및 세미나 개최 • 세계적인 주요 회의 정보 기록 관리, 정기간행물 발간 • 연례총회 개최
기준	• 협회에서 주최 • 정기적으로 개최 • 참가자 50명 이상 유치 • 3개국 이상을 순회하는 회의 • 온라인 행사 제외

출처 : 2023년 국제회의 개최 실적 조사, KTO

7) 국제협회연합(UIA) 홈페이지(https://uia.org)

지역적인 차원에서도 관련기관의 네트워크가 구축되어 운영되고 있다. 아태관광기구(PATA: Pacific Asia's Travel Association)는 아시아·태평양 지역 관광산업의 발전을 위해 회원국의 정보 교류를 지원하고 있으며, MPI는 국제회의 관련 교육 프로그램 및 조사연구와 관련된 서비스를 관련 단체에 제공하고 있다. 국제박람회연맹(UFI)은 회원이 운영하는 무역박람회 개최를 조정하면서 성공적인 박람회 개최를 지원하고 있다.[8)]

4) 전문컨벤션관리협회(PCMA, Professional Convention Management Association)

미국의 대표적인 컨벤션뷰로인 전 세계 목적지 마케팅 및 관리 조직을 지원하는 협회로 컨벤션뷰로의 역량을 강화하는 DI(Destinations International) 외에 미국의 관광산업을 대표하는 미국여행업협회(U.S. Travel Association), 회의 및 이벤트 산업 전문가들의 글로벌 네트워크로 교육활동과 연구 활동을 지원하는 전문컨벤션관리협회(Professional Convention Management Association)가 있다.

PCMA는 미국 일리노이주 시카고에 본부가 있으며 1957년에 설립되어 1985년부터 PCMA 재단은 장학금 제공, 연구 자금 지원, 필수 리소스 제공을 통해 비즈니스 이벤트 산업을 발전시키는 데 전념해 왔다. PCMA는 공동 모금 활동을 통해 2,900개 이상의 장학금을 수여하고 매년 100만 달러 이상을 글로벌 비즈니스 이벤트 산업을 발전시키는 이니셔티브 프로그램에 기부했으며 세계 최대의 비즈니스 이벤트 조직을 목표로 네트워킹과 글로벌 비즈니스 이벤트 산업을 통해서 사회적, 경제적 발전을 촉진하고 있다. 주요 활동으로는 'PCMA Convening Leaders' 이벤트를 매년 개최하여 이벤트 사업의 실무교육을 제공한다. 또한, 회의산업의 트렌드, 기술 혁신, 참가자 행동에 관한 연구를 진행하여 새로운 회의, 이벤트 산업 분야 전략 및 도구를 개발하고 정기 간행물을 통해서 정보를 공유하고 회원 간에 글로벌 네트워킹 형성을 지원하여 협력 및 비즈니스 기회를 창출하기 위한 이벤트를 주최한다.[9)]

8) 국제컨벤션협회(ICCA) 홈페이지(https://www.iccaworld.org)
9) 전문컨벤션관리협회(PCMA) 홈페이지(https://www.pcma.org)

5) 국제연합 및 규제 기구

컨벤션뷰로 국제연합 및 규제 기구는 MICE산업의 글로벌 경쟁력을 강화하고 회의 주최자, 목적지, 회의 참가 규모, 개최 시기 등을 분석 연구하여 정보를 제공하기 위한 보고서를 발간하고 MICE 시장의 최신 정보를 제공한다. MICE산업 관련 교육 프로그램과 워크숍을 운영하여 회원의 역량을 강화하고 국제표준과 가이드 라인을 제시하여 회원들이 효율적이고 전문적인 회의를 운영할 수 있도록 지원한다.

컨벤션뷰로 국제연합 및 규제 기구

기관명	역할
AACVB (Asian Convention and Visitor Bureau) 아시아 컨벤션뷰로 연합을 구성하기 위해 필리핀, 홍콩, 인도네시아, 한국, 말레이시아, 태국, 싱가포르를 창단 멤버로 1983년 설립. 인센티브 여행, 컨벤션 및 전시회를 위해 아시아를 홍보함	베스트시티글로벌얼라이언스 (BestCities Global Alliances) 11개 컨벤션 사무국으로 구성된 네트워크로 국제회의 기획자에게 세계 최고 실무 서비스 경험을 제공, 전문적인 지식과 기술 제공의 약속을 의미함. 베를린, 보고타, 케이프타운, 코펜하겐, 두바이, 에든버러, 휴스턴, 멜버른, 싱가포르, 도쿄, 밴쿠버가 회원사임
PCMA (Professional Convention Management Association) 미국, 캐나다, 멕시코 등에 17개의 지부가 있음. 약 6,000명의 회원은 회의 기획자(54%), 공급자, 교수진 및 학생(46%)으로 구성. 우수하고 혁신적인 교육을 제공하고 전문 컨벤션 관리의 가치를 홍보함	IAEE (International Association of Exhibitions and Events™) 1928년 설립. 리더십, 서비스, 교육 및 강력한 관계를 통해 회원들에게 품질과 가치를 제공함. 이벤트 기획사, 전시업체 및 전시회 공급업체로 구성된 세계 최대의 전시회 및 이벤트 산업 협회로 전 세계 2만 개 이상 회원사 보유

기관명	역할
ICCA (International Congress and Convention Association) 국제 협회 회의 산업 관련 글로벌 커뮤니티이자 지식 허브, 국제 회의 및 이벤트의 기획, 운송, 공급 관련 주요 전문가를 대표함. 회원사는 전 세계 90여 개국에 1,000개 이상의 기업 및 조직을 두고 있음. 데이터, 커뮤니케이션 채널 및 비즈니스 개발 기회를 제공하는 국제 협회 회의 부문에 특화된 조직임	GAHP (Global Association Hubs Partnership) 2015년 10월 글로벌 어소시에이션 허브 파트너십(Global Association Hubs Partnership, GAHP)으로 출범. 4개 파트너 도시 두바이 어소시에이션 센터(Dubai Association Centre), 데스티네이션 DC(Destination DC), 브뤼셀 관광청(Visit Brussels)이 각 도시를 지역 거점으로 활용. GAHP는 시너지 있는 관계를 구축하고 협회를 각 지역사회와 연결
UFI (The Global Association of the Exhibition Industry) 세계 산업 박람회 주최자, 전시 센터 운영자, 주요 국내외 전시 협회, 전시 산업이 선별된 파트너로 구성된 선도적인 글로벌 협회다. 주요 목표는 회원들과 전시 산업의 사업적 이익을 위해 대변, 홍보, 지원. 회원 조직 전 세계 85개국 690개 이상, 900개 이상의 국제 산업 박람회가 방문객과 전시업체 모두에게 품질을 보증하는 UFI 승인 라벨을 보유하고 있음	UIA (Union of International Associations) 독립적인 연구 기관으로 국제 비정부 기구(INGO) 및 정부간 기구(IGO)를 포함한 국제 협회의 현재 및 과거 활동 정보를 보관하며, 이러한 조직의 국제성에 대한 대중의 인식을 제고하고 국제 기구의 집단적 견해를 대변하는 역할을 한다. 세계 시민 사회에 대한 신뢰할 수 있는 최신 정보 수집, 관리, 제공, 국제 협회와 이들의 활동, 관심사, 회의 활동에 대한 가장 포괄적인 정보원을 유지 관리함

출처 : 싱가포르전시컨벤션사무국(SECB) 홈페이지(https://www.visitsingapore.com)

참고문헌 REFERENCE

국제컨벤션협회(ICCA)(https://www.iccaworld.org)
국제협회연합(UIA)(https://uia.org)
싱가포르전시컨벤션사무국(SECB)(https://www.visitsingapore.com)
전문컨벤션관리협회(PCMA)(https://www.pcma.org)
한국관광공사 k-mice(https://k-mice.visitkorea.or.kr)
홍콩관광진흥청(HKTB)(https://www.discoverhongkong.com)
Destinations International(https://destinationsinternational.org)
GMI(https://miceinsight.co.kr)

CHAPTER

10

현지운영대행사(DMC)

Meeting

Incentive

Convention

Exhibition

CHAPTER

10 현지운영대행사(DMC)

1. 현지운영대행사(Destination Management Company)

성공적인 MICE 행사를 개최하기 위해서는 계획을 잘 세우는 것도 중요하지만, 그만큼 행사가 개최되는 지역에 대한 이해와 지식도 갖추고 있어야 한다. MICE 기획가는 지역이 선정되면 해당 지역에 대한 정보를 수집해야 한다. 개최지에 대한 일반적인 지식뿐만 아니라 법률과 규정, 산업 구조, 관광자원의 분포, 대표적인 시설에 대한 수용 능력에 대한 정보는 성공적으로 행사를 치르기 위해 필수적으로 파악해야 한다.

이러한 특징은 특히 인센티브 투어에서 잘 나타나는데 투어 기획가가 참가자들에게 더 큰 만족을 제공하기 위해 이색적인 관광지 등 지역 정보수집에 나서게 된다. 현지운영대행사인 DMC는 고객에게 필요한 정보를 제공하게 되며, 기획가들이 필요로 하는 시설과 서비스에 적합한 업체들을 연결하는 중개자로서 중요한 기능을 수행한다.

일반적으로 회의 관리, 호텔, 컨벤션센터, 컨벤션 사무국, 항공사 등 각 부분은 주최측과 서비스 제공자라는 관계 속에서 산업 내 일부분으로 이해되고 있으나, DMC는 적합한 시설에 대한 정보제공과 함께 이들의 커뮤니케이션을 돕는 매개체적인 역할을 함으로써 보다 성공적인 MICE행사 진행을 위해 노력하고 있다.

기획가들은 자신들이 직접 정보를 수집하기도 하지만, 더욱더 정확하고 전문적인 정보를 얻기 위해 DMC를 고용하는 경우가 많다. DMC는 행사 개최지역에 대한 풍부한 지식과 경험, 네트워크를 바탕으로 주최측이 필요한 자원을 제공하며, 지역 내 항공사, 호텔, 휴양지 등과 제휴하여 기획가들에게 필요한 맞춤형 서비스를 지원한다. 이러한 협력관계를 통해 DMC는 MICE 행사의 성공을 위한 필수적인 파트너로 자리 잡고 있다.

DMC의 서비스는 MICE 행사의 목표에 가장 적합하고, 참가자들을 만족시킬 수 있는 업체를 추천할 능력이 되는지에 초점이 맞추어져 있다. 주최측과의 만남이 이루어지고 난 후, 행사의 성격과 요구사항에 대한 파악이 이루어지면, 자신들이 갖고 있는 지역시설에 관한 정보를 검색해 행사와 가장 적합하다고 판단되는 업체를 선정하고 해당 업체로부터 최상의 서비스를 이끌어낼 수 있도록 노력한다.

회의 기획가들은 DMC가 주어진 제한된 예산범위 내에서 최대한의 성과를 창출할 수 있는 프로그램을 구성해 주기를 기대한다. 그러나 DMC 입장에서는 예산이 지나치게 제한적일 경우, 주최측의 기대를 충족시키는 수준의 프로그램을 제공하기 어렵다. 이러한 상황은 행사의 전체적인 질적 저하로 이어질 수 있다. 따라서 협력 초기 단계부터 DMC와 주최측은 적절한 예산과 시간 계획을 상호 협의하여 설정해야 하며, 이를 통해 원활한 협력과 행사의 성공적인 진행을 보장할 수 있다.

DMC는 다양한 업무를 소화해야 하는데, 그중에서도 운송업무는 일반적으로 모든 DMC들이 제공하는 핵심적인 서비스로 자리 잡고 있다. 운송 업무에는 행사장과 숙소 간의 셔틀 운영뿐 아니라, 공항에서 숙소까지의 의전 서비스와 수하물 관리까지 포함한다. 호텔의 경우 자체적으로 셔틀 서비스를 운영하는 경우도 있으나, DMC가 이를 설계하고 관리할 때 더욱 체계적이고 전문적인 서비스를 제공할 수 있다. 참가자 수의 변동성과 정확한 시간 관리를 요구하는 운송 업무의 특성상, DMC의 전문성과 유연성이 더욱 중요해지고 있다.

항공 운송 서비스는 의전(환영) 서비스와 수하물 관리가 핵심으로, 도착 승객 명단의 관리가 중요한 역할을 한다. DMC 직원이 준비한 환영 사인과 후원 회사 측의 환영 활동은 참가자들에게 첫인상을 제공하며, 행사 전체의 만족도를 높이는 데 기여한다. 이 과정에서 발생할 수 있는 정보 누락이나 기타 문제 가능성을 염두에 두고 DMC는 이에 대한 대비책까지 계획해야 한다. 그러므로 DMC와 항공사, 운송장비 공급자, 공항 영접지원 간의 부단한 커뮤니케이션이 필요하다.

기획가와의 미팅 이후, 행사에 적합한 업체와 프로그램을 확정짓게 되면, DMC는 이를 정리하여 세부적인 제안서를 준비하게 된다. 제안서는 기획자가 제안한 예산범위 내에서 제시 조건들을 충족하는 내용으로 구성되며, 주최측이 요구하는 사항을 예산범위 내에서 품질 관리를 하면서 충분히 수용할 수 있는지 객관적인 시각에서 다시 검토되어야 한다.

호텔, 휴양지, 컨벤션센터나 다른 관광자원들의 경우 이용자들을 만족시키고 편의를 제공하기 위해 대규모 자본을 투자하여 개발을 진행하게 된다. 하지만 DMC의 경우 광범위한 자본투자를 요하지 않으며 시설의 개발보다, 지역 내 핵심시설과의 교통접근성에 중점을 두어 지역정보를 지속적으로 업그레이드할 수 있는 데 초점을 둔다.

DMC의 조직구조는 컨벤션뷰로나 다른 관련 기업과는 달리 정형적인 틀을 갖추고 있는 것은 아니며, 부서가 세분화되어 있지 않고 영업, 운영, 관리에 초점이 맞추어져 있다는 것이 특징이다. 지역에 따라 분점을 설립하여 운영하는 경우가 많다. 업무직원과 관련해서는 기획사에서 직접 직원을 행사 현지에 파견하는 경우도 있지만 그보다는 DMC에 직원 파견을 의뢰하는 것이 현실적으로 더 효율성이 있는 경우가 많다.

사실, MICE 개최지에서 이루어지는 다양한 서비스 프로그램은 대부분 행사기간에만 고용이 이루어지는 임시직인 경우가 많기 때문에 현지 정보를 가장 잘 알고 있는 DMC에 업무를 의뢰하는 경우가 많은 것이다. 현지고용은 대부분 현장진행요원으로 활용되는 경우가 많은데, 단기 고용직이라 하더라도 숙련된 업무를 필요로 하는 경우도 많다. 따라서 기획사 입장에서는 DMC가 현지 인력을 고용한다 하더라도 현장진행요원에 대한 사전교육은 책임을 갖고 진행해 나가는 것이 바람직하다.

2. DMC의 자원 확보

DMC는 '지역전문가'로서 일반적인 사람들이 알지 못하는 지역의 세세한 정보까지 파악하고 있다. DMC를 찾는 기획가들은 일반적으로 접할 수 있는 정보뿐만 아니라 이런 세밀한 정보까지 활용해 완벽에 가까운 프로그램을 기획하기 바라므로, DMC는 기획가의 요구에 맞추어 충분한 정보를 제공해야 한다. 성공적인 DMC는 지역 내 다양한 인적 · 물적 자원들을 확보하여 운영하게 되며, DMC의 대표적인 자원들은 다음과 같다.

1) 포트폴리오

DMC는 MICE 기획가들과의 미팅 자리에서 자신들이 제공해 온 서비스와 행사에 적용 가능한 프로그램을 포트폴리오 형식으로 제시한다. 이를 통해 기획가들이 DMC의 역량과 전문성을 직접 확인할 수 있도록 각 행사에 적합한 서비스를 구체적으로 제안한다. 운송과 같은 기본적인 지원서비스는 지역에 상관없이 공통적으로 제공되는 경우가 많다. 셔틀 서비스, 공항 환영, 수하물 관리 등은 대부분의 DMC가 제공하는 표준화된 서비스이다. 그러나 테마파티, 팀빌딩, 야외 관광과 같은 엔터테인먼트 요소는 DMC가 가진 지역적 특성과 창의성을 발휘할 수 있는 분야로, 타 지역과의 차별화를 통해 독창적인 프로그램을 제공할 수 있다. 특히, 테마파티는 지역의 문화와 전통을 반영하거나 독특한 콘셉트를 활용하여 참가자들에게 잊지 못할 경험을 선사할 수 있다. 팀빌딩 프로그램은 행사 목적과 참가자들의 성향에 맞춰 설계되며, 야외 관광은 지역의 자연환경과 관광자원을 최대한 활용해 참가자들의 흥미와 만족도를 높이는 데 중점을 둔다.

2) 브랜드 가치

DMC는 MICE 기획가 및 주최측과 지역 업체를 연결해 주는 중요한 매개체 역할을 한다. DMC가 제공하는 능력이 무형적인 서비스임을 감안하였을 때, DMC에 대한 이미지 및 브랜드에 대한 평판은 기획가와의 협상에 있어 절대적인 위치를 차지한다. DMC의 역량과 신뢰도를 바탕으로 행사의 성공 가능성을 판단하며 DMC와의 협력 여부를 결정한다. DMC의 평판은 단순히 서비스 제공 여부를 넘어, 행사를 성공적으로 이끌 수 있는 능력과 주최측의 기대를 충족시키는 데 얼마나 기여할 수 있는지를 평가하는 척도가 된다. 이는 궁극적으로 DMC를 통한 수익 창출과 행사 성공 여부를 보장받을 수 있는 관건이 되며, 주최측과 기획가의 신뢰를 구축하는 데 중요한 역할을 한다. 따라서 DMC는 전문성과 신뢰를 기반으로 이미지와 브랜드 가치를 지속적으로 관리해야 하며, 이를 통해 기획가와 주최측이 성공적인 행사 진행을 위한 파트너로 선택하도록 만들어야 한다.

3) 행사 경험

기획가가 DMC를 찾는 가장 중요한 이유는 MICE산업 내에서의 풍부한 경험과 전문 지식을 보유하고 있기 때문이다. DMC는 지역에 대한 깊은 이해와 축적된 정보를 바탕으로, 기획가가 단독으로 접근하기 어려운 전문적이고 세부적인 지원을 제공할 수 있다. 비록 DMC가 다른 분야에 비해 규모 면에서 영세할 수 있지만, 정보의 질과 수준은 차별화된 경쟁력을 제공한다. 행사 경험이 풍부한 DMC는 기획가와 주최측으로부터 높은 신뢰를 얻을 가능성이 크다. 이러한 신뢰는 성공적인 행사 운영의 기반이 되며, 주최측과의 협력관계를 강화하는 데 중요한 역할을 한다. 따라서 DMC는 기획가의 기대를 충족시키기 위해 행사 경험을 바탕으로 전문성을 지속적으로 개발하고, 다양한 요구사항에 대비할 준비가 필요하다.

4) 지역업체와의 네트워크

DMC가 지역업체와의 관계를 어떻게 유지하고 관리하느냐는 제공되는 서비스의 내용과 품질에 직접적인 영향을 미친다. 훌륭한 공급업체와의 긴밀한 관계 형성은 질 높은 서비스를 제공받을 수 있기 때문에 DMC가 양질의 네트워크를 얼마나 구축해 놓았는지가 중요한 관건이 된다. DMC가 구축한 양질의 네트워크는 행사 준비과정에서 기획가와 주최측의 신뢰를 얻는 데 중요한 역할을 한다. 지역 공급업체와의 협력관계를 바탕으로 DMC는 기획사에 행사목표에 적합한 시설과 서비스를 제안할 수 있으며, 문제 발생 시 신속하고 유연한 대처가 가능하다. 특히, DMC가 기획사와 협상할 때 지역 공급업체와의 우수한 네트워크를 명확히 제시할 수 있다면, 이는 협상에서 유리한 조건으로 계약을 체결할 수 있을 것이다.

3. DMC의 업무진행절차

DMC가 성공적으로 자리 잡기 위해서는 끊임없이 다른 지역과 차별화된 프로그램을 개발하기 위해 노력해야 한다. DMC가 지역사회 내의 여러 자원들을 관리하고 서비스를 제공한다고 해서, 모든 사업부문에 해당되는 서비스를 제공하는 것은 아니다. 따라서 선택과 집중 전략에 따라 고객이 가장 선호할 만한 영역에 집중적으로 서비스를 제공할 수 있도록 집중해야 한다. MICE행사와 관련된 부분이 주된 활동영역이 되겠지만, 때로는 소수 개별 고객을 전문적으로 상대하는 DMC도 존재한다.

이처럼 DMC가 특화된 서비스를 제공하려면 우선 시장분석을 통해 시장세분화를 해야 한다. 자신의 지역 및 네트워크 구성상태를 면밀히 분석해서 MICE행사 중 국제회의, 전시회, 박람회, 인센티브 투어, 이벤트 행사 등 어떤 서비스가 가장 자신있게 서비스를 제공할 수 있는지 파악해야 하는 것이다. 도시형 MICE 목적지에서는 회의와 문화예술 관련 콘텐츠 확보에 주력할 수 있고 리조트형 중심의 MICE 행사는 인센티브 투어와 같은 행사에 집중하는 것이 바람직할 것이다. 이와 같은 DMC 업무진행 방식은 매우 복잡하고 불확실성이 크기 때문에 처음부터 체계적으로 업무를 진행해야 사후 문제발생 여지를 줄여나갈 수 있다. 다음은 DMC의 보편적인 업무수행 절차이다.

• 업무 절차

잠재고객의 발굴	해외 박람회 및 지역 네트워크를 적극적으로 활용하여 새로운 사업 기회를 효과적으로 발굴하는 것이 중요하다.
제안서 작성 및 제출	고객의 요구에 맞는 프로그램, 일정, 견적 등을 포함한 제안서를 작성하여 제출한다.
현장 조사	숙박, 교통, 식사, 활동 등 모든 세부 사항을 점검하여 문제를 확인하고 모든 일정에 대해 고객에게 최종 확정 받는다.
계약 체결 및 세부 조정	현장조사에 대한 고객의 피드백을 바탕으로 서비스 제공 범위, 일정, 비용, 조건 등을 명시한 계약을 체결한다.
현장 운영	행사기간 동안 현장에서 운영을 총괄하고, 예상치 못한 상황에 대비한다.
사후 관리 및 피드백 수집	행사 종료 후 운영 결과에 대한 정산 및 고객의 피드백을 수집하여 향후 서비스 개선점에 반영한다.

출저: 선행연구를 통해 저자 작성

1) 잠재고객의 발굴

DMC가 상품을 판매하기 위한 첫 단계는 새로운 사업기회를 발견하고, 이를 필요로 하는 고객을 찾는 것이다. 이러한 새로운 기회는 고객이 위치한 곳이나 사업을 수행하는 장소를 방문하는 데서 시작되며, 이는 잠재적 고객이 참석하는 것으로 알려진 모든 행사를 포함하며, 잠재 사업에 대한 정보를 얻는 방법은 다양하다.

(1) 해외 박람회

해외 박람회 참가를 통해 현장에서의 발굴 전략이 중요하다. 현장 이벤트 및 브로슈어, 영상 등 홍보자료를 통해 사전 참여 매칭 및 참여 유도가 이루어져야 한다. QR 코드 등을 활용해 현장에서 정보를 간편하게 공유할 수 있도록 디지털 콘텐츠를 준비하고 사전등록 플랫폼이나 네트워킹 앱을 활용해 미팅 일정을 사전에 잡고 핵심 고객들과 미팅 시간을 확보해야 한다. 맞춤형 다국어 서비스 대화로 방문객과의 대화에서 관심사를 파악하고 맞춤형 솔루션을 제안해야 하며, 데이터 수집으로 간단한 설문조사나 방문 기록을 통해 어떤 서비스에 관심이 있는지 파악해야 한다. 매년 개최되는 대표적인 박람회는 IMEX Frankfurt, IBTM World 등이 있다.

해외 MICE 박람회(좌_IMEX, 우_IBTM)

출처 : https://imex-frankfurt.com; https://www.ibtmworld.com

(2) 지역 네트워크

지역 네트워크는 DMC가 MICE 행사를 원활하게 운영하기 위해 구축하는 협력 시스템으로 지역 내 컨벤션뷰로, 전시컨벤션센터, 여행사, 특급호텔, 교통 등의 다양한 서비스 제공 업체로 구성되며, 네트워크를 적극 활용하는 것이 중요하다.

이들 네트워크는 잠재고객 및 사업 기회를 발견하는 데 중요한 자원으로 작용한다. DMC는 지역 내에서 지속적으로 성장하고 발전할 수 있는 기반을 마련하며, 이를 위해 평소 협력 관계를 유지하는 지역 업체들을 정기적으로 방문하고, 지속적인 네트워크를 구축해야 한다. 이러한 네트워크를 활용하여 행사 기획부터 실행, 사후 관리까지 모든 과정을 조율하며, MICE산업의 효율성과 서비스 품질을 높이는 데 중요한 역할을 한다.

MICE 행사의 원활한 진행을 위해 각 서비스가 유기적으로 연결되어 신속한 운영이 가능하며, 행사 중 예기치 못한 상황이 발생하더라도 즉각적인 해결책을 제공할 수 있다. 또한, 사전 협약된 업체와의 협력을 통해 비용을 절감하고, 예산 내에서 최적의 서비스를 제공할 수 있으며, 실시간 데이터를 활용하여 운영 효율성을 극대화하고 서비스 품질을 지속적으로 개선할 수 있다. 아울러, 지역 사회와 협력하여 지속 가능한 행사 운영을 실현함으로써 참가자 만족도를 극대화할 수 있다.

(3) 스폰서 홍보

세미나나 포럼 형식의 미팅을 통해 접촉 횟수를 늘려야 한다. 또한, 양질의 관계를 구축하기 위해 독자적인 행사를 개최하여 귀빈으로 초청하거나, 주요 고객이 주최하는 행사에 스폰서로 참여하는 것도 효과적인 전략이다. 이러한 참여는 관련된 행사를 맡을 가능성을 높이고, 조직 내 잠재적 수요층과 관계를 형성하여 네트워크를 확장하는 계기가 된다.

DMC가 회원사나 후원사로 참여하게 되면, 관련된 행사와의 연계를 통해 더 많은 기회를 확보할 수 있다. 이는 단순히 서비스 제공자로서의 역할을 넘어, 업계 대표들과의 관계를 형성하고 공동의 사업 기회를 모색하는 데 기여한다. 특히, 고객 및 기획자와 함께 일하는 과정에서 업계 내 대표적인 네트워크를 구축하면, 새로운 사업 기회를 효과적으로 발굴할 수 있다.

2) 사업제안서 작성

DMC가 MICE 행사의 성공을 지원하기 위해 수행해야 할 중요한 작업 중 하나는 주최측이 지역을 확정한 후 요청서(RFP)를 받았을 때부터 시작된다. 회의 기획가는 RFP(Request For Proposal)를 지역의 전문 DMC에 제시하며, DMC는 이를 기반으로 본격적인 사업제안서를 작성하게 된다. 사업제안서 작성의 첫 단계는 행사의 핵심 콘셉트를 결정하는 것이다. 이 과정에서 주최측의 의도와 목표를 명확히 이해하는 것이 필수적이며, 창의성과 혁신이 제안서 작성의 핵심요소로 작용한다. 또한, 행사 진행에 필요한 예산분석 역시 제안서 작성 초기 단계에서 필수적으로 수행해야 할 과정이다.

성공적인 제안서는 주최측과 기획사의 만족뿐만 아니라 프로그램에 참여하는 참가자 만족까지도 염두에 두고 작성될 수 있어야 한다. 단순히 기존 행사의 반복이 아닌, 창의적이고 독창적인 내용을 담아내야 하며, 참가자들에게 새로운 경험과 가치를 제공해야 한다. 이러한 창의적 제안서를 작성하기 위해서는 충분한 시간이 필요하므로, DMC는 평소 연구개발을 통해 준비된 상태를 유지해야 한다. 이를 통해 의뢰가 들어왔을 때 빠른 시간에 제출할 수 있는 준비가 필요하다.

예산은 사업 제안을 성공적으로 수행하기 위한 가장 중요한 관문이라고 볼 수 있다. DMC가 제안하는 서비스가 아무리 훌륭하더라도, 주최측의 예산 한도를 초과한다면 그 제안은 채택되지 않을 가능성이 크다. 예산문제는 주최측과 DMC 양측에 모두 민감한 사안으로, 신중하고 조심스럽게 접근해야 한다.

특히, 주최측이 경쟁입찰을 통해 DMC를 선정하려고 할 경우, 가격대비 성과 창출을 극대화할 수 있는 사업제안서를 채택할 가능성이 높기 때문에 유무형의 성과창출에 대한 합리적인 설득을 준비해야 할 것이다. 이 경우 중요하게 고려해야 할 것은 DMC가 보유한 다양한 자원을 어떻게 효율적으로 배분할 수 있을 것인지 여부이다.

3) 현장 조사

현장 조사는 DMC가 제안하려는 프로그램에 포함되는 업체를 방문하여 장소와 프로그램을 직접 확인하는 절차를 말한다. 보통 업체들은 간혹 자신의 프로그램을 실제보다 다소 과장하여 홍보하려는 경향이 있어 현장실사는 필수절차인 것이다. 또한, DMC가 현장확인

없이 주최측에게 프로그램을 바로 제안했을 경우, 나중에 프로그램의 품질이 떨어지는 경우는 DMC가 신뢰하락에 대한 부담을 떠안을 수도 있는 것이다.

현장답사는 주의 깊게 계획되고 진행되어야 하는데, 비용이 동반되기 때문에 보통 지역업체의 후원을 받아 진행되는 경우가 많다. 지역업체는 아무래도 프로그램 기획에 대한 이해도가 회의 기획가나 DMC에 비해 떨어지기 때문에 소통을 통한 사전준비가 필수이다. 현장실사를 통해 DMC는 자신의 능력을 고객인 회의 기획가에게 입증해야 하기 때문에 긍정적인 이미지를 부여하기 위한 세심한 관리가 필요하다.

행사 장소의 크기, 시설, 접근성, 인프라를 직접 확인하고, 소음, 조명, 전력 공급 등 물리적 환경을 점검한다. 뿐만 아니라 행사장에서의 참가자 동선을 분석해 혼잡도를 최소화하고 목적지의 주요 관광지, 현지 음식, 문화적 체험 가능성을 분석하여 예상치 못한 상황에 유연하게 대처할 준비가 필요하다.

• 현장조사 모습(히든클리프 Indoor, Outdoor)

출처 : 저자 촬영

4) 계약 및 세부조정

DMC는 사업 제안서가 채택된 후, 회의 기획자와 협력하여 지역의 공급업체인 호텔, 컨벤션센터, 유람선, 이벤트사 등과 성공적인 행사를 위한 계약 협상을 진행해야 한다. 이 과정에서 DMC는 사업계획서에 명시된 내용을 바탕으로 서비스 제공 절차와 방식을 명확히 규정해야 하며, 참가자 집단의 특성과 요구 사항에 따라 서비스 내용이 달라질 수 있다는 점에서 융통성을 발휘해야 한다. 계약 단계는 현장조사를 통해 파악한 정보를 활용해 실행 기반을 마련하는 핵심 과정이다.

현장조사에서 얻은 정보를 바탕으로 공급업체들의 제안 내용과 현장 적합성 평가를 통해 계약조건, 서비스 범위, 비용, 기간, 지불 조건 등을 구체화하고 변경 및 취소에 대한 조건(패널티, 환불 등)을 명확히 명시해야 한다. 각 공급업체와 파트너의 역할과 책임을 구체적으로 명시하여 불확실성을 최소화한다.

행사 프로그램이 확정되면, DMC는 본격적으로 고객에게 서비스를 제공하기 시작한다. 그러나 시장환경은 항상 변화 가능성을 내포하고 있으며, 예상치 못한 불확실성이 발생할 수 있다. 이러한 상황에서 DMC는 고객과 지속적으로 소통하며 협력관계를 유지해야 한다. 특히 행사 진행 중에는 참가자 수가 변동되는 경우가 많아, DMC는 비용문제와 운영 세부사항을 유연하게 조정하며 프로그램을 실행해야 한다.

때로는 주최측이나 회의 기획자가 행사 도중 새로운 의견을 제시하거나 프로그램 변경을 요청할 수도 있다. 이 경우 DMC는 계약에 포함되지 않은 새로운 서비스를 추가하거나 기존 서비스를 삭제해야 하는 상황에 직면할 수 있다. 이러한 요구를 처리하기 위해 DMC는 지역 공급업체와의 협력관계를 바탕으로 변경된 프로그램에 대한 설득과 조정을 신속히 진행할 수 있는 역량을 갖추어야 한다.

운영 변경이 발생할 경우, 추가 활동과 서비스가 프로그램에 포함되거나 기존 활동이 제거될 수 있다. DMC는 이러한 변화에 신속히 대응하기 위해 사무국뿐만 아니라 행사 관련 모든 관계자들과 긴밀히 협력해야 한다. 행사 중 변동 사항이 발생하면, DMC는 이를 즉시 시설 및 공급업체에 통보하여 변경된 내용이 원활히 반영되고 적절한 서비스가 제공될 수 있도록 노력해야 한다.

5) 현장 운영

현장 운영(On-site Operation)은 MICE 행사의 성공을 결정짓는 가장 중요한 단계로, 모든 계획이 실제로 실행되는 순간이다. 행사 주최측이 참가자와 처음 대면하며 행사의 시작을 알리고, 행사의 마지막 순간까지 참가자를 배웅하는 중요한 역할을 담당한다. 이는 참가자들에게 행사의 첫인상과 마지막 인상을 결정짓는 요소로, 행사 전반의 성공 여부에 직접적인 영향을 미친다.

현장관리 업무는 사전회의, 행사진행, 모니터링, 사후회의의 단계로 이루어지는데, 행사 기획자는 무대 설치부터 등록준비까지 모든 업무를 철저히 준비하여 행사 진행이 원활하도록 사전 단계에서 필요한 모든 조치를 완료해야 한다. 참가자의 경험을 최적화하고, 문제를 실시간으로 해결하며, 행사를 원활히 운영하는 것이 핵심 목표이다. 행사가 계획된 대로 진행되도록 관리하며, 참가자들에게 긍정적인 경험을 제공하고, 예상치 못한 문제를 즉각적으로 해결하여 행사의 안전을 보장해야 한다.

식음료(F&B)의 경우, 특별 요구사항에 대한 알레르기나 종교적 요구에 따른 별도 메뉴를 원활하게 제공해야 하며, 행사 관련 문의에 답변하고 필요한 정보를 제공해야 한다. 현장운영은 세부적인 계획과 실시간 문제 해결 능력이 조화를 이루어 성공적으로 진행되어야 한다.

행사 장소, 설비, 장비 등을 점검하고 기술장비 테스트(음향, 조명 영상시스템)를 확인하고 등록데스크, 식음료 공간, 세션룸 확인 및 세팅을 완료한다. 각 팀원들에게 역할과 책임을 명확히 전달하여 긴급 상황 대응 절차와 연락 체계를 공유해야 한다. 현장에서의 등록 프로세스가 원활히 진행되도록 안내하고 행사 관련 자료, 프로그램 일정, 웰컴 키프트 제공과 VIP 및 연사의 특별 관리(별도 접수처 및 전용 대기공간)가 제공되어야 한다.

• 현장 운영장면(등록데스크 및 만찬)

출처 : 저자 촬영

6) 사후관리

행사가 종료된 후, DMC는 고객에게 제공한 서비스와 프로그램에 대해 정산을 진행해야 한다. 정산 과정은 행사 이전에 체결된 계약서 내용을 근거로 이루어진다. 계약서에서 약속된 서비스와 실제로 제공된 서비스를 항목별로 세밀하게 비교 평가하여 금액을 청구해야 한다.

비용 지출은 고정비용과 가변비용으로 나뉘는데, 고정비용은 참가자 수와 관계없이 지출되는 비용으로 행사장소 대여비 및 장비설치 비용 등이 해당한다. 반면, 가변비용은 참가자 수에 따라 달라지는 비용으로 참가자 식음료비, 교통비용 등과 같은 항목이 포함되므로, DMC는 행사 진행과정에서 참가자 수를 정확히 파악해야 한다.

행사를 마무리하다 보면 대부분 최초 계획과 다른 추가 비용이나 삭감 요인이 발생할 수 있다. 이러한 변동 사항은 최종 청구서에 정확히 반영되어야 하며, 주최측과의 신뢰를 유지하기 위해 상세하게 기록되어야 한다.

정산이 완료된 이후, DMC는 행사 전반에 대한 분석 내용을 포함한 보고서를 작성하여 주최측과 회의 기획사에 제출하면 좋은 평가를 받을 수 있다. 이는 DMC가 제공한 서비스의 품질에 대해 고객의 피드백을 얻는 과정이기 때문에 고객과의 지속적인 관계구축에 있어 중요한 자산이 될 수 있으며, MICE산업에서 사후관리는 단순히 마무리의 개념을 넘어 성공적인 이벤트의 연장선으로 볼 수 있다.

REFERENCE 참고문헌

윤영혜 · 김미성(2024), 「컨벤션기획사(PCO)의 핵심역량 우선순위에 관한 연구」, 『무역전시연구』, 제19권, 제1호

홍성화(2014), 『마이스산업론』, 백산출판사

IBTM World(https://www.ibtmworld.com)

IMEX Frankfurt(https://imex-frankfurt.com)

CHAPTER

11

MICE산업의 협상과 계약

Meeting

Incentive

Convention

Exhibition

CHAPTER

11 MICE산업의 협상과 계약

협상은 거래 혹은 합의를 도출하기 위한 관점의 논의로 정의되며, 두 당사자 간에 계약을 하기 위한 협의행위이고, 계약은 당사자에게 협의내용을 이행하도록 의무를 부과하는 법적 행위라고 할 수 있다. MICE산업의 경우 계약은 회의 주최측과 회의 기획사 그리고 서비스 제공업체 간에 이루어지며, 일단 계약이 체결되면 이행 의무가 발생한다. 계약의 효력을 통해 행사를 둘러싼 각 주체가 맡은바 업무를 성실하게 수행할 것이라는 기대를 가질 수 있고, 이는 주체 모두가 보호받을 수 있는 근거가 될 수 있다.

1. 협상

협상은 개최지가 선정되면서 시작된다. 성공적인 행사를 진행하기 위한 계약서를 작성하기 위해서는 많은 필요사항들이 협상기간 내에 다루어져야 한다. 참가자가 이용할 호텔의 객실, 행사장, 식음료 등의 기본적인 요소뿐만 아니라 부가적인 프로그램까지 행사진행과정에 필요한 모든 과정이 협상기간 내에 다루어져야 한다. 여기에는 돌발상황이 발생했을 경우에 대한 약정도 포함된다. 협상이 진행될 때 각 주체는 서로 유리한 입지를 확보하기 위해 치열하게 사전에 준비를 진행한다.

우선, 전체적인 행사의 맥락을 파악하기 위해 행사의 구성이 어떻게 되는지 검토작업부터 시작해야 한다. 이어 전체 예산 및 주요 항목별 예산 가이드라인을 준비하고 공급업체와 협상에 들어가기 전에 협상에 대한 계획을 수립한다. 여기에는 후보업체들의 제공가능한 서비스가 어느 범위까지 가능한지를 파악해야 하는데, 주최측의 추가적인 요구사항이 있다면 사전에 이를 반영해야 한다.

협상을 시작하기 전 상대주체의 전략을 예측하기 위해 서비스 공급업체들이 어떠한 방식으로 수익을 창출하는지 파악할 필요가 있고, 가격협상에 들어갔을 때 협상의 하한선을 미리 염두에 두어야 한다. 그리고 서비스 제공업체가 주최측이 원하는 행사내용을 제한된 예산범위 안에서 진행할 수 있는지 검토해야 한다. 비단 비용적인 측면뿐만 아니라 협상과정에서 회의 기획가는 서비스 제공업체의 업무 창의성도 동시에 분석할 수 있어야 한다.

1) 협상의 과정과 태도

일반적인 협상의 과정을 보면 정보수집과 분석 그리고 협상 상대방의 전략과 태도분석 그리고 협상이 합의에 이르렀을 때 내용을 어떻게 문서화하는가에 대한 과정을 거치게 된다. 회의 기획가의 협상과정도 비슷한 과정을 거치게 되는데, 우선 회의주최측에 대한 정확한 요구사항을 파악해야 한다. 어떤 사항을 중요시하는지를 파악하여 협상과정에서 우선순위에 있는 사항이 필수적으로 합의될 수 있도록 노력해야 한다.

협상과정에서 정보를 독점하고 진행해야 하는 것이 필요할 때도 있지만, 회의개최와 관련해서는 협상 상대방인 회의 기획가와 서비스 제공업체가 서로 정보를 공유하면서 윈윈할 수 있는 방향을 모색하는 것이 더 효율적일 때가 많다. 이는 원활한 협상과 계약을 위해서도 중요하지만 선택가능한 대안을 더 많이 찾을 수 있기 때문이다. 보통 행사를 개최하는 주최측은 제안요청서(RFP: Request For Proposal)의 형태로 서비스 제공업체에게 정보를 제공하게 되는데, 가능한 자세하게 내용을 작성하는 것이 바람직하다.

협상을 진행하다 보면 절충점을 초기에 찾지 못해 상대방에 대해 불신하게 되고 심지어는 협상을 끝내고 싶다는 생각을 할 때가 많다. 협상을 어느 한쪽이 일방적으로 유리하게 이끌어가는 것은 결코 바람직하지 않고, 쌍방이 어느 정도 만족할 수 있는 절충점을 찾는 것을 목표로 삼는 것이 좋다. 다만, 그 절충점이 과연 어느 시점에서 이루어져야 하는가는 협상의 능력과 경험에서 우러나올 것이다.

협상이 완료되면 협상내용을 문서화해야 하는데 구두상으로 합의한 내용은 나중에 법적인 보호를 받기 어렵기 때문에 서면으로 협정서를 작성해야 한다. 협상에 대한 합의를 이룬

후 서류에 서명하면 다시 돌이킬 수 없기 때문에 서명 전에 주최측과 서비스 제공 업체측은 계약서에 자신들이 원하는 사항들이 누락되지 않고 적절하게 반영되었는지 꼼꼼하게 확인하는 절차를 거쳐야 한다. 특히, 서명은 정당한 권한을 가진 사람이 해야 하며, 그렇지 않을 경우 구속력이 발생하지 않기 때문에 이에 대한 확인절차도 필요하다.

2) 정보수집 방안

최근 정보의 홍수시대를 맞아 회의 기획가가 수집해야 할 정보의 양은 한정된 시간 내에 파악하기 어려울 정도로 너무도 방대하다. 이 많은 정보 중에서 필요한 정보만을 발췌하여 검토하려면 회의 기획가 단독으로 진행하기에는 힘들고 보통 지역의 컨벤션뷰로와 같은 DMO조직의 도움을 받는 것이 현명할 것이다. 컨벤션뷰로는 지역업체에 대한 제반 사항을 이미 파악하고 있기 때문에 정보요청을 하면 신속하게 자료를 얻을 수 있다.

또한 지역업체뿐만 아니라 개최후보 지역의 이벤트와 관광프로그램에 대한 정보도 제공받을 수 있다. 이처럼 컨벤션뷰로는 개최를 희망하는 주최조직이나 회의 기획가에게 객관적이고 공신력 있는 정보를 제공하며, 회의 기획가가 지역업체와 RFP를 주고받는 과정에도 기여를 할 수 있다. 컨벤션뷰로 이외에도 해당 지자체의 관련부서, 업종별 협의체 등을 통해서도 정보를 획득할 수 있기에 회의 기획자는 우선적으로 정보획득 기관에 대해 파악할 필요가 있다.

한편, 관련기관을 통한 정보수집 이외에 또 다른 정보를 수집할 수 있는 방안은 제안요청서를 활용하는 것이다. 제안요청서(RFP)는 행사 개최를 위한 업체의 역량 및 수용태세 적합성 평가를 돕기 위해 서비스 제공업체에서 준비하는 서류로 주최기관이 공급업체에 원하는 서비스의 내용을 제시하고 입찰에 참여하기를 요청하는 문서이다. RFP는 개최지 선정부터 행사기간 내 서비스 공급업체를 선정함에 이르기까지 모든 분야에서 이루어지며, 행사개최와 연관있는 업체 중 희망업체를 대상으로 진행된다.

행사 주최측은 RFP를 통해 서비스 업체에게 전달하고 싶은 소통을 행하게 되는 것인데, 가능하면 자신이 원하는 행사의 목적과 방향 그리고 물리적 요구사항과 참가자에게 제공하고픈 서비스 내용 등을 구체적으로 명시할 수 있다. 그리고 지역업체의 답변을 통해 어느 정도 역량과 수용태세를 파악할 수 있도록 문서를 작성해야 한다.

구체적으로 보면 RFP 안에는 일반적으로 행사 참가자 및 주최조직에 대한 정보가 담겨 있고 행사개최의 선호날짜 그리고 희망하는 옵션사항, 일별 필요로 하는 객실의 수와 형태, 회의실의 수와 규모, 전시회 개최에 따른 공간확보와 부수의 수, 야외 이벤트와 관광프로그램, 그리고 수용가능한 예산범위 등을 다루어야 한다. 지역업체는 이러한 제안요청서를 받으면 자신의 역량분석과 제시된 예산이 적절한지를 판단하여 입찰에 참여할 것인지를 결정하게 된다.

제안요청서에 대한 업체의 신청은 보통 두 개 업체 이상 복수인 경우가 많으므로 회의 주최측과 기획가는 어떤 업체를 선정할 것인지를 결정할 수 있는 평가기준이 마련되어 있어야 한다. 행사의 성격에 따라 평가기준은 다양하게 적용되겠지만, 보편적으로 검토해야 할 것은 제안 내용이 명확한가, 특정방향으로 치우친 것은 아닌가, 행사의 성격과 목표에 부합하는가, 제시된 예산범위를 수용하는가, 제시된 내용은 진실하고 증빙자료는 첨부되어 있는가 등의 내용이 해당될 것이다.

3) 계약을 위한 현장조사

RFP를 통한 정보수집 후 회의 기획가는 유력한 후보지에 대한 조사를 진행하게 된다. 아무리 전문적인 기획가라 하더라도 서류평가만을 가지고 제안업체의 적합성과 회사 경영실태를 파악하는 데 무리가 있으므로 개최지를 직접 방문하여 제안요청서에 기재된 내용이 사실인지 확인하고, 담당자와 면담을 진행하게 된다. 현장조사에는 비용을 절감할 수 있는 요소가 많은데 호텔의 경우 지정호텔로 선정되기 위해 많은 서비스를 제공하려 노력한다.

현장조사는 개최지와 개최장소로 구분하여 평가할 수 있는데 개최지는 행사가 진행되는 목적지 개념으로 파악하면 될 것이나. 개최지 특성을 우선 파악해야 하는데 가장 중요한 요소가 접근성 분석이다. 해당 지역을 방문하는 항공편과 선박편 혹은 지상교통편이 참가자 편의를 위해 어느 정도 서비스를 제공할 수 있는가를 파악해야 하고, 지역이 보유하고 있는 관광자원, 쇼핑시설, 회의관련 시설, 컨벤션뷰로 서비스 제공 유무, 그리고 안정성과 청결 등의 관심사를 둘러볼 것이다.

다음은 숙박시설에 대한 실사에 나서는데 호텔의 접근성, 객실수용능력, 고객 서비스 제공수준, 비즈니스센터 이용 편의성, 장애인 접근성 편의, 종사원의 서비스 등을 종합적으로 평가하게 된다. 참가자를 배려하는 차원에서 숙박요금을 차등 적용하는 것이 가능한지 파악해야 하고, 회의 주최측을 위한 사무국 설치, 프레스룸 등의 이용편의가 가능한지 검토해야 한다.

현장 실사에는 호텔 위생과 청결도 검토대상이 되며 객실의 가구와 조명, 수납공간, 냉장고와 미니바, 무선 인터넷 가능 여부 등도 포함된다. 그 외 안전시설을 위한 화재경보기, 자동소화장치, 비상구 확보, 보안시설 여부를 비롯해 예약절차 편의, 환급정책, 조기도착과 지연 출발에 따른 비용 및 관리방안, 케이터링 메뉴와 비용도 확인대상이 된다.

행사 개회식과 폐회식 등 주요 행사가 진행될 회의시설에 대한 점검도 필수대상이다. 접근성을 비롯해 회의진행에 필요한 편의시설 구비 여부, 주요 회의장과 소규모 회의장 간의 이동거리, 교통수단, 지역 관광자원과의 이동거리, 숙소와의 접근성이 검토대상이다. 이어 행사참가자 수용능력과 A/V 장비 보유 여부, 전시공간 확보, 무선인터넷 접근성 등을 실사해야 한다.

식음료서비스 역시 참가자에게는 중요한 관심사가 된다. 식음료서비스 제공주체는 누구인지 파악해야 하고, 여기에는 인지도와 평판 그리고 영업시간, 위생과 청결, 피크타임 때의 고객 수용능력, 단체인원 수용능력, 메뉴의 맛과 다양성, 시간대별 가격차 등 여부, 뷔페와 연회메뉴 그리고 부가가치세 및 팁 등과 관련된 사항을 파악해야 한다.

행사에 만약 전시회 개최가 동반된다면 전시장소 역시 실사대상이 된다. 주변 물류창고와 전시장소와의 접근성, 화물하역 여부와 적정용량, 안전 및 보안서비스, 조명장치의 설치 및 이용편의, 부스 설치 편의와 참가자 이동 동선의 확보, 현수막 제한 규정, 부수적 기자재 설치 제한, 사무국 설치 가능 여부 및 이벤트 장소확보 등이 검토대상이 된다.

2. 계약

계약은 협상에서 논의된 모든 내용들을 포함시켜야 하고 구체화시켜야 하며 명문화해야 한다. 그리고 서비스 제공과 관련하여 추가적인 논의가 있었다면 특약사항을 넣어 그 내용 역시 모두 계약서에 넣어야 효력을 발휘할 수 있다. 예를 들어, 행사기간 내에 서비스 제공업체가 셔틀운송 서비스나 통역서비스 등 부가적인 서비스를 추가적으로 제공하기로 협상했다면 그 횟수와 노선 등 구체적인 사항을 계약서에 넣어야 한다. 합의된 내용을 구두상으로만 처리할 경우 나중에 문제가 발생하였을 때 보호받을 수 없으므로 주의해야 한다. 문서로 기록되지 않으면 서비스가 제공된다는 기대는 하지 않는 것이 바람직한 것이다.

MICE산업과 관련된 행사를 진행할 때 회의 기획자는 하나의 계약이 아닌 복수의 서비스 업체와 협상 및 계약을 동시에 진행하게 된다. 따라서 모든 계약내용을 숙지하고 진행하려면 사전에 충분한 준비가 있어야 차질 없이 복수의 계약을 체결할 수 있다. 계약내용을 체결할 때에는 쌍방의 합의하에 설정된 공통의 목적과 세부적인 조건을 다루어야 하는데, 포함되어야 할 내용은 우선 업체의 서비스 개시와 종료일에 대한 기간이 제시되어야 하고, 이에 따른 가격을 계약서 내용에 명시해야 한다.

상해나 손실이 발생했을 경우 법적 책임소재가 명확해야 하고, 계약위반 시 행해질 손해배상과 조치에 대한 언급도 포함되어야 한다. 더불어 자연재해와 같은 불가항력적인 사항으로 인해 계약을 위반하게 되었을 때 면책되는 범위가 있어야 한다. 최종 계약시는 제3자가 계약관계자들에게 계약내용을 질문하지 않고도 그 의도를 충분히 이해할 수 있도록 명백하게 기술되어야 한다.

주최측과 서비스 제공업체 간 계약이 법적으로 정당한 권리를 갖기 위해서는 몇 가지 고려해야 할 사항이 있는데 우선 명확한 조건을 제시해야 한다. 계약은 서로 다른 의사를 가진 쌍방 간에 합의된 의사를 법적으로 명시하고 이행할 것을 밝히는 것이다. 주최측은 적절한 업체를 물색하고 계약을 진행하기 위해 제안요청서(RFP : Request For Proposal)를 보내기도 한다.

예비협상은 공식적인 계약절차에 포함된다고 할 수 없다. 계약을 위한 협상과정이나 제안요청서를 주고받는 과정에서 계약조건이 잠재적으로 정해지기 때문에 쌍방이 명확하게 이해할 수 있도록 조건을 미리 제시할 수 있어야 한다. 또한, 계약내용을 수정하길 원하면 쌍방의 합의가 있어야 하고 어느 한쪽이 거부하면 계약내용은 변동될 수 없다. 계약 수정은 한쪽 당사자가 상대방에게 수정안을 제안하고 상대방이 그 내용에 대해 서명하면 이루어지게 된다. 계약서 서명은 법적인 효력을 갖는 당사자가 직접 해야 하는데, 피치못할 사정으로 대리인에게 위임했을 경우 정당한 권한을 위임받았다는 위임장을 확인해야 한다.

예치금과 관련된 내용도 계약서에 포함되어야 하는데, 주최측 예치금은 서비스 업체에서 요구가 있을 때 적용된다. 예치금액은 선불의 몇 % 정도를 납부할 것인지 밝혀야 하고 납무

마감일도 명시되어야 한다. 보험과 관련된 사항도 계약서에 포함되어야 하는데, 서비스 제공업체는 사고가 발생했을 경우에 대비하여 주최측에 보험에 가입할 것을 요구한다.

문화체육관광부와 한국PCO협회는 '전시, 컨벤션 및 행사 대행업' 사업에 활용할 수 있도록 2020년 마이스(MICE) 분야 공정거래 가이드라인 책자를 발행하였다. MICE 용역의 조달계약 주요 업무내용은 아래의 표와 같다.

MICE 용역의 조달계약 업무내용

조달계약 단계		업무 내용	업무 주체
대분류	세분류		
입찰 이전	① 수요 발생	MICE 행사 수요 구체화(목적, 일정·장소, 참석대상, 주요 내용 등) → 용역요청 범위 확인 → 예산 확보	발주기관
	② 조달요청(G2B)	입찰공고문 구체화 → 나라장터를 통한 조달요청 *입찰공고문에는 품명, 규격, 납기, 특수조건 및 추산가격, 배정 예산 및 물품수급관리계획 등 세부내용 명시 **용역특성 및 금액에 따라 자체구매 여부 결정	발주기관
	③ 조달요청 접수	본청 또는 지방청의 요청 접수 → 나라장터 게시	조달청
입찰 공고	④ 규격검토	경제성·경쟁원칙을 중심으로 규격내용 검토 → 사전 규격 공개 → MICE 업체 및 이해관계자의 검토의견 수렴 및 반영 *업종 및 지역제한 등 MICE 행사의 특성 고려 **국가계약법 제26에 근거하여 수의계약 여부 결정	조달청
	⑤ 구매결의	구매결의서 작성	조달청
	⑥ 입찰공고	경쟁입찰에 한하여 나라장터에 일반(정상)공고 등록 *특별한 사유가 있을 경우에 한하여 긴급공고 진행	조달청
낙찰 · 평가	⑦ 예정가격결정	예상가격 확인 → 추정가격 산정 → 설계(조사)가격 작성 → 기초금액 작성 → 예정가격 조서 작성 → 예정가격(계약체결에 대한 상한금액) 결정 * MICE 용역 산출내역서 작성 예시 참조	조달청
	⑧ 입찰	입찰공고문에 명시된 시간 및 장소에 입찰 실시	조달청
	⑨ 낙찰자 선정 및 계약체결	평가기준 사전 제시 → 제안발표 및 평가 → 낙찰예정 MICE 업체 선정 → 계약서 상호 날인 확인	발주기관, MICE업체
	⑩ 계약체결 통보	계약서(과세문서)에 인지 부착 → MICE 업체에 납부 요청 → MICE 업체 및 발주기관에 최종 계약서 송부	조달청, 발주기관

계약 이행	⑪ 착수계 제출	MICE 행사 기획·운영 관련 착수보고 진행(착수계 제출) *착수보고 기한 및 방식은 계약서 내용 준수	MICE업체
	⑫ 계약이행	계약서 규격에 따른 MICE 행사 준비·진행·완료	MICE업체
완료·사후 관리	⑬ 검사검수 요청	MICE 행사결과 최종보고(최종보고서 제출) → MICE 행사결과에 대한 검사·검수 요청 *최종보고 및 정산 방식은 계약서 내용 준수	MICE업체
	⑭ 검사검수 및 인수	MICE 행사결과 검사 → 검사조서 작성 → 결과 인수 *검사요청일로부터 14일 이내 검사 완료	발주기관
	⑮ 영수증 발급	MICE 행사결과에 대한 납품 영수증 발급	발주기관
	⑯ 대금청구 및 영수	계약서에 명시된 대금청구 서류 완비 → 조달청에 대금지급 신청 *발주기관 직불의 경우 해당 발주기관이 대금청구 업무 처리	MICE업체
	⑰ 계약종결	계약종결서류 작성 → 계약종결 및 분할납품이행 내용 입력 → MICE 업체에 용역대금 지급	조달청
	⑱ 대금납입 고지 및 수납	조달청의 계약대금 및 조달수수료 납입고지 → 발주기관은 해당 금액을 국고수납대리점에 납부	조달청, 발주기관

출처 : 문화체육관광부·한국PCO협회(2020), 마이스(MICE) 분야 공공거래 가이드라인

한국관광공사는 2022년 『국제회의용역 표준계약서 실무가이드북』을 발행하였다. 가이드북은 ① 조문별 일대일 대응형 서술식 해설과 ② 실무적 참조가 될 수 있는 유의점, 계약당사자별 현안과 예제 등이 제시되는 지침식 해설 형태로 구성되어 있다. 그리고 목적, 적용방법 및 우선순위 등 총 32개의 조문으로 구성된 「국제회의용역 표준계약서」에 대해 공통적으로 조문별 해설, 조문별 중점사항 및 적용 가이드라인, 계약 실무 활용 절차를 제공하고, 주요 쟁점이 되는 조문에 대해 별도로 유권해석을 모아 부록 형태로 제시하였다.

실무 가이드 구성

구분	세부구분	내용
1. 조문별 해설	(1) 제정 목적 및 취지	해당 조항에 대한 개괄적인 제정 목적 및 취지 설명
	(2) 조문별 해설	각 조문별 해설 제시
2. 조문별 중점사항 및 적용 가이드라인	(1) 관련 조항	'(2) 적용 필요상황'과 관련하여 본 표준계약서에서 관련된 조항 제시
	(2) 적용 필요상황	실무적으로 적용 가능한 예시 제시

	(3) 해석상 주안점	'(2) 적용 필요상황'과 연계하여 각 조문별 제정 목적 및 취지에 따라 해석상 중점이 되는 사항 제시
	(4) 관련 유의사항	'(3) 해석상 주안점'과 연계하여 계약 이전 단계부터 계약 이후 단계까지 유의하여야 하는 사항 제시
	(5) 관련 법적 근거	본 표준계약서 내용과 연계하여 참고할 수 있는 공공 계약법령 제시
3. 계약 실무 활용 절차	계약 실무 활용 절차	계약 실무 절차 단계별로 계약당사자 간 확인하여야 하는 내용 및 관련 계약문서 제시
4. 유권해석 모음집	유권해석	주요 쟁점이 되는 조문에 대해서는 별도로 관련 유권 해석을 모아 부록 형태로 제시

출처 : 한국관광공사(2022), 국제회의용역 표준계약서 실무가이드북

표준계약서 조항 구성

구성	제목	구성	제목
제1조	목적	**제16조**	검사
제2조	적용방법 및 우선순위	**제17조**	일반적 손해
제3조	정의	**제18조**	불가항력 사유에 따른 계약관리
제4조	계약문서	**제19조**	지식재산권 및 특허권의 귀속 및 사용 등
제4조의2	계약의 내용 및 기간	**제20조**	총액확정계약에서의 사후 정산 절차
제5조	통지	**제21조**	대가의 지급 등
제6조	계약금액 확정 등	**제22조**	하도급대금 지급 확인
제7조	채권양도	**제23조**	계약상대자의 책임있는 사유로 인한 계약의 해제 또는 해지
제8조	인력의 투입 및 교체, 업무감독 절차	**제23조의2**	사정변경에 의한 계약의 해제 또는 해지
제9조	계약이행상황의 감독 및 관리 절차	**제23조의3**	계약상대자에 의한 계약의 해제 또는 해지
제10조	휴일 및 야간작업의 요청 및 협의	**제24조**	용역의 정지 등
제11조	물가변동 및 기준노임단가 변동 등에 따른 계약금액의 조정	**제24조의2**	계약상대자의 용역정지 등
제12조	과업내용의 추가, 변경 및 해석 등	**제25조**	기술지식의 이용 및 개인정보 처리 제한
제13조	기타 계약내용의 변경으로 인한 계약금액의 조정	**제26조**	낙찰자 선정 평가 관련사항 이행
제14조	지체상금 부과 등	**제27조**	계약이행보증 및 하자 담보 등
제15조	계약기간의 연장	**제28조**	분쟁의 해결 및 관할법원

출처 : 한국관광공사(2022), 국제회의용역 표준계약서 실무가이드북

REFERENCE 참고문헌

문화체육관광부 · 한국PCO협회(2020), 「마이스(MICE) 분야 공공거래 가이드라인」

한국관광공사(2022), 『국제회의용역 표준계약서 실무가이드북』

현대 MICE
산업의 이해

CHAPTER

12

유니크 베뉴
(Unique Venues)

Meeting

Incentive

Convention

Exhibition

CHAPTER 12 유니크 베뉴(Unique Venues)

1. 유니크 베뉴의 배경과 특성

1) 유니크 베뉴의 배경

MICE산업은 현대 글로벌 경제에서 지역 발전과 문화 교류의 핵심 동력으로 자리 잡고 있다. 그러나 단순히 회의실과 전시장에 국한된 행사들은 참가자들의 흥미를 끌기에는 한계가 있다. 이러한 한계를 극복하고 새로운 경험과 가치를 제공하기 위해 등장한 개념이 바로 유니크 베뉴(Unique Venues)이다.

유니크 베뉴는 단순히 행사가 열리는 장소를 넘어, 참가자들에게 잊지 못할 경험을 선사하는 독창적인 공간이다. 박물관, 역사적 건축물, 자연 경관, 테마파크와 같은 장소들은 단순한 행사의 배경을 넘어, 그 자체로 강렬한 스토리와 매력을 지니고 있다. 이러한 장소들은 기업의 브랜드 이미지를 제고하고, 행사 참가자들에게 감동적이고 차별화된 경험을 제공한다.

철학자 마르틴 하이데거(Heidegger)는 "'장소'를 인간 실존이 외부와 맺는 유대를 드러내며, 동시에 인간의 자유와 실제성의 깊이를 확인하는 방식으로 인간을 위치시킨다."고 주장했다. 즉, 일정한 지역에서 문화와 자연이 공존하고, 고유성과 상호 연관성이 형성 · 발전하여 역사성과 의미를 지니는 곳이라 했다. MICE산업의 본질은 경험 창출과 가치 전달에 있으며, 유니크 베뉴는 이러한 본질에 부합한다. 독창적이고 창의적인 이벤트를 통해 참가자와 주최자 모두에게 새로운 가능성을 열어주며, 특히 지역 고유의 특성과 문화를 담은 유니크 베뉴는 글로벌 MICE 행사 유치를 위한 주요 전략으로 활용된다. 이는 지역 경제와 관광 활성화에도 크게 기여하고 있다.

최근 국내외 MICE행사에서 리셉션, 만찬 등 연회 행사와 공연, 네트워킹 부대행사의 장소로 유니크 베뉴의 활용이 증가하고 있다. 예를 들어 성, 고궁, 박물관, 전망 좋은 레스토랑 등은 참가자들에게 현지에서만 경험할 수 있는 색다른 분위기를 제공하여 이국적인 문화와 독특한 분위기를 체험할 수 있는 기회를 제공한다. 이를 통해 행사의 차별성을 높일 수 있는 장소다.

MICE산업을 전략적으로 육성하려는 지역 정부 및 유관기관들은 유니크 베뉴 활성화를 위한 다양한 지원사업을 진행하고 있다. 특히 MICE 행사에서 리셉션, 만찬 등의 부대행사를 기존의 호텔 및 컨벤션 시설이 아닌 독창적 공간인 '유니크 베뉴'에서 개최할 경우, 이에 대한 지원을 제공하고 있다.

이러한 지원 정책은 참가자들에게 차별화된 경험을 제공하여 행사 만족도를 높이는 것은 물론, MICE 행사의 경쟁력을 강화하는 데 기여한다. 또한, 참가자들의 체류 기간을 연장하고 재방문을 유도하여, 궁극적으로 지역 경제 활성화와 부가가치 창출에 긍정적인 영향을 미치는 요인으로 작용하고 있다.

MICE 개최지 국가의 이미지와 잘 부합하는 장소에서 행사를 개최하는 것은 참가자들에게 이국적인 분위기를 제공하고, 자국 문화를 널리 알리는 것은 물론, 행사의 차별적 매력을 높여주기 때문에 개최장소로서 유니크 베뉴에 대한 선호도와 국가 이미지의 중요성은 점점 높아지고 있다.

2) 유니크 베뉴의 특성

유니크의 사전적 의미는 "어떤 무엇과 다른 유일한(Being the only one of its kind; unlike anything else)"이란 의미로 사용된다. '유일무이한', '독특한', '특별한', '고유의', '특유의' 등과 비슷한 의미로 사용된다.

학술적 연구에서 유니크 베뉴(Unique Venue)는 독특한 경험의 제공을 통해 부가적인 소득을 창출하는 특이한 장소라는 개념으로 정의하고 있으며, MICE산업에서도 통일된 정의 없이 다양한 의미로 사용되고 있다.

유니크 베뉴는 전문적인 시설을 갖추지 않았지만, 참가자들에게 현지에서만 경험할 수 있는 색다른 분위기를 연출하여 이국적인 문화와 독특한 분위기를 체험할 수 있게 함으로써 차별화된 행사를 진행할 수 있는 장소로 각광받으며, 환영만찬, 이벤트 개최지로 주목받고 있다.

유니크 베뉴의 특성에는 공공성, 사업성, 장소성, 개별성, 수익성 다섯 가지로 분류할 수 있다. 공공성은 자국문화를 홍보하고, MICE 개최지로서의 경쟁력을 높인다. 사업성은 회의시설이 아닌 공간을 활용하여 새로운 관광 비즈니스를 창출하며, 장소성은 관광, 문화 등 함께 공유할 수 있는 장소로서의 의미를 지닌다. 개별성은 각 나라별 유니크 베뉴에 대한 인식차이를 반영하고, 수익성은 회의 및 행사 유치를 통해 수익성 증대를 추구한다.

국제행사로 국립중앙박물관에서 개최한 G20 정상회의와 창덕궁에서 실시한 한국 관광의 밤 등 국제행사 개최시 유니크 베뉴의 선호도가 높아지고 있으며, 이러한 유니크 베뉴의 활용은 자국문화 홍보와 행사의 차별화된 경쟁력 강화에 기여하고 있다. 특히, 인센티브 관광은 MICE산업에서 높은 수익성을 가진 고부가가치 분야로 수요자인 기업의 요구를 반영하여 특별한 프로그램과 이색적인 베뉴, 체험형 여행을 선호하는 추세이다.

유니크 베뉴의 특성

특성 분류	내 용
공공성	자국 문화 홍보 및 차별적인 행사의 매력 제고 등 MICE 개최지 강화로 경쟁력 높임
사업성	회의 시설이 아닌 곳을 적극적인 행사 및 홍보 지원서비스를 제공한 기존 시설 활용을 통한 새로운 영역의 관광 비즈니스 창출
장소성	MICE산업에서의 행사장소는 중요한 요소이고, 단순히 회의 기능만을 갖춘 장소보다 관광인프라를 갖춘 관광, 문화 등을 함께 공유할 수 있는 장소
개별성	각 국가별 유니크 베뉴에 대한 선정기준 및 인식 차이에 따른 유형이 다름
수익성	회의시설들의 회의 및 행사 유치를 통한 수익성 증대 요구 및 정부지원 예산감소

출처 : 한국관광공사(2014), 유니크 베뉴 DB발굴 및 활용방향

2. 국내 유니크 베뉴 현황과 사례

1) 국내 유니크 베뉴 현황

코리아 유니크 베뉴 활성화 사업은 한국의 대표적인 MICE 개최 공간을 발굴하고 이를 효과적으로 홍보·지원하는 것을 목표로 한다. 평가 기준에는 사업 목적의 적합성, 그래픽 영상 및 콘텐츠, 창의성, 프로젝트 성과 등이 포함된다. 한국관광공사는 유니크 베뉴로 선정된 공간을 대상으로 시설개선 및 홍보 지원을 진행하고 있다. 시설개선 지원은 회의실 음향 시스템, 화상회의 기술, 온라인 플랫폼 등을 강화하여 보다 최적화된 MICE 개최 환경을 조성하는 것을 목표로 한다. 홍보 지원사업은 업계 관계자를 대상으로 한 팸투어, 해외 로드쇼 참가, 홍보 책자 제작 등 다양한 활동을 포함하며, 이를 통해 코리아 유니크 베뉴의 인지도를 높이고 MICE 행사 유치를 촉진하는 전략을 추진하고 있다.

이 사업은 2018년부터 시작되어 현재까지 네 차례에 걸쳐 유니크 베뉴를 발표했으며, 2023년에는 행사 목적과 규모, 참가 인원을 종합적으로 검토한 후 52곳이 선정되었다. 특히 서울시는 가장 많은 유니크 베뉴를 보유하고 있으며, 선정 기준은 MICE 주최자와 참가자들이 서울의 풍경, 문화, 역사, 그리고 지역 주민들과의 교류를 경험할 수 있는 공간에 중점을 두고 있다.

서울 유니크 베뉴 지원 사업에는 전용 홈페이지 구축, 홍보물 제작 및 배포, 뉴스레터 발간, 그리고 서울관광재단(STO)의 해외 MICE 박람회 참가 시 유니크 베뉴 홍보 등이 포함된다.

유니크 베뉴의 핵심 가치는 MICE 방문객들에게 행사의 경험과 함께 한국의 특별한 문화를 체험할 기회를 제공하는 것이다. 팬데믹 이후, MICE 참가자들은 방문 도시의 로컬 체험과 독특한 공간에서의 차별화된 경험을 중요하게 여기고 있다. 이에 따라, 장기적인 관점에서 지속적인 베뉴 운영 모델을 구축하고, 행사 주최자의 목적에 맞춘 고객 중심의 베뉴 브랜딩 전략이 필요하다.

특히, 각 베뉴의 특성을 반영한 맞춤형 콘텐츠 개발과 디지털 홍보 강화를 통해 글로벌 MICE 시장에서 한국의 경쟁력을 더욱 공고히 할 필요가 있다.

국내 유니크 베뉴 현황

구분	시설명	특징
서울특별시	한국의집	문화예술
	국립중앙박물관	문화예술
	노들섬	현대복합시설
	우리옛돌박물관	문화예술
	한국가구박물관	문화예술
	문화비축기지	현대복합시설
	이크루즈	레저
	국립국악원	문화예술
	플로팅 아일랜드 컨벤션	현대복합시설
	SKY31 컨벤션	현대복합시설
부산광역시	피아크	현대복합시설
	누리마루APEC하우스	문화예술
	뮤지엄 원	문화예술
	부산엑스더스카이	현대복합시설
	영화의전당	문화예술
대구광역시	대구예술발전소	문화예술
인천광역시	전등사	역사·전통
	오크우드 프리미어 인천 파노라믹65	현대복합시설
	트라이보울	문화예술
광주광역시	국립아시아문화전당	문화예술
	10년후그라운드	문화예술
대전광역시	엑스포과학공원 한빛탑	문화예술
울산광역시	Fe01 재생복합문화공간	현대복합시설
제주특별자치도	9.81파크 제주	레저
	본태박물관	문화예술
	생각하는 정원	현대복합시설
	제주민속촌	문화예술
경기도	광명동굴	레저
	아시아출판문화정보센터	문화예술
	한국만화영상진흥원	문화예술
	한국민속촌	문화예술
	현대 모터스튜디오 고양	레저
	현대유람선	레저
강원특별자치도	강릉오죽한옥마을	역사·전통
	남이섬	레저
	DMZ박물관	문화예술
	원주한지테마파크	역사·전통
	인제스피디움	레저
	하슬라아트월드	문화예술
충청북도	청남대	역사·전통
충청남도	독립기념관	역사·전통
	선샤인스튜디오	문화예술
전북특별자치도	왕의지밀	문화예술
	태권도원	레저
	한국소리문화의전당	문화예술
전라남도	GS칼텍스 예울마루	현대복합시설
경상북도	국립경주박물관	문화예술
	경주엑스포대공원	문화예술
	한국문화테마파크	역사·전통
	황룡원	역사·전통
경상남도	클레이아크김해미술관	문화예술
	통영RCE세자트라숲	현대복합시설

출처 : 한국관광공사(2024), 코리아 유니크 베뉴

• 대한민국 유니크 베뉴 현황

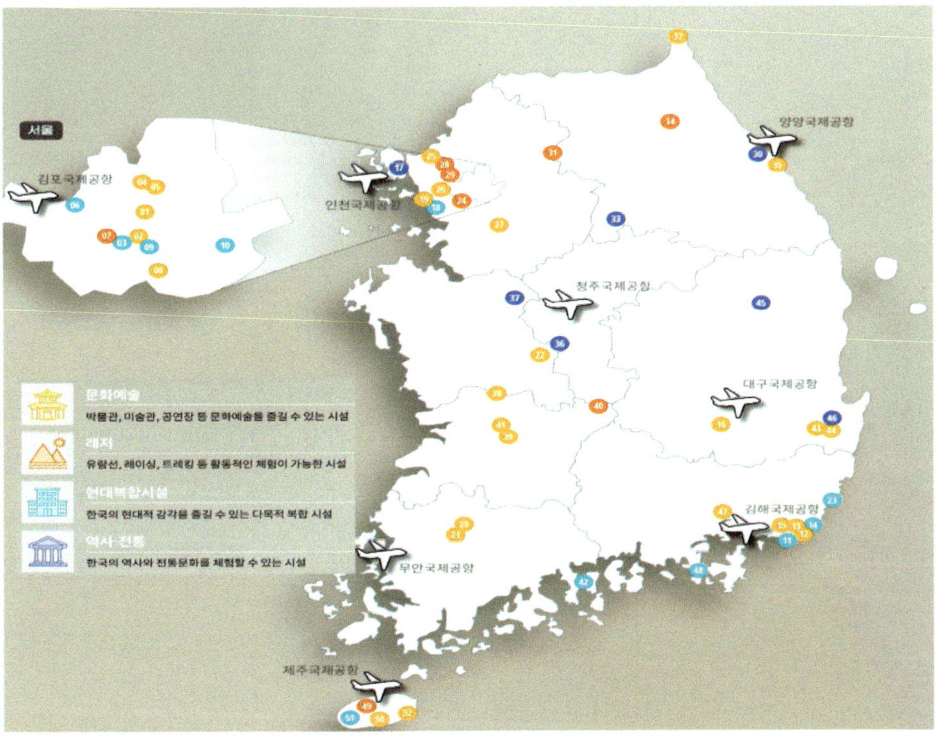

출처 : 한국관광공사(2024), 코리아 유니크 베뉴

2) 국내 유니크 베뉴 활용 사례

2024년 코리아 유니크 베뉴를 대상으로 'MICE 특화 패키지 상품 개발 및 컨설팅 지원' 사업이 추진되었다. 이 사업은 MICE 참가자를 위한 유니크 베뉴만의 특화 프로그램을 개발하고, 방한 단체가 해당 상품을 이용할 수 있도록 지원하는 것을 목표로 했다. 이를 통해 지역별 특색을 반영한 새로운 투어 상품이 개발되었으며, 지역 MICE산업 활성화에도 기여하였다.

대표적인 개발 상품 사례로는 충북 청남대, 경남 김해 클레이아크 미술관, 부산 영화의 전당, 강원 인제 스피디움, 제주 생각하는 정원 등이 있다. 청남대는 대통령 별장의 고즈넉한 분위기와 자연 경관을 활용하여 요가 프로그램을 진행하며 기업행사와 워크숍을 위한 맞춤형 프로그램을 제공하고 있다. 김해 클레이아크 미술관과 부산 영화의 전당은 세미나, 컨퍼런스, 워크숍, 네트워킹 이벤트 등의 MICE 행사를 유치하고 있으며, 강원 인제 스피디움은 국내 유일의 자동차 경주장을 포함한 MICE 공간으로, 기업 연수 및 팀빌딩 프로그램을 제공하는 국내 최초의 복합 자동차 문화공간으로 대중화를 위해 조성되었다. 제주 생각하는 정원은 힐링과 휴식을 강조한 웰니스 중심의 체험 행사 및 컨퍼런스, 워크숍 등 다양한 프로그램을 제공하고 있다.

• 국내의 유니크 베뉴 활용 사례

환상숲 곶자왈: 2024 기업행사 유니크 베뉴 체험 출처 : 저자 촬영	SK 핀크스: 2023 기업행사 만찬 출처 : 저자 촬영

9.81파크: '2023 제주 국제 크루즈포럼 만찬행사' 출처: 9.81PARK(https://www.981park.com)	생각하는 정원: 2022 한중 수교 30주년 행사 출처 : 생각하는 정원(https://spiritedgarden.com)

출처 : 저자 작성

유니크 베뉴가 MICE 행사에서 차별화된 경험을 제공하려면 컨벤션센터와 지역 컨벤션뷰로(CVB) 간의 긴밀한 협력이 필수적이다. 컨벤션센터는 대규모 국제회의 및 전시회를 유치하는 핵심 시설로 기능하며, 지역 CVB는 해당 행사가 지역 관광 및 경제에 미치는 긍정적인 영향을 극대화하는 역할을 담당한다.

이러한 협업을 통해 참가자들의 체류 시간을 연장하고, 지역 내 여러 유니크 베뉴와 연계된 프로그램을 운영함으로써 지역 경제 활성화 및 MICE산업 발전을 도모할 수 있다. 특히, 컨벤션 행사 후 지역의 독창적인 공간에서 진행되는 네트워킹 이벤트, 문화 체험, 팀빌딩 프로그램 등은 참가자들에게 색다른 경험을 제공할 뿐만 아니라, 행사 개최 도시의 브랜드 가치를 높이는 데에도 기여한다.

국내 유니크 베뉴를 활용한 각 지역에서는 기존 시설과 MICE 프로그램 개발, 관광자원과의 접목, 지역 경제 활성화 전략 등을 통해 유니크 베뉴의 활용도를 높이고 있다. 향후 유니크 베뉴가 지역별 특성을 반영한 MICE 행사 유치의 중요한 요소로 자리 잡을 것으로 기대된다.

최근 부산관광공사와 강원관광재단은 새롭게 선정된 유니크 베뉴 '스페이스 원지(Space One Z)에서 MICE 서포터즈 교류 워크숍을 개최하였다. 이번 워크숍을 통해 MICE 예비 인력들은 MICE 업계 동향을 파악하고, 실무 경험을 공유하며, 전문가 멘토링을 받을 수 있는 기회를 제공받았다. 특히, '유니크 베뉴 활성화'를 주제로 발표회를 개최하며 부산지역 내 주요 MICE 인프라와 업계 전반에 대한 이해도를 높이는 다양한 활동을 진행하였다.

또한, 국외 유니크 베뉴 시설 활성화 사례를 바탕으로 우리나라 유니크 베뉴 활성화를 위한 3가지 방안을 모색하였다.

첫째, 유니크 베뉴 간 연계 및 단지화이다. 미국 Avant Garder의 사례를 통해, 개별 유니크 베뉴 시설을 서로 연계하거나 단지화하여 집객 효과를 극대화할 수 있음을 확인하였다. 둘째, Indoor-Outdoor 유니크 베뉴의 차별화된 공간 가치 제공이다. 실내(Indoor)와 야외(Outdoor) 공간을 유연하게 활용할 수 있는 유니크 베뉴가 선호되고 있으며, 이를 통해 행사 개최 시 더욱 다양한 경험을 제공할 수 있다. 셋째, 유휴시설의 MICE 공간화 및 가치 창출이다. 기존 유휴시설을 MICE 시설로 전환하고, 다양한 지원 프로그램을 운영함으로써 유니크 베뉴로서의 활용 가치를 높일 수 있다. 이러한 전략을 통해 유니크 베뉴의 경쟁력을 강화하고, 지속 가능한 MICE 행사 개최 공간으로 발전시킬 수 있다.

3. 국외 유니크 베뉴 현황과 사례

1) 국외 유니크 베뉴 현황

유럽에서 먼저 주목한 유니크 베뉴는 전 세계 MICE산업의 중요한 화두로 부각되고 있다. 영국은 처음으로 컨벤션 시설이 아닌 다양한 장소에서 회의가 이루어질 수 있다고 생각하면서 독특한 분위기를 가진 행사 장소로 'Unusual Venue'라는 용어를 사용하였다. 장소로는 박물관, 옛 성당, 공장, 미술관, 기차역, 역사적인 건물 등 행사장으로 사용할 때를 말한다.

MICE 개최 장소 선택에 있어 특정 전시 · 컨벤션 시설보다는 공간이 지닌 고유한 가치와 분위기가 MICE 행사 유치에 핵심 요소로 작용하고 있다. 유니크 베뉴(Unique Venue)는 스페셜 베뉴(Special Venue) 또는 언유주얼 베뉴(Unusual Venue) 등으로도 불리며, 이는 각 장소가 지닌 독특한 분위기와 특색이 MICE 목적지 선정에 결정적인 역할을 하기 때문이다.

국가별 유니크 베뉴 협회 현황

구분	유니크 베뉴 오브 런던(영국) (Unique venues of London)	브뤼셀 스페셜 베뉴 협회(벨기에) (Brussel Special Venue Association)	시드니 유니크 베뉴 협회(호주) (Sydney's Unique Venues Association)
시설유형	미술관, 박물관, 고택, 궁전, 공연장, 종교 및 단체시설, 교육기관 등	미술관, 디자인 건축물, 박물관, 산업시설 등	박물관, 아트센터, 극장, 공원, 역사유적지, 스포츠 시설, 대학 등
주요 활동	• 전용 홈페이지 운영 • 뉴스레터 발간 • 이벤트 준비업체 연계	• 전용 홈페이지 운영 • 뉴스레터 발간 • 회원사 통합 마케팅	• 전용 홈페이지 운영 • 교육 및 네트워킹 행사 • 산업 박람회 참여

출처 : 선행연구 통해 재정리

(1) 브뤼셀(벨기에)

2006년에 설립된 브뤼셀 스페셜 베뉴협회(Brussel Special Venue Association)는 현재 500개 이상의 이벤트 룸을 제공하는 50개 이상의 장소로 크게 확장되었다. 브뤼셀 스페셜 베뉴는 전문 비영리 협회로 뉴스레터 배포, 국제전시회 참가, 광고 활동 등을 통한 회원사의 통합마케팅 활동을 지원하고 있으며, 파트너십 구축, 전시회 등 다양한 네트워킹 이벤트를 통해 회원들 간의 정보 교류를 지원하고 있다. 이와 같은 활동으로 5,500건 이상의 행사를 개최하였고, 100만 명 이상의 참관객을 유치하는 등 성공적으로 운영되고 있다.

브뤼셀 유니크 베뉴 현황

구분	유니크 베뉴
문화(Cultural)	아프리카 박물관, 앙시엔 벨자크, 아르세날 사이드, 아토미움, 오토월드, 벨뷰&쿠덴베르크, 콩세르 노블, 이벤트 라운지, 그랑블라스 하우스, 키네폴리스 브뤼셀, 왕립 플랑드르 극장(KVS), 리프트 브뤼셀, 린더만스 위성 양조장, 자연과학 박물관, 아레나 브뤼셀, 더 패컬티, 트레인 월드, 트리코트리 등
유산(Heritage)	알베르, 비 히어, BIP 미팅 센터, KBR 벨기에 왕립 도서관, 랩62, 실로 브뤼셀, 브뤼셀 공항 스카이홀
예술(Art Deco, Art-Nouveau)	알베르 홀, 솔베이 도서관, 블랭크스페이스, 보자르, 클리리지가, 플라제이, 라 메종 뒤 시뉴, 레 아틀리에 네 타너, 메종 드 리, 포스트, 플랭 퍼블릭 BXL, 레지던스 팰리스, 스파크스 미팅, 트랙, 울프 푸드 마켓
산업(Industrial)	에어리어 42, 브뤼셀 게이트, 돔 이벤트 홀, 하이!, 카날-퐁피두 센터, 카르티에 파피에, 소마, 더 에그 브뤼셀
현대건축(Modern)	벨, 무한 현실 박물관, 더 스카이 라인, 타운홀 유럽
정원(Garden)	자르댕(Jardin)
성(Chateau)	리비에렌 성(Rivieren Castle)

출처 : 저자 작성(2024년 홈페이지 자료 참조)

(2) 도쿄(일본)

도쿄 유니크 베뉴(TOKYO Unique Venues)에 대한 정보는 도쿄시와 도쿄컨벤션뷰로에서 별도의 홈페이지를 통해 유니크 베뉴에 대한 개요, 360뷰, 동영상, 사진자료, 가격정보 등 구체적인 내용을 제공하고 있다. 그리고 이벤트 진행 사례를 제공하면서 행사가 어떻게 진행되었는지 참고할 수 있도록 하였고, 추천 유니크 베뉴 서비스를 제공하고 있다.

도쿄 유니크 베뉴 현황

구분	유니크 베뉴
정원	하마리큐 은사정원, 기요스미 정원
박물관, 미술관	도쿄도 정원 미술관, 에도-도쿄 야외 건축 박물관, 산토리 미술관, 도쿄 국립 신미술관
수족관	도쿄 씨 라이프 파크, 스미다 수족관, 시나가와 수족관, 선샤인 아쿠아리움 등
문화유산	마에다 가문 옛 거주지, 자유학원 묘니치칸, 쿠단 하우스 등
전망대	도쿄 타워, 텔레콤 센터 빌딩 전망대/아트리움, 도쿄 스카이트리 타운 등
극장, 사원	간제 노오 극장, 호쇼 노오 극장, 에코인 사원, 다이쿄지 사원, 칸다 묘진 신사
쇼핑, 야외공간	시바마타의 템플 스트리트, 후쿠도쿠 가든, 롯폰기 힐즈 아레나와 모리 가든, ARK 카리얀 플레이스, 오테마치 나카도리 거리, 타치히 비치, 시니가와 시즌 테라스, 츠키지 우오가시, 에비스 가든 플레이스, 스카이랩 등
테마파크,이벤트	키자니아 도쿄, 스몰 월즈, 요미우리랜드, 카도카와 다이에이 스튜디오, 아트팩토리 조난지마, 이매지넛, 도쿄 국제 크루즈 터미널, 가든 신키바 팩토리 등

출처 : 저자 작성(2024년 홈페이지 자료 참조)

2) 국외 유니크 베뉴 활용 사례

전 세계 주요 도시는 MICE산업의 경쟁력을 높이기 위해 지역 내 유니크 베뉴를 연계한 복합 문화지구 조성을 추진하고 있다. 이러한 전략은 유니크 베뉴 간의 집적 효과를 극대화하고, 공간 확장을 유도하여 부가가치를 창출하는 데 기여하고 있다. 또한, 유니크 베뉴는 기존 유휴 시설을 재활용하거나, 신규 건설 시 MICE 행사의 특성을 반영하여 하이브리드 회의 시설, 연회 공간, 식음료 시설 등이 포함된 복합 공간으로 설계된다. 여기에 엔터테인먼트, 문화, 관광 요소를 접목하여 장소의 고유한 특성을 강화하는 노력이 이루어지고 있다.

이러한 접근 방식은 도시의 브랜드 가치를 높이는 동시에, 유니크 베뉴의 이미지를 향상시켜 경제적 수익을 창출하는 데 도움을 준다. 또한, 효과적인 홍보 및 마케팅 전략을 통해 유니크 베뉴의 활용도를 높이고, 지속 가능한 MICE 개최지로서의 입지를 강화하는 데 기여하고 있다.

• 국외의 유니크 베뉴 활용 사례

미국 브루클린의 아방가르드 가드너 출처 : https://www.avant-gardner.com/our-story	미국 BMO 스타디움 출처 : https://k-mice.visitkorea.or.kr/mice

솔베이 도서관 출처 : https://www.dnls.be/fr/lieu/de-solvay-bibliotheek-bruxelles/fete	영국 에든버러 성(Edinburgh Castle) 콘서트 출처 : https://k-mice.visitkorea.or.kr/mice

독일 알리안츠 경기장(파울라너 판트레프 사우스 매치데이) 출처 : https://www.allianz-arena.com	브뤼셀 트레인 월드(Train world) 출처 : https://venues.be/

호주 시드니 캠벨 스토어의 워더세지 출처 : https://www.besydney.com	일본 칸제 노오 극장 출처: https://uniquevenues.on.metro.tokyo.lg.jp

출처 : 저자 작성(2024년 해당 홈페이지 자료 참조)

(1) 아시아 지역 유니크 베뉴 활성화 사례

① 일본

도쿄 유니크 베뉴 홈페이지는 이벤트 히스토리를 포함한 다양한 정보를 제공하며, 행사 주최자와 기획자들에게 실질적인 도움을 주고 있다. 유니크 베뉴 전용 홈페이지를 운영하며, 일본식 정원, 박물관, 아쿠아리움, 사원, 테마파크 등 다양한 유형의 유니크 베뉴 정보를 제공하고 있다. 특히, 히스토리를 함께 제공하여 각 유니크 베뉴에서 개최된 주요 행사 사례를 소개하고 있다. 이러한 정보는 유니크 베뉴에서의 전시, 쇼, 컨벤션, 미팅, 인센티브 행사 등의 개최 가능성과 활용성을 실제 사례를 통해 입증하며, 행사 주최자 및 기획자들에게 유용한 자료를 제공하고 있다.

- 도쿄 유니크 베뉴 360° views 및 이벤트 히스토리

출처 : 도쿄 유니크 베뉴 홈페이지(https://uniquevenues-en.metro.tokyo.lg.jp)

② 태국

태국전시컨벤션뷰로(Thailand Convention and Exhibition Bureau, TCEB)는 공식 홈페이지의 'Variety of Venues'(장소 다양성) 카테고리를 통해 전통적인 장소, 독특한 장소, 특별한 장소의 세 가지 유형으로 유니크 베뉴를 소개하고 있다.

독특한 장소(Unconventional Venue)에는 아유타야 시립 공원 쇼핑센터, 크리스탈 디자인 센터, C 아세안 라차다 등 비전형적인 이벤트 공간이 포함된다. 특별한 장소(Unseen/Special Venue)에는 아가페 가든, 노블 플레이, 이스케이프 방콕 등 야외 정원, 예술 공간, 바와 같은 창의적

인 베뉴가 소개된다. 태국전시컨벤션뷰로는 이러한 장소 유형을 정기적으로 업데이트하며, 유니크 베뉴의 최신 정보를 제공하고 있다.

③ 싱가포르

싱가포르 관광청(Visit Singapore) 홈페이지는 MICE 장소 검색 기능을 제공하며, 유니크 베뉴를 하나의 장소 유형으로 규정하고 있다. 유니크 베뉴 필터를 적용하면 총 15개의 장소가 검색되며, 박물관, 공원, 공항, 크루즈, 미술관, 동물원, 문화센터, 아쿠아리움, 스포츠 센터 등 다양한 공간이 포함된다. 각 유니크 베뉴는 브랜드 론칭, 미팅, 갈라디너, 전시회 등 적합한 이벤트 유형과 함께, 수용 인원, 사용 가능한 장비, 편의시설, 브로슈어 등의 세부 정보를 제공하여 행사 주최자가 쉽게 참고할 수 있도록 하고 있다. 이를 통해 싱가포르는 MICE 참가자들에게 차별화된 행사 공간을 제안하며, 유니크 베뉴 활용을 적극적으로 지원하고 있다.

• 싱가포르 관광청 장소

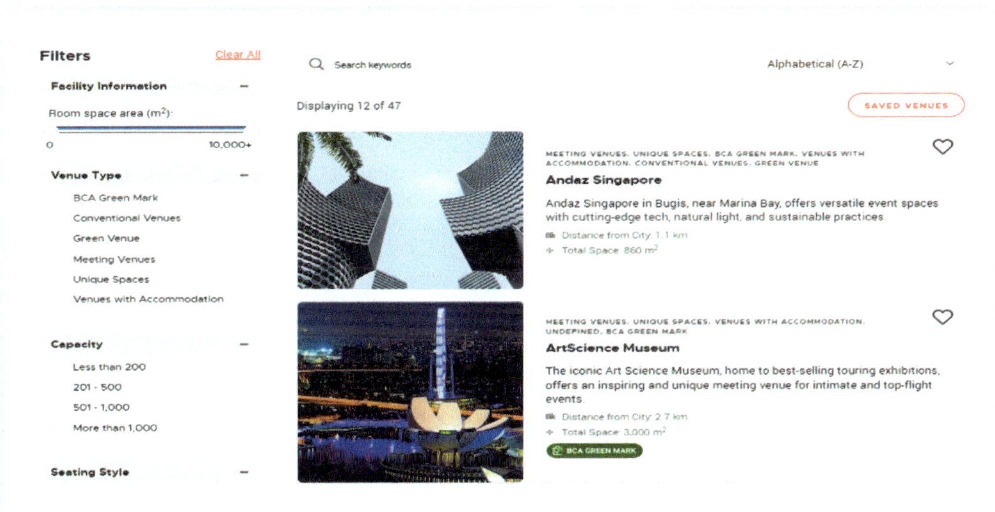

출처 : 싱가포르 관광청(https://www.visitsingapore.com)

(2) 유럽지역 유니크 베뉴 활성화 사례

① 영국

런던 컨벤션뷰로는 'Open Air Space for Meeting & Incentives' 자료를 통해 야외에서 MICE 행사를 개최할 수 있는 시설을 소개하고 있다. 세계 최초의 국립공원 도시로서 시 전체

면적의 33%가 녹지로 지정된 런던의 특성을 강조하며, 신선한 공기를 마시며 MICE 행사를 진행할 수 있는 기회를 제공한다고 설명하고 있다. 또한, 런던 컨벤션뷰로의 홈페이지는 야외 행사 베뉴뿐만 아니라, 런던의 독특한 베뉴 유형도 함께 소개한다. 전망이 좋은 베뉴(venues with a view), 첨단기술이 장착된 베뉴(high-tech venues), 학술적 베뉴(academic venues), 명소로서의 베뉴(attraction venues) 등 런던의 도시적 특성을 반영한 다양한 MICE 공간을 제공하고 있다. 이를 통해 런던은 야외 공간을 활용한 MICE 행사뿐만 아니라, 독창적인 베뉴를 적극 활용해 글로벌 MICE 도시로서의 경쟁력을 높이고 있다.

런던 컨벤션 뷰로 명소 베뉴

Sea Containers Events | Sheraton Grand London Park Lane | Silverstone

출처 : https://www.conventionbureau.london

② 프랑스

프랑스 컨벤션뷰로는 홈페이지를 통해 프랑스의 유니크 베뉴를 강조하며, MICE 행사의 차별성을 부각하고 있다. 역사적 장소부터 독창적인 공간까지 다양한 가치를 지닌 유니크 베뉴를 적극 홍보하고 있다. 이를 통해 프랑스의 풍부한 문화와 역사적 유산이 담긴 공간에서 MICE 행사를 개최함으로써 차별화된 경험을 제공할 수 있음을 강조한다. 특히, 파리의 유니크 베뉴를 유형별로 소개하며, 유적지(개선문, 에펠탑), 박물관(루브르, 오르세), 오페라 극장(가르니에, 바스티유), 백화점(라파예트, 쁘랭땅), 유람선 문화 등을 주요 MICE 공간으로 홍보하고 있다. 이를 통해 프랑스는 문화적 자산을 활용한 MICE 행사 유치를 강화하고, 유니크 베뉴의 매력을 극대화하는 전략을 추진하고 있다.

③ 이탈리아

로마 컨벤션뷰로는 로마가 지닌 풍부한 역사적 유산을 활용하여 '역사적인 베뉴(Historical Venues)'를 강조하고 있다. 홈페이지를 통해 다양한 베뉴를 소개하고 있으며, 연동된 정보를 통해 세부 내용을 쉽게 확인할 수 있도록 지원하고 있다. 또한, 전통적인 컨퍼런스 센터와 호텔 베뉴뿐만 아니라, 새로운 형식의 베뉴도 'Unconventional Venue'라는 이름으로 소개하며, 다양한 행사 유형에 맞는 공간 선택이 가능하도록 정보를 제공하고 있다. 이를 통해 로마는 역사적 장소의 가치를 살리는 동시에, 현대적인 행사 공간도 함께 홍보하며 MICE 개최지로서의 경쟁력을 높이고 있다.

④ 벨기에

플랜더스 컨벤션뷰로는 로마 컨벤션뷰로와 마찬가지로, 유산으로서의 베뉴를 소개하며 MICE 행사의 독창적 가치를 강조하고 있다. 역사적 배경과 고유의 이야기를 지닌 시설을 통해 MICE 행사의 차별화를 유도하고, 장소의 특별한 의미를 활용한 행사 기획을 장려하고 있다. 또한, 단순한 시설 소개를 넘어 케이터링, 숙박, 액티비티 추천, 하이브리드 회의를 위한 최첨단 시설 제공, 강력한 지역 조직위원회의 지원 등 다양한 무료 서비스의 제공을 강조하고 있다. 특히, 베뉴 전문가 담당자를 홈페이지에 명시하여 맞춤형 상담이 가능하도록 지원하고 있다. 이를 통해 플랜더스는 역사적 공간을 현대적 MICE 행사와 결합하여 경쟁력을 강화하고, 행사 주최자들에게 실질적인 지원을 제공하는 전략을 추진하고 있다.

4. 유니크 베뉴의 가치와 전망

1) 유니크 베뉴의 가치

유니크 베뉴(Unique Venue)는 단순히 특별한 공간을 제공하는 것을 넘어, 방문객들에게 문화적, 경제적, 사회적, 환경적, 교육적 가치를 전달하는 중요한 역할을 한다. 이러한 유니크 베뉴는 지역의 정체성을 반영하고, 차별화된 경험을 통해 방문객과 장소 간의 감성적 유대를 형성한다. 이러한 가치는 현대관광, 비즈니스 및 이벤트 분야에서도 점점 더 중요한 요소로 자리 잡고 있다.

(1) 문화적 가치

유니크 베뉴는 지역의 역사와 전통을 보존하며 문화적 가치를 높이는 데 중요한 역할을 한다. 이러한 장소는 종종 역사적 건축물이나 전통적인 공간에서 운영되며, 이를 통해 지역의 유산을 보호하고 널리 알리는 기능을 수행한다. 또한, 전통 음식, 예술, 공연 등의 체험 프로그램을 제공함으로써 방문객들에게 깊이 있는 문화적 경험을 선사한다. 서울에 위치한 국립국악원은 전통 음악과 공연 예술을 보존 · 계승하는 중심 기관으로, 국악 공연, 교육, 연구를 통해 문화적 가치를 높이고 있다. 전통 악기 체험, 국악 강좌, 공연 해설 등을 통해 대중에게 국악을 쉽게 접할 기회를 제공하며, 국내외에 한국 전통음악의 아름다움을 알린다. 이를 통해 전통 문화유산을 보호하고 지속적으로 전승하는 역할을 수행하고 있다.

(2) 경제적 가치

유니크 베뉴는 독특한 매력으로 관광산업의 활성화에 기여하며, 지역 경제에 긍정적인 영향을 미친다. 이러한 장소들은 국내외 관광객을 끌어들여 지역 경제를 활성화하고, 소규모 비즈니스와의 협업 기회를 제공한다. 또한, 기업 이벤트, 제품 출시 행사, 인센티브 여행 등 다양한 활동의 무대로 활용되어 경제적 부가가치를 높인다.

예를 들어, 일본 홋카이도의 삿포로 맥주 박물관은 지역 관광의 대표적인 명소로 자리 잡아 많은 방문객을 유치하고 있다. 싱가포르의 가든스 바이 더 베이는 글로벌 기업 컨퍼런스와 VIP 파티의 장소로 활용되며 경제적 효과를 창출하고 있다. 또한, 제주도의 스누피가든, 더클리프, 여미지식물원 등도 관광과 이벤트 산업을 통해 지역 경제에 긍정적인 영향을 미치고 있다.

(3) 사회적 가치

유니크 베뉴는 지역 커뮤니티를 강화하는 중심지로서 사회적 가치를 창출한다. 이러한 공간은 지역 주민들이 모이고 교류할 수 있는 장을 제공하여 커뮤니티를 활성화하며, 다양한 문화와 사람들을 수용함으로써 포용적이고 열린 사회를 구축하는 데 도움을 준다.

일본 마치야는 문화체험 공간으로 활용되며, 전통 공예 워크숍과 다도 행사 등을 통해 지역 주민과 관광객 간의 교류를 촉진한다. 영국 런던의 서머셋 하우스는 지역 예술가와 창작자들이 자유롭게 교류할 수 있는 장소로 기능하며, 창작 활동을 지원하는 레지던시 프로그램도 운영한다. 서울책보고는 복합 문화 커뮤니티 공간으로 폐쇄된 지하보도를 활용하여 조성된 대형 헌책방이자 문화공간이다. 책을 통한 지역사회 교류가 활발하며, 독서모임, 강연, 전시 등 다양한 행사가 열린다.

(4) 환경적 가치

유니크 베뉴는 친환경적인 운영 방식을 도입하여 지속 가능한 공간 활용을 실천하고 있으며, 이를 통해 환경 보호의 중요성을 강조하고 있다. 기존 건축물을 재활용하거나 친환경 디자인을 적용함으로써 자연과 조화를 이루는 동시에 방문객들에게 지속 가능한 개발의 필요성을 알리는 역할을 한다.

예를 들어, 서울의 문화비축기지는 과거 산업시설을 재생하여 친환경 문화 공간으로 조성되었다. 이곳은 에너지 절약 기술을 활용한 냉난방 시스템을 갖추고 있으며, 다양한 문화·예술 프로그램을 통해 환경 보호와 지속 가능성에 대한 인식을 높이는 데 기여하고 있다.

아랍에미리트의 루브르 아부다비는 에너지의 효율적인 설계를 바탕으로 자연 채광과 열 조절 기술을 활용하여 에너지 소비를 줄이고 있다. 또한, 지속 가능한 운영 방식으로 환경에 미치는 영향을 최소화하고 있다. 런던의 더 크리스탈은 친환경 건축 기술을 적용한 대표적인 사례로, 재생 에너지를 적극 활용하며 지속 가능한 도시 개발과 관련된 전시 및 교육 프로그램을 운영하고 있다.

이처럼 유니크 베뉴는 친환경적 요소를 반영한 공간 운영을 통해 환경 보호에 기여하고 있으며, 지속 가능한 관광과 문화 활동을 촉진하는 역할을 하고 있다.

(5) 교육적 가치

유니크 베뉴는 역사와 예술을 교육하는 공간으로서 중요한 역할을 하며, 방문객들에게 전통과 현대의 문화를 체험할 기회를 제공한다. 특히 젊은 세대에게는 흥미로운 학습 환경을 조성하여 역사와 예술을 보다 창의적으로 접할 수 있도록 돕는다. 이러한 유니크 베뉴는 지역의 문화유산을 보존하는 동시에 교육적 가치를 높이는 기능을 한다.

예를 들어, 프랑스의 루브르 박물관은 고대 유물부터 현대 미술까지 다양한 작품을 전시하는 세계적인 미술관으로, 학생과 일반 관람객을 위한 체험형 교육 프로그램을 운영하고 있다. 이를 통해 방문객들은 예술과 역사를 보다 깊이 이해할 수 있다. 더불어 현대적인 유니크 베뉴는 첨단 기술과 창의적인 요소를 결합하여 새로운 교육 경험을 제공한다. 일본 도쿄의 팀랩 보더리스는 디지털 아트를 활용하여 관람객이 직접 예술을 체험할 수 있도록 기획된 공간으로, 예술과 기술이 융합된 혁신적인 학습 환경을 제공한다.

이처럼 유니크 베뉴는 전통과 현대를 결합한 다양한 방식으로 교육적 가치를 실현하며, 역사와 예술, 기술을 배우고 체험할 수 있는 특별한 공간으로 활용되고 다양한 방식으로 교육적 가치를 실현하고 있다.

2) 유니크 베뉴의 전망

MICE산업에서 유니크 베뉴의 수요는 꾸준히 증가하고 있으며, 이에 따라 각 베뉴는 지속적으로 개선점을 보완하며 발전하고 있다. 현재 유니크 베뉴는 개발단계를 지나 강화단계에 접어들었으며, 더욱 경쟁력을 갖추기 위한 전략적 노력이 필요하다.

• 유니크 베뉴의 단계별 육성 로드맵

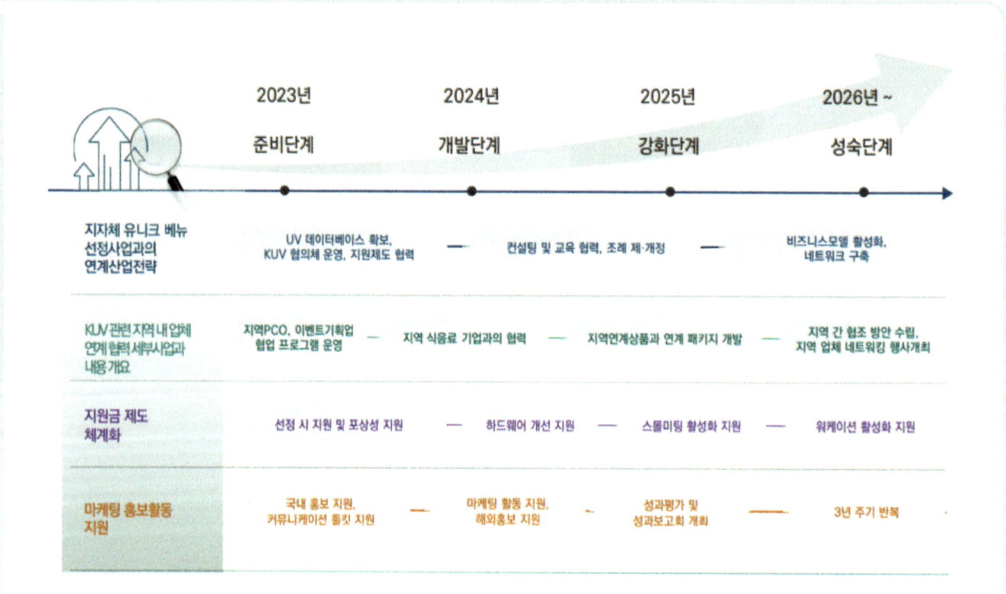

출처 : 한국관광공사(2022), 코리아 유니크 베뉴 사업개선 연구 보고서

IACC 보고서에 따르면 앞으로 유니크 베뉴는 더욱 다양하게 활용될 것으로 전망되며, 특히 아래와 같은 트렌드가 주목받을 것으로 예상된다.

첫째, 참가자 경험 강화이다. 참가자들은 단순한 회의 참석을 넘어, 독특하고 기억에 남는 경험을 추구한다. 이에 따라 베뉴들은 편안한 대화 환경 조성, 테마가 있는 음식 및 음료 이벤트, 자연과의 연계 등을 통해 참가자들의 만족도를 높이고자 한다.

둘째, 공간의 유연성 및 다양성이다. 회의 및 이벤트의 목적과 형태가 다양해짐에 따라, 베뉴들은 다양한 레이아웃과 협업 공간을 제공하여 변화하는 요구에 대응하고 있다. 이는 참가자들이 편안하게 머무르며 의미 있는 대화를 이어나갈 수 있는 환경을 조성하는 데 중점을 둔다.

셋째, 기술 통합 및 혁신이다. 첨단 기술의 도입은 베뉴 선택에 중요한 요소로 작용하고 있다. 인공지능(AI)을 활용한 베뉴 다양화 및 지속 가능한 실천, 하이브리드 이벤트를 위한 기술 지원 등은 미래의 베뉴 운영에 필수적인 요소로 자리매김하고 있다.

넷째, 지속 가능성 및 친환경 실천이다. 환경에 대한 관심이 높아짐에 따라, 지속 가능한 운영방식을 채택하는 베뉴가 증가하고 있다. 이는 친환경 인증 획득, 에너지 효율적인 설비 도입, 지역 사회와의 협력 등을 포함한다.

다섯째, 비전통적인 장소의 활용이다. 전통적인 호텔이나 컨벤션센터를 벗어나, 박물관, 갤러리, 공원 등 독특한 장소에서 이벤트를 개최하는 경향이 증가하고 있다. 이는 참가자들에게 새로운 경험을 제공하고, 이벤트의 차별화를 도모한다.

이러한 트렌드는 유니크 베뉴가 단순한 공간 제공을 넘어, 참가자들의 경험을 극대화하고 지속 가능한 미래를 지향하는 방향으로 발전하고 있음을 보여준다.

REFERENCE 참고문헌

김미경 · 홍성화(2022), 「수정된 IPA를 활용한 유니크 베뉴 선택속성에 관한 연구: 제주특별자치도를 중심으로」, 『MICE관광연구』, 22(4): 157-177
김수정(2021), 「유니크 베뉴 속성에 관한 연구: 일반베뉴와의 비교를 중심으로」, 과천대학교 대학원 박사학위청구논문
Leask, A., & Hood, G.(2001), Unusual Venues as Conferences Facilities: Current and Future Management Issues, Journal of Convention & Exhibition Management
성보현(2021), 「충북 MICE산업 육성을 위한 유니크 베뉴 선정과 활성화 방안」, 『MICE 관광연구』, 제21권, 제3호: 115
이진희(2013), 『Place Marketing』, 3판, 대왕사
한국관광공사(2014), 유니크 베뉴 DB발굴 및 활용방향
한국관광공사(2022), 코리아 유니크베뉴 사업개선 연구 보고서
한국관광공사(2024), 코리아 유니크 베뉴

독일 알리안츠 경기장(https://allianz-arena.com/en/meetings-and-events)
미국 브루클린의 아방가르드 가드너(https://www.avant-gardner.com/our-story)
싱가포르 관광청(https://www.visitsingapore.com)
영국 에든버러 성(https://k-mice.visitkorea.or.kr/mice)
제주컨벤션뷰로(https://jejucvb.or.kr)
코리아 유니크 베뉴(https://k-mice.visitkorea.or.kr)
Brussel Special Vennue(https://venues.be/en/venues)
Business Events Sydney(https://www.besydney.com.au)
GMI(https://miceinsight.co.kr)
https://www.conventionbureau.london
https://www.prestigeeventsmagazineblog.com/?s=unique+venue
IACC(https://www.meetingsnet.com/meeting-planning-toolbox/meeting-room-future-report-4-)
IACC, Meeting Room of the Future Barometer
takeaways-planners?utm_source=chatgpt.com
TOKYO Unique Venues of London(https://uniquevenues-en.metro.tokyo.lg.jp)
Unique Venues of Amsterdam(https://uniquevenuesofamsterdam.com)
Unique Venues of London(https://www.uniquevenuesoflondon.co.uk)
USA Unique Venues(https://www.uniquevenues.com)

CHAPTER

13

미팅테크놀로지

Meeting

Incentive

Convention

Exhibition

CHAPTER

13 미팅테크놀로지

1. 미팅테크놀로지의 배경과 특성

1) 미팅테크놀로지의 배경

미팅테크놀로지는 디지털 기술의 발전과 함께 빠르게 변화하는 MICE산업의 요구를 반영하며 발전해 왔다. 4차 산업혁명 시대가 도래하면서 전 세계 산업은 지능정보기술과 결합하여 새로운 방식으로 발전하고 있다. 사물인터넷(IoT), 빅데이터, 인공지능(AI), 클라우드 컴퓨팅, 로봇과 같은 첨단 디지털 기술은 의료, 교육, 국방 등 다양한 분야에서 활용되며, 사회 전반의 혁신을 촉진하고 있다. 이러한 기술은 기업의 경영 전략뿐만 아니라 정책적 의사결정 과정에서도 중요한 역할을 하며, 복잡한 문제를 보다 효과적으로 해결하는 데 기여하고 있다.

MICE산업 또한 이러한 첨단 기술을 적극적으로 도입하면서 행사 운영 방식에 변화를 맞이하고 있다. 회의 기획 단계부터 운영 및 사후 관리에 이르기까지 다양한 스마트 기술이 적용되면서 참가자들에게 향상된 만족도와 편의를 제공하고 있다. 행사 운영 방식도 점차 디지털화되어 온라인 등록 시스템, 참가자 데이터 분석, 실시간 커뮤니케이션 도구 등의 활용이 점점 더 중요해지고 있다. 특히, 참가자의 경험 개선을 넘어, 행사 주최자와 기획자의 업무 효율성을 높이고 생산성을 극대화하는 데 기여하며, 경영 및 운영 측면에서도 필수적인 도구로 자리 잡고 있다.

코로나19 팬데믹은 미팅테크놀로지 발전의 또 다른 계기가 되었다. 비대면 · 하이브리드 행사 방식이 확산되면서 화상회의, 웨비나(Web+Seminar의 합성어로 온라인으로 진행되는 세미나), 가상 이벤트와 같은 기술이 급속도로 발전하였다. 이에 따라 메타버스 및 XR(확장현실) 기반 행사 솔루션이 등장하며, 행사 운영 방식은 더욱 다변화되었다. 이와 함께, 행사 기획 및 운영의 효율성을 극대화하고 비용을 절감하려는 요구도 미팅테크놀로지 발전을 촉진하는 요소가 되었다. AI 기반 분석을 활용하여 참가자 데이터를 효과적으로 관리하고, 행사의 투자 대비 효과(ROI)를 극대화하는 전략이 강조되었다. 이러한 배경 속에서 미팅테크놀로지는 단순한 기술적 도구를 넘어, 행사 운영의 필수 요소로 자리 잡으며 MICE산업의 혁신을 이끄는 중요한 역할을 하고 있다. 미팅테크놀로지의 시대적 배경은 아래 표와 같다.

미팅테크놀로지의 시대적 배경

연도	배경
1980	컴퓨터 기술이 회의산업에 본격적으로 도입되기 시작. 주요 변화로는 컴퓨터를 활용한 참가자 등록과 명찰 제작이 있다.
1981	최초의 회의 관리 소프트웨어인 미팅프로(MeetingPro)가 등장하여 참가자 명단 관리와 시장 추적이 가능해졌다.
1982	콤프레션랩(Compression Labs)에 의해 비디오 컨퍼런스 시스템이 회의 시장에 도입되었다.
1990	인터넷 보급으로 온라인 참가 등록, 이메일 초청, 정보 공유 등이 가능해졌고, 웹 기반 관리 시스템이 회의와 이벤트 운영의 주요 기술로 자리 잡았으며, 다양한 온라인 이벤트 관리 플랫폼이 출시되며 하이브리드 이벤트의 기초를 다졌다.
2000	2000년대 이후, 참가자들은 모바일 애플리케이션을 통해 실시간으로 투표에 참여하고, 네트워킹 활동을 진행하며, 프로그램 정보를 확인할 수 있게 되었다. AR(증강현실)과 VR(가상현실) 같은 기술 도입으로 더 몰입적인 경험을 제공하게 되었다.
2020 초반	COVID-19 팬데믹은 미팅테크놀로지 발전의 또 다른 중요한 계기가 되었다. 대면 행사가 제한되면서 가상 및 하이브리드미팅이 빠르게 확산되었다. 온라인 회의 플랫폼(Zoom, Microsoft Teams)과 같은 도구들이 회의와 이벤트의 필수 기술로 자리 잡았고, 많은 기업들이 이러한 변화를 통해 비용 절감과 글로벌 접근성을 확대할 수 있었다.
2020 중반	최근에는 AI(인공지능)와 메타버스 같은 최첨단 기술들이 미팅테크놀로지에 도입되며, 회의와 이벤트 운영의 새로운 패러다임을 제시하고 있다. AI는 참가자 데이터를 분석해 맞춤형 콘텐츠와 네트워킹 기회를 제공하며, 메타버스는 완전히 가상화된 몰입형 회의를 가능하게 하고 있다.

출처: 선행연구 통해 재정리

2) 미팅테크놀로지의 특성

미팅테크놀로지는 이벤트 테크놀로지와 유사하게 사용되는 개념으로, 국내에서는 유비쿼터스(Ubiquitous) 기술, 스마트 마이스(Smart MICE)라는 용어와 혼용되기도 한다. 유비쿼터스 기술은 언제 어디서나 편리하게 컴퓨터 자원을 활용할 수 있도록 현실 세계와 가상 세계를 결합한 기술을 의미하며, 스마트 마이스는 MICE산업과 관련된 참가자와 주최자, 참여업체 등이 편리하게 이용할 수 있도록 지원하는 전시·컨벤션 행사관리 시스템을 뜻한다.

미국 이벤트산업위원회(Events Industry Council, EIC)에서는 이벤트 테크놀로지를 미팅 및 이벤트와 같은 행사를 지원하는 컴퓨터, 소프트웨어, 네트워킹, 오디오 등의 기술적 도구로 정의하고 있다. 그러나 미팅테크놀로지는 아직 보편적으로 합의된 개념이 정립되지 않았으며, 주로 MICE산업의 트렌드와 전망을 분석하는 논의 속에서 언급된다.

초기에는 화상회의, 음향 및 영상 기술을 활용하는 수준에 머물렀으나, 신기술이 발전하면서 행사 기획, 운영, 사회 관리 등 전 과정에 걸쳐 활용되며 그 개념이 확장되고 있다. 업계에서는 미팅테크놀로지와 이벤트 테크놀로지 모두 MICE 행사 전반에 사용되는 기술서비스로 간주하고 있으며, 국가별로 MICE산업을 지칭하는 용어가 미팅, 이벤트, 컨벤션, 회의 등으로 상이하기 때문에 두 용어를 혼용하고 있는 것으로 파악된다.

미팅테크놀로지는 행사 주최자와 기획자가 업무를 보다 정확하고 간소화할 수 있도록 돕는 스마트워크(Smart Work) 환경을 조성하는 핵심 요소다. 이를 통해 행사의 효율성과 효과성을 극대화할 수 있을 뿐만 아니라, 참가자들에게 새로운 경험과 편의를 제공함으로써 MICE 행사의 차별화와 경쟁력을 강화하는 데 기여한다. 이에 따라 한국관광공사를 비롯한 여러 기관에서는 국내 행사 주최 및 운영기관이 미팅테크놀로지를 적극적으로 활용하여 행사 효과를 극대화할 수 있도록 지원하고 있다.

미팅테크놀로지를 주최자와 기획자의 효율적 행사운영과 참가업체 및 참가자의 참가목적 달성을 위해 행사 진행 전반에서 활용되는 기술로 정의한다. MICE 대표 용어인 미팅(Meeting)에 테크놀로지(Technology)라는 단어가 결합된 개념으로 MICE 행사 개최 전-중-후에 사용하는 기술이다.

미팅테크놀로지는 행사 진행 전반에서 활용되는 기술로, 단순한 회의(Meeting)뿐만 아니라 인센티브 투어(Incentive Tour), 컨벤션(Convention), 전시회(Exhibition) 등 MICE산업 전반에 걸쳐 적용된다. 행사 개최 전·중·후 과정에서 다양한 형태로 사용되며, 행사 기획, 운영, 네트워킹, 데이터 분석 등 목적에 따라 활용 방법이 달라진다.

디지털 기술의 발전과 함께 미팅테크놀로지는 지속적으로 변화하고 있으며, 1980년대의 단순한 컴퓨터 기술 도입을 시작으로 인터넷, 모바일 기술, 하이브리드 미팅, 최신 인공지능(AI), 메타버스 기술로까지 확장되었다. 향후 디지털 전환과 기술 혁신이 더욱 가속화되면서, MICE 행사는 물리적 공간을 넘어 혁신적 경험을 제공하는 장으로 발전할 전망이다.

2. 미팅테크놀로지의 분류

미팅테크놀로지의 범위는 크게 컴퓨터 기반의 정보 제공, 처리, 이용을 돕는 시스템인 정보기술(IT)과 통신 및 정보처리를 포함하여 변환, 저장 등이 추가된 형태의 정보통신기술(ICT)의 두 가지로 구분한다.

IT(Information Technology)에 해당하는 대표적인 미팅테크놀로지는 방송, 영상 및 음향, 동시통역, 행사운영시스템, 데이터 처리 및 보안, 네트워크, 애플리케이션, 3D 공간 데이터, 홈페이지 제작 및 운영 등이다.

ICT(Information and Communication Technology)는 정보기술(IT)과 통신(Telecommunication) 기술이 융합되어 초연결과 초지능화에 기반을 두고 있으며, 미팅테크놀로지에 활용가능한 정보통신기술은 컨시어지 서비스, 로봇 안내원, 비콘, 빅데이터 분석, 인공지능, 사물인터넷, 홀로그램, 가상현실, 증강현실, 실시간 네트워킹, 음성인식, QR코드, 위치인식, NFC 결제, 웨어러블 디바이스 등과 같이 다양하다.

MICE산업에 활용되는 미팅테크놀로지는 활용의 기반이 되거나 다른 테크놀로지와 결합하여 활용되는 기반 테크놀로지 5개와 국제행사에 직접적으로 활용되는 행사 활용 테크놀로지 16개 등 총 21개로 분류하였다. 미팅 산업은 디지털 기술의 발전과 함께 다양한 테크놀로지를 활용하여 회의 및 이벤트의 기획, 운영, 관리, 그리고 참가자 경험을 혁신하고 있다. 미팅 산업에서 주로 활용되는 주요 테크놀로지와 그 역할은 다음의 표와 같다.

MICE산업에 활용되는 21개 미팅테크놀로지의 분류

1. 기반 테크놀로지(5개)			
미팅테크놀로지 활용의 기반이 되거나 다른 테크놀로지와 결합하여 활용되는 테크놀로지 (예: 인공지능 기반 챗봇, 안내로봇/웨어러블(착용) 비콘/클라우드 기반 행사관리 소프트웨어/사물인터넷 기반 스마트 디스플레이, 빅데이터 기반 행사관리 소프트웨어(참가자 분석) 등			
1	인공지능(Artificial Intelligence)	4	빅데이터(Big Data)
2	사물인터넷(Internet of Things)	5	웨어러블 기술(Wearable Technology)
3	클라우드 컴퓨팅(Cloud Computing)		
2. 행사활용 테크놀로지(16)			
국제행사에 직접적으로 활용되는 테크놀로지로 기반 테크놀로지를 활용하거나 결합하여 활용 (예: 인공지능 기반 챗봇, 안내로봇/웨어러블(착용) 비콘/클라우드 기반 행사관리 소프트웨어/사물인터넷 기반 스마트 디스플레이, 빅데이터 기반 행사관리 소프트웨어(참가자 분석) 등			
1	증강현실(AR)/가상현실(VR)	9	행사관리 소프트웨어(EMS)
2	홀로그램(Hologram)	10	드론(Drone)
3	라이브 스트리밍(Live Streaming)	11	챗봇(Chatbot)
4	RFID(Radio Frequency Identification)	12	안내로봇(Guiding Robot)
5	소셜미디어(Social Media)	13	프로젝션 맵핑(Projection Mapping)
6	위치기반서비스(LBS)/GPS	14	안면인식 기술(Facial Recognition)
7	비콘(Beacon)	15	스마트 디스플레이(Smart Display)
8	모바일 앱(Mobile Apps)	16	NFC(Near-field Communication)

출처 : 한국관광공사(2019), 미팅테크놀로지 기술동향 및 수요 연구

미팅테크놀로지는 MICE산업에서 다양한 유형의 기술을 활용하여 행사 운영의 효율성을 높이고 참가자 경험을 향상시키는 데 중요한 역할을 한다. 이를 적용 분야 및 효과와 함께 살펴보면 다음과 같다.

1) 미팅테크놀로지의 분류

(1) 증강현실(AR)/가상현실(VR)

MICE산업에서 증강현실(AR)과 가상현실(VR) 기술은 참가자들에게 몰입감 높은 경험을 제공하며 행사 운영 방식에도 혁신을 가져오고 있다.

증강현실(AR)은 현실 세계에 디지털 이미지를 덧입혀 보다 직관적인 정보 제공이 가능하도록 한다. 전시회에서는 AR기술을 활용해 제품의 내부 구조를 3D로 시각화하거나, 행사장 내 특정 위치에서 실시간 안내 정보를 제공할 수 있다. 이를 통해 참가자들은 단순히 정보를 읽는 것이 아니라 상호작용하며 탐색할 수 있는 방식으로 콘텐츠를 경험하게 된다.

가상현실(VR)은 완전한 가상의 환경을 구축하여, 참가자가 물리적으로 행사장을 방문하지 않아도 실감 나는 체험을 할 수 있도록 한다. 예를 들어, 전시회나 컨벤션에서는 VR기술을 활용하여 원격 참가자들이 3D로 제품을 둘러보고 체험할 수 있으며, 가상 컨퍼런스 룸에서 발표를 듣거나 네트워킹 활동을 진행할 수도 있다.

MICE산업에 활용되는 증강현실(AR)과 가상현실(VR)

항목	AR(증강현실)	VR(가상현실)
기술개념	현실 공간 위에 정보·이미지 오버레이	완전한 가상 3D 환경 구성
MICE 목적	현장 정보 향상, 사용자 편의성 증가	몰입형 경험, 공간 제약 없이 구현
회의(Meeting)	장소 안내 AR 내비게이션, 스피커 안내 레이어	가상회의 공간, 아바타 회의, 3D 협업
포상관광(Incentive)	관광지 AR 해설, AR 미션·게임	가상여행 체험, 테마파크 재현
컨벤션(Convention)	전시안내 AR뷰어, 증강형 세션자료	VR 키노트홀, 몰입형 발표환경
전시(Exhibition)	제품 AR 시각화, AR 포토존	VR 가상부스, 제품체험관
장점	설치 간편, 모바일 접근성 높음	몰입도 높음, 공간 없이 구현가능
단점	몰입도 낮음, 콘텐츠 정합성 필요	장비 고가, 멀미 발생, 공간제약
국내적용사례	제주스마트관광 앱, 코엑스 AR 안내	메타버스 서울 컨벤션센터

(2) 홀로그램(Hologram)

홀로그램(Hologram)은 빛의 간섭과 회절을 이용하여 3D 입체 영상을 생성하는 기술로, MICE산업에서 혁신적인 시청각 경험을 제공하는 도구로 활용되고 있다. 이 기술은 기존의 2D 디스플레이와는 달리 실감 나는 입체감을 전달하여 참가자의 몰입도를 높인다.

컨퍼런스 및 세미나에서는 원격 강연자의 홀로그램 영상을 무대에 투사해 실제 현장에 있는 듯한 효과를 연출할 수 있으며, 이를 통해 이동 비용을 절감하고 행사 운영의 효율성을 높인다. 전시회에서는 홀로그램을 활용해 제품을 실감 나게 시연할 수 있어, 대형 장비나 이동이 어려운 제품을 효과적으로 소개할 수 있다. MICE산업에서 홀로그램 기술은 참가자 경험을 향상시키고 공간적 제약을 극복하는 혁신적 도구로 자리 잡고 있다.

• 홀로그램 미팅

(3) 라이브 스트리밍(Live Streaming)

라이브 스트리밍(Live Streaming)은 인터넷을 통해 실시간으로 영상을 송출하는 기술로, MICE산업에서 행사의 접근성을 확대하고, 참가자 경험을 혁신하는 중요한 도구로 자리 잡고 있다. 이 기술은 시간과 장소의 제약을 극복하여 전 세계의 참가자들이 동시에 행사에 참여할 수 있도록 지원하며, 물리적 행사와 디지털 참여를 결합한 하이브리드 이벤트에서 특히 유용하다.

라이브 스트리밍은 대규모 국제 컨퍼런스나 세미나에서 강연 내용을 전 세계로 송출하는 데 활용된다. 이를 통해 현장에 참석하지 못한 참가자들도 동일한 콘텐츠를 실시간으로 시청할 수 있으며, 채팅창이나 Q&A 세션을 통해 강연자와 실시간으로 소통할 수 있다. 또한,

중요한 이벤트나 패널 토론이 여러 시간대에 걸쳐 진행될 경우, 라이브 스트리밍은 참가자들이 어디서든 손쉽게 접속하여 행사의 주요 내용을 놓치지 않도록 한다.

전시회나 제품 론칭 행사에서는 라이브 스트리밍을 통해 새로운 제품이나 서비스의 시연을 실시간으로 전 세계 관객들에게 공유한다. 이는 브랜드 인지도를 확산시키고, 잠재 고객과의 접점을 넓히는 데 효과적이다. 예를 들어, 자동차 제조사는 신차 공개 행사를 라이브 스트리밍하여 전 세계 소비자들이 동시에 신제품을 접할 수 있도록 한다.

(4) RFID(Radio Frequency Identification)

RFID(Radio Frequency Identification)는 전파를 이용해 정보를 무선으로 송수신하는 기술로, MICE산업에서 효율적이고 정교한 행사 관리와 데이터 수집을 가능하게 한다. 이 기술은 작은 RFID 태그와 리더기를 활용하여 참가자의 움직임, 출입, 행동 데이터를 실시간으로 추적 및 기록하며, 다양한 행사의 운영과 분석을 혁신적으로 개선한다.

RFID는 행사 참가자 관리에 효과적으로 활용된다. 예를 들어, 컨퍼런스나 전시회에서 참가자 배지에 RFID 태그를 삽입하면, 별도의 수작업 없이 참가자 출입을 자동으로 기록할 수 있다. 이는 대규모 행사에서 입장 절차를 간소화하고, 대기 시간을 줄이는 데 기여한다. 또한, 특정 세션이나 부스에서 참가자가 얼마나 머물렀는지 데이터를 수집하여, 인기 있는 세션이나 부스를 분석하고 향후 행사 기획에 반영할 수 있다. 이외에도 VIP나 특별 게스트의 동선을 추적하거나, 예약된 세션에 참석 여부를 자동으로 확인하는 데에도 사용된다.

◦ RFID 활용 범위

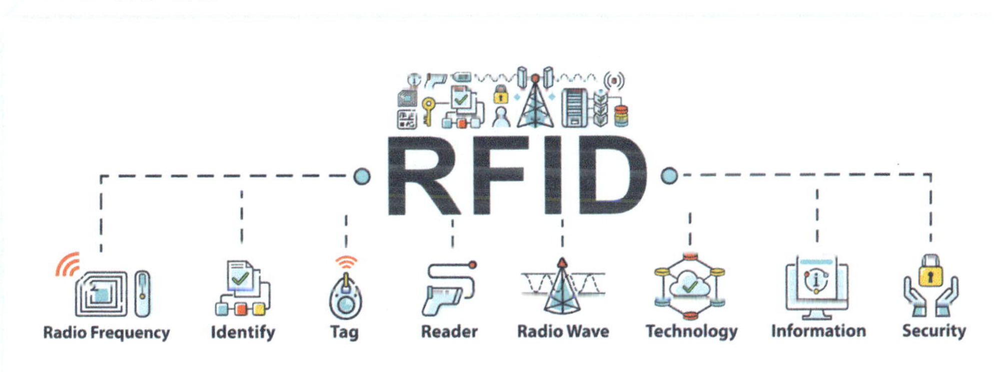

(5) 소셜미디어(Social Media)

소셜미디어(Social Media)는 MICE산업에서 홍보, 소통, 참여 유도를 위한 필수 도구로 자리 잡고 있다. 페이스북, 인스타그램, 트위터, 링크드인, 틱톡 등 다양한 플랫폼을 활용해 행사 기획부터 사후 평가까지 전 과정에서 효과적인 마케팅과 참가자 참여를 유도할 수 있다.

행사 전에는 소셜미디어를 통해 이벤트 정보를 홍보하고 참가자를 모집한다. 이벤트 페이지 개설, 해시태그 캠페인, 티저 영상 및 연사 소개 콘텐츠를 활용해 기대감을 조성할 수 있다.

행사 중에는 실시간 콘텐츠 공유를 통해 참가자와의 소통을 강화한다. 참가자들은 사진과 동영상을 게시하고, 주최측은 라이브 스트리밍, 스토리 기능, 실시간 설문조사 등을 통해 행사 분위기를 확산할 수 있다.

행사 후에는 소셜미디어를 활용해 하이라이트 영상, 리뷰 및 피드백을 공유하며 참가자와 지속적으로 연결된다. 또한, 분석 도구를 활용해 캠페인의 효과를 측정하고 다음 이벤트를 위한 개선점을 도출할 수 있다. 소셜미디어는 MICE 행사의 글로벌 확산과 참가자 참여 극대화에 필수적인 역할을 하며, 효율적인 마케팅과 지속적인 관계 구축을 지원하는 핵심 도구로 자리 잡고 있다.

(6) 위치기반서비스(LBS)/GPS

위치기반서비스(LBS)와 GPS(Global Positioning System)는 MICE산업에서 참가자 경험을 개인화하고 운영 효율성을 높이는 핵심 기술로 활용된다. 두 기술은 실시간 위치 데이터를 기반으로 정보를 제공하며, 참가자의 편의성과 행사 운영의 최적화를 지원한다.

대규모 전시회나 컨퍼런스에서 LBS와 GPS는 참가자들이 행사장 내에서 원하는 장소를 쉽게 찾을 수 있도록 도와준다. 스마트폰 앱을 통해 세션장소, 관심 있는 부스, 편의시설 등을 실시간 안내받을 수 있어, 복잡한 행사장에서 동선을 효율적으로 조정할 수 있다.

행사 주최측은 LBS를 통해 특정 위치에 도달한 참가자에게 맞춤형 정보를 자동으로 제공할 수 있다. 예를 들어, 특정 전시 부스 근처에 있는 참가자에게 제품 시연 정보나 특별 할인 혜택을 알림으로 전송할 수 있어, 참가자의 관심과 참여를 높인다.

또한, GPS와 LBS 기술은 참가자의 실시간 위치를 파악해 행사장의 혼잡도를 분석하고 인원 분산을 유도할 수 있다. 비상 상황 발생 시 참가자의 위치를 빠르게 확인하고, 대피 경로 안내 및 안전 지침을 제공하는 등 안전 관리 도구로도 효과적으로 활용된다. 결과적으로, LBS와 GPS는 MICE 행사에서 참가자 경험을 개선하고, 운영을 효율화하며, 안전성을 높이는 필수 기술로 자리 잡고 있다.

(7) 비콘(Beacon)

비콘(Beacon)은 블루투스 저에너지(Bluetooth Low Energy, BLE) 기술을 활용해 짧은 거리에서 무선 신호를 송신하는 소형기기로, MICE 행사에서 실시간 위치 기반 서비스와 참가자 상호작용 강화를 지원하는 핵심 기술로 활용된다. 낮은 전력 소모와 소형화된 설계 덕분에 설치와 운영이 용이하며, 행사 운영의 디지털 전환을 촉진하는 데 기여한다.

비콘은 참가자가 특정 위치에 도달하면 스마트폰 앱을 통해 맞춤형 자동 전송하는 기능을 제공한다. 예를 들어, 전시회에서 특정 부스 근처에 다가가면 제품 정보, 할인 혜택, 또는 세미나 일정 같은 맞춤형 알림을 받을 수 있어 참가자의 경험이 더욱 개인화되고 정보 탐색이 간편해진다. 이뿐만 아니라 행사장 내 실내 내비게이션 기능을 지원하여, 참가자가 세션 장소, 부스, 편의시설 등을 쉽게 찾을 수 있도록 도와주며, 대규모 행사에서 동선을 최적화하는 데 기여한다.

(8) 모바일 앱(Mobile Apps)

모바일 앱(Mobile Apps)은 MICE산업의 디지털 전환을 이끄는 핵심 기술로, 행사 운영 전반에 걸쳐 참가자와 주최측 간의 연결성을 강화하고 경험을 개인화하는 역할을 한다. 스마트폰과 같은 개인 디바이스를 기반으로 실시간 정보제공, 참가자 관리, 행사 운영 최적화 등의 기능을 수행하며, 시간과 장소에 구애받지 않는 강력한 플랫폼으로 자리 잡고 있다. 모바일 앱은 행사 등록, 티켓 발급, 디지털 출석 확인 등 참가자 관리 기능을 제공하여 절차를 간소화하고 편의성을 높인다. 참가자는 행사 일정 검색, 세션 예약, 실시간 알림 수신 등을 통해 보다 효율적으로 행사를 탐색할 수 있으며, 이를 통해 참여도를 극대화하고 행사 운영의 효율성을 향상시킨다.

또한, 행사 정보제공의 주요 채널로 활용되며, 일정, 장소, 연사 정보, 프로그램 세부사항 등을 신속하게 전달하여 참가자들이 행사 내용을 쉽게 파악할 수 있도록 돕는다. 주최측은 공지사항을 실시간으로 공유하여 원활한 운영을 보장할 수 있다. 특히, 모바일 앱은 참가자 경험을 개인화하고, 양방향 소통을 활성화하는 도구로도 활용된다. 참가자들은 실시간 설문조사, Q&A 세션, 의견 공유 등을 통해 행사에 적극적으로 참여할 수 있으며, 이는 단순한 정보 소비를 넘어 참가자 중심의 행사 경험을 조성하는 데 기여한다.

(9) 행사관리 소프트웨어(EMS)

행사관리 소프트웨어(EMS: Event Management Software)는 MICE산업에서 행사의 기획, 실행, 운영, 분석 등 전 과정의 효율성을 높이고 조직화를 돕는 디지털 도구이다. EMS는 참가자 관리, 일정 조율, 자원 배분, 피드백 수집 등 행사의 여러 측면을 통합적으로 관리할 수 있는 플랫폼을 제공하여, 대규모 행사에서도 체계적이고 효율적인 운영을 가능하게 한다.

EMS는 행사 기획 단계부터 중요한 역할을 한다. 주최측은 소프트웨어를 활용하여 예산을 설정하고, 일정을 구성하며, 세션과 연사를 배치하는 작업을 자동화할 수 있다. 이를 통해 복잡한 작업을 체계적으로 관리하고, 인적 오류를 줄이며, 시간과 비용을 절약할 수 있다.

참가자 관리 또한 EMS의 핵심 기능 중 하나다. EMS는 참가자 등록, 티켓 발급, 출석 체크 등과 같은 행정적인 절차를 자동화하여 주최측의 부담을 덜어준다. 참가자는 온라인으로 손쉽게 등록하고, QR 코드나 디지털 티켓을 통해 신속하게 입장할 수 있다. 또한, EMS는 참가자 정보를 저장하고 분석하여 개인화된 경험을 제공할 수 있도록 돕는다.

행사 운영 중에는 실시간으로 정보를 관리하고 조율하는 데 EMS가 활용된다. 예를 들어, 행사 일정이나 세션 위치 변경 등의 정보를 즉시 업데이트하여 참가자와 공유할 수 있다. 또한, EMS는 행사장 내 자원 배분과 연사 관리, 세션 진행 상태를 모니터링할 수 있는 기능을 제공하여, 원활한 행사의 운영을 돕는다.

(10) 드론(Drone)

드론은 무인 항공 기술을 활용하여 원격으로 조종되거나 자율적으로 비행하며, 데이터 수집이나 특정 작업을 수행하는 장치로 다양한 산업에서 활용되고 있다. MICE산업에서도 행사 운영, 홍보, 안전 관리, 연출 등 여러 분야에서 혁신적인 가치를 제공하는 도구로 자리 잡고 있다.

특히, 대규모 행사에서 드론의 역할은 더욱 두드러진다. 고해상도 카메라가 장착된 드론은 행사장의 전경을 항공 촬영하여 생생한 영상과 사진을 제공하며, 이는 홍보 콘텐츠 제작이나 실시간 스트리밍을 통해 현장에 참석하지 못한 참가자들에게도 몰입감을 제공하는 데 활용된다. 기존의 고정된 카메라나 지상 촬영 장비와 달리, 다양한 각도에서 촬영할 수 있어 독창적이고 역동적인 영상 제작이 가능하다.

또한, 행사 운영의 효율성 향상에도 기여한다. 드론을 활용하면 행사장 내외부를 실시간으로 모니터링하여 참가자 밀집 구역을 파악하거나, 긴급 상황 발생 시 신속한 대응이 가능하다. 이외에도 행사 운영에 필요한 물품을 효율적으로 전달할 수 있어 시간과 인력을 절약하는 데 도움을 준다.

뿐만 아니라, 드론은 행사의 독창성을 강화하는 연출 도구로도 활용된다. 여러 대의 드론을 활용한 공중 퍼포먼스, 브랜드 메시지 연출 등은 시각적 혁신과 예술적 감각을 더하여 참가자들에게 색다른 경험을 제공한다. 이러한 기술적 활용은 MICE 행사에 혁신적 요소를 추가하고, 참가자들에게 강렬한 인상을 남기는 효과를 가져온다.

• 드론 퍼포먼스

(11) 챗봇(Chatbot)

챗봇(Chatbot)은 인공지능(AI) 기술을 기반으로 인간과 자연스럽게 대화하도록 설계된 소프트웨어로, MICE산업에서 참가자와 주최측 간의 소통을 자동화하고, 정보제공 및 고객 서비스의 효율성을 극대화하는 도구로 활용된다. 텍스트 및 음성 인터페이스를 통해 실시간으로 상호작용하며, 행사 전 과정에서 유용한 지원을 제공한다.

행사 기획 및 운영 단계에서 챗봇은 중요한 역할을 한다. 행사 전에 참가 등록 안내, 일정 및 장소 정보 제공, 자주 묻는 질문(FAQ) 응답 등을 자동화하여 주최측의 업무 부담을 줄인다. 예를 들어, 참가자는 챗봇을 통해 등록 절차를 간편하게 완료하고, 원하는 세션의 시간과 위치를 빠르게 확인할 수 있다. 이러한 기능은 참가자들에게 필요한 정보를 즉각 제공하여 행사 경험을 더욱 원활하고 편리하게 만든다. 행사 중에는 실시간 소통 및 지원 도구로도 활용되며 긴급 상황 발생 시 챗봇이 실시간 알림을 제공하여 중요한 정보를 빠르게 전달할 수 있다.

(12) 안내로봇(Guiding Robot)

안내로봇(Guiding Robot)은 인공지능(AI)과 로보틱스 기술을 기반으로, 사람의 도움 없이도 특정 정보를 제공하고, 장소를 안내하며, 참가자와 상호작용할 수 있도록 설계된 자율 이동 로봇이다. MICE산업에서는 행사 운영 효율성을 높이고 참가자 경험을 향상시키는 혁신적인 도구로 점차 활용 범위를 넓혀가고 있다. 안내로봇은 행사장에서 참가자들에게 다양한 정보를 제공하는 역할을 한다. 행사장 입구나 주요 구역에 배치된 안내로봇은 행사 일정, 세션 위치, 프로그램 세부 사항 등을 실시간으로 안내하며, 참가자들이 필요한 정보를 빠르게 얻고 효율적인 동선 계획을 세울 수 있도록 돕는다. 특히, 다국어 지원 기능을 통해 언어 장벽을 해소하여 국제 행사에서도 원활한 서비스 제공이 가능하다.

또한, 안내로봇은 물리적 안내 서비스도 제공한다. 참가자가 특정 세션 장소나 부스를 찾기 어려워할 경우, 로봇이 직접 참가자를 목적지까지 안내하거나, 디지털 지도를 화면에 표시해 길을 안내한다. 이러한 기능은 참가자들의 편의성을 높이고, 행사장 내 혼잡도를 줄이는 데 기여한다. 안내로봇은 참가자와의 상호작용을 통해 MICE 행사에서 독특하고 기억에 남는 경험을 제공한다. 일부 로봇은 참가자와 사진을 촬영하거나, 음성 명령을 받아 응답하는 등 엔터테인먼트 요소를 추가적으로 제공하기도 한다.

(13) 프로젝션 맵핑(Projection Mapping)

프로젝션 맵핑(Projection Mapping)은 기존의 평면 스크린이 아닌, 3차원 표면에 영상을 투사하여 공간과 물체를 시각적으로 변형하고, 현실과 가상의 경계를 허무는 기술이다. 이 기술은 건물 외벽, 무대, 조각, 가구 등 다양한 표면에 맞춰 영상을 정교하게 조정할 수 있어, MICE산업에서 창의적이고 몰입감 있는 경험을 제공하는 핵심 도구로 활용된다.

MICE 행사에서 프로젝션 맵핑은 행사 공간 자체를 혁신적으로 변화시키는 도구로 활용된다. 평범한 벽면이나 바닥에 투사된 영상은 공간을 완전히 새로운 환경으로 바꿔 참가자들에게 색다른 경험을 선사하며, 브랜드 메시지나 행사 주제를 시각적으로 강조하는 데 효과적이다. 또한, 엔터테인먼트 요소를 강화하여 행사에 생동감을 더하는 역할을 한다. 공연, 갈라디너, 시상식 등에서 무대 배경과 장식물이 실시간으로 변화하는 연출을 통해 행사에 몰입감을 더하고, 참가자들에게 강렬한 인상을 남길 수 있다. 일부 행사에서는 모션 트래킹 기술과 결합하여 참가자의 움직임이나 음성에 반응하는 상호작용형 연출을 구현하기도 한다.

(14) 안면인식 기술(Facial Recognition)

안면인식 기술(Facial Recognition)은 인공지능(AI)과 머신러닝 알고리즘을 활용하여 개인의 얼굴 특징을 분석하고 식별하는 기술로 MICE산업에서 참가자 관리, 보안강화, 맞춤형 서비스 제공 등 다양한 분야에서 혁신적인 도구로 활용되고 있다. 이 기술은 참가자 경험을 개인화하고 행사 운영의 효율성을 높이는 데 기여하며, 특히 대규모 국제 행사에서 그 중요성이 더욱 부각된다.

안면인식 기술은 참가자 등록과 출입 절차를 간소화하여 행사 운영을 더욱 효율적으로 만든다. 참가자는 QR 코드나 신분증을 제시할 필요 없이, 얼굴 인식만으로 신속하게 본인 확인 및 출입 승인을 받을 수 있어 긴 대기 시간을 줄이고, 원활한 행사 운영이 가능하다. 특히, 수천 명이 참석하는 대규모 컨퍼런스나 전시회에서 빠르고 정확한 참가자 관리가 가능하다.

보안 측면에서도 안면인식 기술은 중요한 역할을 한다. 행사장 입구나 주요 구역에서 참가자의 신원을 확인하여, 비인가자의 출입을 제한하고, 전반적인 보안 수준을 강화할 수 있다. 또한, VIP 참가자를 자동으로 인식하여, 맞춤형 환영 메시지나 전용 서비스를 제공하는 데 활용할 수도 있다.

(15) 스마트 디스플레이(Smart Display)

스마트 디스플레이(Smart Display)는 인터넷 연결과 인공지능(AI) 기술을 결합한 디지털 장치로, MICE산업에서 행사 정보 제공, 브랜드 홍보, 참가자 참여 유도 등의 역할을 한다.

행사장에서는 일정, 연사 정보, 세션 위치, 공지사항 등을 시각적으로 전달하며, 터치스크린 기능을 통해 참가자들이 직접 탐색할 수 있도록 돕는다. 또한, 디지털 사이니지로 활용되어 스폰서 광고와 행사 주요 콘텐츠를 효과적으로 홍보할 수 있다.

참가자들은 스마트 디스플레이를 통해 설문조사 참여, 세션 피드백 제출 등 실시간 상호작용이 가능하며, 일부 디바이스는 맞춤형 정보제공과 데이터 분석 기능도 지원한다. AR · VR 기술과 결합하면 가상 부스 탐색, 제품 시연, 3D 콘텐츠 경험 등 더욱 몰입감 있는 행사 운영이 가능하다.

또한, 스마트 디스플레이는 증강현실(AR), 가상현실(VR) 기술과 결합하여 더욱 몰입감 있는 행사 경험을 제공한다. 참가자들은 디스플레이를 통해 가상 부스를 탐색하고, 제품을 시연하며, 3D 콘텐츠를 시청하는 등의 체험을 할 수 있어 행사 참여도가 더욱 높아진다.

(16) NFC(Near-field Communication)

NFC(Near-Field Communication)는 짧은 거리에서 두 기기가 무선으로 데이터를 교환하는 기술로, MICE산업에서 참가자 관리, 결제, 정보제공, 데이터 수집 등에 활용된다. 이 기술은 스마트폰과 NFC 태그 또는 리더 간의 근거리 통신을 통해 빠르고 안전하게 정보를 주고받을 수 있어 행사 운영을 더욱 효율적으로 만든다. 참가자는 NFC 기반 디지털 배지로 간편하게 출입을 인증하거나, 모바일을 통해 빠르게 결제할 수 있으며, 행사장 내에서 정보 확인 및 네트워킹을 원활하게 진행할 수 있다.

• 근거리무선통신 NFC(Near-field Communication)

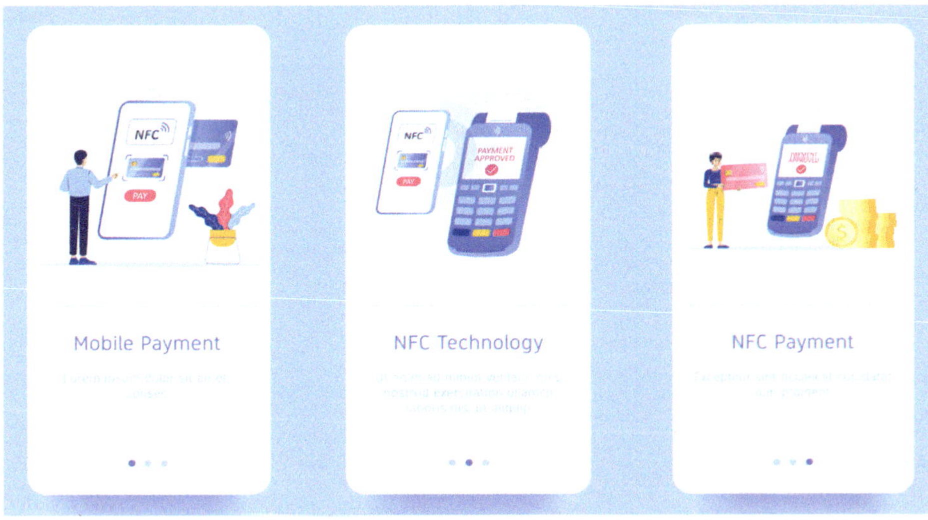

3. 미팅테크놀로지의 사례와 전망

1) 미팅테크놀로지의 사례

(1) 싱가포르

싱가포르 관광청은(Singapore Tourism Board)은 2021년 3월 3일부터 4일까지 호텔, 컨벤션 센터, 여행사 등 약 40개 업체와 협력하여 가상 무역박람회를 개최하였다. 박람회는 라이브 문화 체험 투어, 미슐랭 스타 셰프와 함께하는 요리 마스터 클래스 등 온라인 체험 프로그램으로 구성되었으며, 참가자들은 사전에 제공된 체험 키트를 활용해 직접 요리 체험에 참여할 수 있다.

마리나베이샌즈(Marina Bay Sands)는 실제 회의 공간을 복제한 맞춤형 가상 경험 플랫폼을 구축하여, 온라인 참가자들도 대면 행사와 동일한 환경에서 회의에 참여할 수 있도록 했다. 참가자들은 물리적 공간과 가상 공간을 자유롭게 이동하며, 가상 전시 부스, 콘텐츠 라이브

러리, 실시간 스트리밍을 통해 상호작용이 가능했다.

또한, 챗봇, 퀴즈, 실시간 투표 등의 대화형 요소와 데이터 분석 기능을 도입하여 청중의 참여도를 높이고 행사 효과를 측정할 수 있도록 했다. 이 플랫폼은 홀로그램, 가상현실(VR), 증강현실(AR), 확장현실(XR) 등의 최신 디지털 기술을 적용하여 품질 높은 라이브 스트리밍을 제공하며, 단기 행사에 그치지 않고 연중 지속적으로 운영할 수 있는 가상 미팅 공간으로 확장되었다는 점에서 긍정적인 평가를 받았다.

• 가상회의 장소의 시각적 인터페이스(마리나베이샌즈 건물 시각화)

출처 : 마리나베이샌즈 홈페이지(https://ko.marinabaysands.com)

(2) 태국

태국 컨벤션전시뷰로(Thailand Convention and Exhibition Bureau)는 행사 운영을 효율화하고 참가자 경험을 향상시키기 위해 'BizCOnnect' 이벤트 관리 애플리케이션을 개발하였다. 이 애플리케이션은 등록, 이벤트 앱, 비즈니스 매칭, 설문조사, 결제, 이벤트 분석 등 다양한 기능을 통합하여 행사 관리를 보다 체계적으로 지원한다.

2021년에는 태국 MICE산업의 디지털 전환을 촉진하기 위해 'MICE Winnovation' 프로그램을 출범하였다. 이 프로그램은 MICE산업의 지속적인 성장과 경쟁력 강화를 목표로 디지털 기술 솔루션을 제공하며, 전시 산업에서 최고의 마케팅 전략으로 평가받아 'UFI Marketing Award 2022'를 수상했다.

기술을 보유한 업체는 자격 심사를 거쳐 홈페이지에 등록할 수 있으며, 이를 통해 MICE 업계와 협력하고 솔루션을 홍보할 기회를 얻게 된다. MICE 기업들은 등록된 협력사의 기술과 서비스를 활용할 수 있으며, 혁신 기술을 적용한 경우 '혁신 바우처(Inno-Voucher)'를 통해 예산 지원을 받을 수 있는 혜택도 제공된다.

• MICE Winnovation

출처 : https://innocatalog.tceb.or.th

2) 미팅테크놀로지의 시장전망

글로벌 이벤트 관리 소프트웨어 시장 규모는 예측기간 동안 연평균 성장률(CAGR) 17.4%로 2024년 155억 달러에서 2029년 347억 달러로 성장할 것으로 예측된다. 이벤트 관리 소프트웨어 시장은 간소화되고 효율적인 이벤트 계획 솔루션에 대한 수요 증가로 인해 급속한 성장을 경험하고 있다. 가상 및 대면 이벤트가 증가함에 따라 등록 및 마케팅부터 물류 및 분석에 이르기까지 이벤트 관리의 다양한 측면을 처리할 수 있는 디지털 도구에 대한 절실한 요구가 있다.

미국은 2024년부터 2029년까지 이벤트 관리 소프트웨어 시장에서 가장 높은 점유율을 유지할 것으로 예상되며, 여러 주요 기업이 다양한 산업과 이벤트 유형에 맞춘 혁신적인 솔루션을 제공하고 있다.

글로벌 이벤트 관리 소프트웨어 시장은 조직들이 디지털 솔루션의 가치를 인식하면서 지속적으로 확장되고 있으며, 특히 방대한 데이터를 효율적으로 처리하고 이벤트 관리 업무를 자동화해야 하는 필요성이 수요 증가의 주요 요인으로 작용하고 있다. 기업들은 복잡한 이벤트 운영을 간소화하고 생산성을 극대화할 수 있는 소프트웨어를 찾고 있으며, 참석자 정보 관리, 일정 조율, 티켓 발권 및 물류 운영 등 다양한 기능을 지원하는 실시간 데이터 처리 시스템을 필요로 한다. 또한, 이메일 알림, 등록, 피드백 수집 등의 자동화 기능은 업무 부담을 줄이는 동시에 운영 효율성과 정확성을 높이는 데 기여하고 있다.

아시아 태평양 지역의 행사관리 소프트웨어 시장규모는 북미와 유럽 지역에 비해 작은 규모이지만 2024년까지 행사관리 소프트웨어 시장에서 가장 빠르게 성장하는 지역이 될 것으로 예상되는 등 향후 성장성 면에서는 높은 평가를 받고 있다.

한국의 미팅테크놀로지 시장은 아직 활성화되지 못한 상황이나, 다른 산업분야에 활용되는 테크놀로지 개발 수준은 높기 때문에, 향후 높은 성장성이 예상되는 미팅테크놀로지 시장에 대한 적극적인 대처가 필요할 것이다.

• 글로벌 이벤트 관리 소프트웨어 예측시장 2024

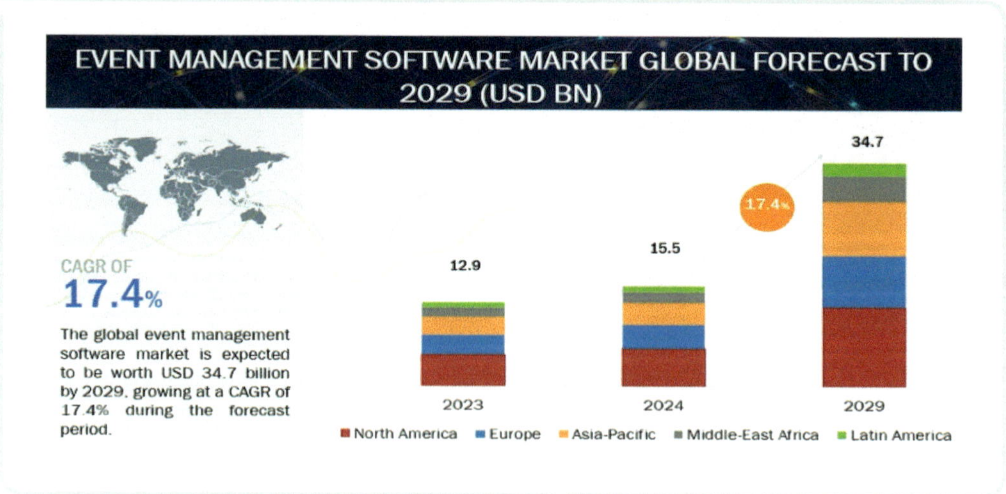

출처 : https://www.marketsandmarkets.com

미팅테크놀로지는 MICE에서 행사 주최자 및 서비스 제공자, 컨벤션 시설 운영 주체 및 CVB, 참가자 및 참가업체에 다양한 영향을 미친다. 이를 통해 행사 운영의 효율성을 높이고, 참가자 경험을 향상시키며, MICE산업 전반의 혁신을 촉진하는 역할을 한다.

행사 주최자 및 서비스 제공자는 실시간 정보 전달, 참가자 소통, 데이터 분석을 통해 행사 운영을 보다 효율화한다. 소셜미디어와 애플리케이션을 활용해 행사 홍보 및 만족도 조사가 가능하며, 디지털화로 친환경적인 운영과 브랜드 이미지 개선에도 기여한다.

컨벤션 시설 운영 주체 및 CVB는 온라인 플랫폼과 VR · AR 기술을 활용해 도시 브랜드를 홍보하고, 잠재 관광객의 관심을 유도할 수 있다. 또한, 비콘(Beacon) 기술을 통해 맞춤형 데이터를 제공하여 베뉴 운영 전략을 최적화할 수 있다.

참가자와 참가업체는 온라인과 앱을 통해 행사 정보를 비교 · 검색하고, 네트워크를 확대할 수 있다. 비즈니스 매칭 시스템을 활용해 바이어와 연결하고 경제적 효과를 극대화할 수 있다.

MICE 행사 참여 주체에 따른 미팅테놀로지 활용 기대효과 요약

분류	주요 활동 미팅테크놀로지	기대효과
PEO · PCO · 행사운영 서비스제공자	• 행사장과 데스트네이션 선정 • 행사 등록과 체크인 • 행사 관리 소프트웨어 • 모바일 애플리케이션, 인공지능, 컨시어지 • 행사 마케팅과 소셜미디어 • 참가자 참여와 상호 네트워킹 • 네트워킹과 매치메이킹	• 매뉴얼적인 업무 감소 • 업무 오차 범위 감소 • 신속한 수정 및 보완 가능 • 행사 기획 및 운영 예산 절감 • 실시간 상호교류와 피드백 • 행사 결과 데이터 분석 • 효율적인 현장 운영
컨벤션시설 운영주체 · CVB	• 행사장과 데스티네이션 선정 • 모바일 애플리케이션, 인공지능, 컨시어지 • 행사 마케팅과 소셜미디어	• 온라인 마케팅 용이 • 새로운 디지털 경험 제공 • 고객 데이터 분석
참가자 · 참가업체	• 행사장과 데스티네이션 선정 • 행사 등록과 체크인 • 모바일 애플리케이션, 인공지능, 컨시어지 • 행사 마케팅과 소셜미디어 • 참가자 참여와 상호 네트워킹 • 네트워킹과 매치메이킹	• 행사 개최지 정보습득 용이 • 적극적 행사 참여와 상호 네트워킹 • 비즈니스 매치메이킹 성과 개선

출처 : 한국관광공사, 미팅테크놀로지 가이드

REFERENCE 참고문헌

배우리(2023), 「제4차 산업혁명에 따른 MICE산업의 발전방향 연구」, 『서비스산업연구』, 제16권, 제2호: 17-35

서울관광재단(2022.3), 「MICE산업 동향 보고서」, 관광연구팀

한국관광공사(2019), 「미팅 테크놀로지 기술동향 및 수요 연구 보고서」

한국관광공사(2019), 「미팅테크놀로지 가이드라인」

마리나베이샌즈(https://ko.marinabaysands.com)

베트남 외교정보부(https://www.vietnam.vn)

이벤트산업협의회(https://www.eventscouncil.org)

태국컨벤션뷰로 혁신 카탈로그(https://innocatalog.tceb.or.th)

한국MICE협회(https://www.micekorea.or.kr)

한국전시산업진흥회 하이브리드 컨벤션 사례 분석(https://akei.or.kr)

EventMB, Event Industry Trends 2023(eventmanagerblog.com)

GLL(https://www.giikorea.co.kr/report/mama1473662-event-management-software-market-byf-ofering.html?utm_source=chatgpt.com)

GMI(https://miceinsight.co.kr)

ICCA, Hybrid Meetings in the New Normal(https://iccaworld.org)

CHAPTER

14

비즈니스 이벤트

Meeting

Incentive

Convention

Exhibition

CHAPTER

14 비즈니스 이벤트

우리나라는 회의 복합 산업에 대해 1990년대 중반까지 '국제회의'라는 용어를 주로 사용하다가 후반에는 '컨벤션(Convention)'이라는 용어를 도입하여 사용했다. 2000년대 이후부터는 아시아 국가에서 주로 쓰이던 'MICE'라는 용어를 도입하면서 지금까지 다양한 용어와 혼용되어 사용되고 있다(박의서 · 장태순 · 이창현, 2019). 국제 관광산업의 성장 및 활성화를 위한 수단에 집중하여 MICE산업을 주로 바라보았으며 정책적으로 국제회의에서 일부 확대되는 형태로 그 범위가 한정되어 자리 잡았다(이준 · 이병철, 2021).

국내 MICE산업은 국제회의 형태의 또 다른 관광 부가가치 창출 산업 위주로 인식되었기 때문에 교류를 추구하는 본질 및 복합 산업의 다양성에 대한 이해가 필요하다. 이러한 관점에서 '비즈니스 이벤트'의 개념과 중요성을 살펴보고자 한다.

1. 비즈니스 이벤트 배경과 개념

1) 비즈니스 이벤트 배경

최근에는 MICE라는 용어를 활용해 왔던 아시아 국가들 중에서도 비즈니스 이베트라는 용어를 본격적으로 활용하고 있다. 이러한 변화는 말레이시아, 싱가포르 등 아시아의 MICE 산업을 주도하는 선진국들이 주축이 되었다. 말레이시아는 2030년까지 아시아 5대 비즈니스 이벤트 목적지가 되기 위한 '말레이시아 비즈니스 이벤트 마케팅 전략 2021~2030(Malaysia

Business Events Strategic Marketing Plan 2021~2020)'을 발표했다. 싱가포르는 「안전한 비즈니스 이벤트 체계(Singapore Safe Business Events Framework)」라는 국가 산업 전략 보고서에서 비즈니스 이벤트라는 용어를 채택하면서 국제회의 산업 선진 도시와 국가들이 MICE산업을 대체하는 용어로 활용하였다. 비즈니스 이벤트는 비즈니스에 초점을 맞춘 목적성을 가지고 새로운 MICE산업의 가치 제고를 위한 관점에서 등장했다(정성태 · 유은주 · 정광민 · 김미성, 2024).

2) 비즈니스 이벤트 개념

호주의 '비즈니스이벤트위원회(Business Events Council of Australia, BECA)'에서는 비즈니스 이벤트를 '공통의 관심사와 직업을 가진 최소 15명 이상으로 이루어진 공공 혹은 민간 활동으로 하나의 혹은 다수의 단체가 특정 장소에서 개최하는 행사'로 정의하면서 개념과 유형을 아래와 같이 규정하고 있다.

호주 비즈니스이벤트위원회의 정의

구분	주요 내용
개념	• 메시지 교환, 교육 및 트레이닝, 제품 홍보, 보상 및 축하, 현안 사항과 문제해결 협력, 자원 발굴 등을 위해 각종 단체가 포럼 등의 형태로 채택하고 있음 • 컨퍼런스, 컨벤션, 심포지엄, 콩그레스, 인센티브 그룹 이벤트, 마케팅 이벤트, 특별 축하 행사, 세미나, 교육 코스, 일반 혹은 무역 전시회(Public or Trade shows), 신제품 출시 행사, 박람회(exhibitions), 기업 총회, 기업 수련회, 견학 활동 혹은 연수 프로그램 등을 포함
유형	• 회의(meetings): 단체 혹은 단체들이 주관하는 15명 이상의 공동 목적을 가진 사람들의 오프라인 만남 • 인센티브: 특정 단체 내의 실적 우수자를 축하하고 참가자들의 성과를 보상함으로써 참가자들의 동기를 유발하기 위한 프로그램. 주요 관계자들이 참석한 가운데 신제품이나 새로운 서비스 출시 등에 활용 • 컨벤션: 컨퍼런스라고도 표현하며, 수천 명에 이르는 대규모 참가자가 모이고 이 중 다수의 해외 참가자가 포함되어 있음. 다수의 컨벤션은 특정 형태의 전시회가 동반됨 • 전시회: 전시회는 제품과 서비스를 보여주기 위한 행사로 전문 전시회와 일반 전시회로 구분

출처 : BECA 홈페이지(https://www.businesseventscouncil.org.au); 김성태 외 3명(2024), 『비즈니스이벤트』, 백산출판사. 참고 저자 재구성

호주의 '비즈니스이벤트위원회'는 투어나 여행 범주에 국한하지 않고 보다 포괄적인 활동(Activities)이나 프로그램(Program)이라는 용어를 활용하여 비즈니스 이벤트 산업의 범위를 넓

히고 있는데 이러한 이유는 행사 개최를 통한 비즈니스 가치 창출이라는 목적을 두고 있기 때문이다. 비즈니스 이벤트는 기존의 MICE산업 범주에 기업 이벤트, 특별 이벤트 및 페스티벌, 하이브리드 행사 등을 포함한 개념으로 이해할 수 있다.

• 비즈니스 이벤트 범위

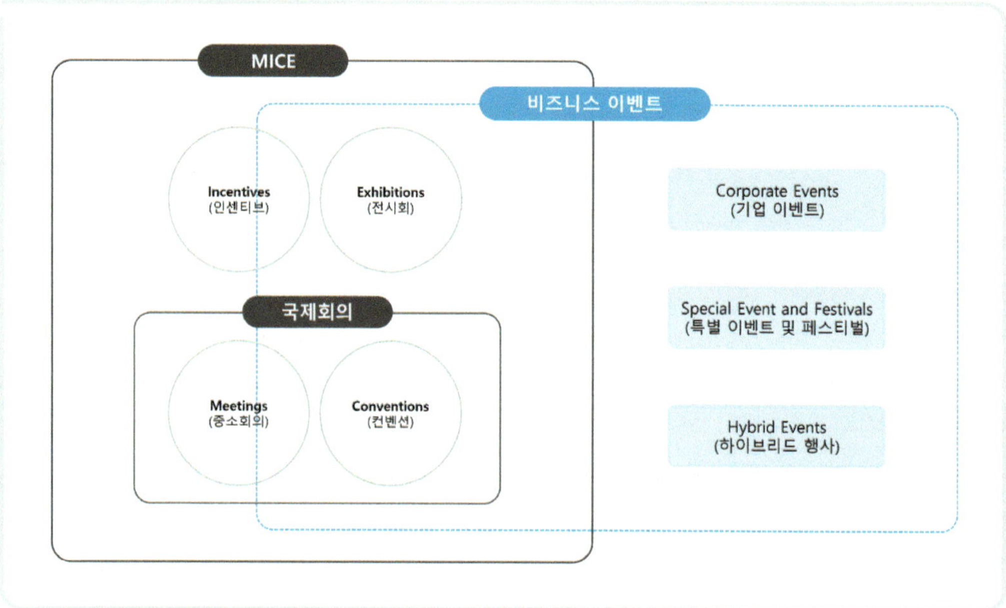

출처 : 김성태 외 3명(2024), 『비즈니스이벤트』, 백산출판사

비즈니스 가치 창출이라는 관점에서 MICE보다는 '비즈니스 이벤트'라는 용어가 주목받고 있으며 많은 기관에서 회의 및 전시 산업 등 상호 교류의 특성을 나타내는 복합 산업을 Meetings 또는 Business Event로 지칭하고 있다.

협회 및 국가(관광청 기준)별 용어 사용 현황

구분	협회 및 국가(관광청 기준)
Meetings Industry	UNWTO, ICCA, JNTO(일본 관광청), GCB(독일컨벤션뷰로) 등
Business Event	PCMA, 미국관광청(GoUSA), 싱가포르관광청(Visit Singapore & Singapore Exhibition & Convention Bureau), 호주관광청(Tourism Australia), 스코틀랜드 관광청(VisitScotland), 프랑스관광청(About France & France Convention Bureau), 영국관광청(VisitBritain) 등

출처 : 이준 · 이병철(2021), 비즈니스 이벤트의 개념적 연구, 호텔리조트연구

2. 비즈니스 이벤트 유형과 중요성

1) 비즈니스 이벤트 유형

비즈니스 이벤트는 주로 교육, 네트워킹, 제품 출시, 브랜드 인지도 제고, 직원 동기부여 등 특정 목적을 위해 기획된다. 비즈니스 창출 및 성과 극대화가 행사 개최의 목적이자 가치라고 할 수 있다. 행사 주최자에게 비즈니스 성과 창출이라는 목적은 행사 개최의 의미와 파급효과를 명확하게 설명하고 이해관계자들은 상호협력의 필요성에 공감할 수 있다.

국제컨벤션협회인 'ICCA'에서는 산업 추세로 더 이상 MICE Market이란 용어를 사용하지 않고 M/I/C/E 각각의 산업을 통틀어 "The Meetings Industry"로 통칭하고 있으며 세계 컨벤션전문경영자협회인 'PCMA'에 발췌된 글들을 보면 더 이상 회의 · 전시 산업을 MICE로 부

비즈니스 이벤트 유형

구분	주요 내용
원탁 토론	원탁회의는 단일 사회자가 주도하는 토론 기반 비즈니스 회의 비교적 규모가 작고 비공식적인 모임이며, 주로 20명 이하의 인원이 참여
파티	기업은 생일, 기념일, 은퇴, 휴일 등 특별한 행사를 축하하기 위해 개최
팀빌딩 이벤트	직원 관계를 개선하는 것 이외에도 고객 관계를 강화하기 위한 목적으로 개최
주주총회, 이사회	주주총회 및 이사회 등 기업 경영활동에 필요한 행사 개최
웰니스 이벤트	직원들의 개인적 웰빙과 만족감을 높여 건강을 개선하는 목적으로 개최
고객감사 이벤트	중요 고객들에게 감사와 고마움을 표현하는 이벤트 개최
시상식, 기념식	업적을 보상하고, 축하하며 인정하기 위해서 시상식 및 기념식 개최
네트워킹 이벤트	직원들과 다양한 산업분야 전문가, 지역주민 등과 같이 교류하는 네트워킹 이벤트 개최
제품출시 이벤트	신제품을 소개하고 화제를 만들기 위한 목적으로 제품 출시회 개최
모금 이벤트	지역사회, 자선단체 및 비영리 단체와 협력하여 모금 이벤트 개최
인센티브 여행	직원의 뛰어난 성과에 대한 보상으로 인센티브 여행이나 이벤트 개최
컨퍼런스	관련 업계 또는 전문가들과의 교류를 위한 비즈니스 컨퍼런스 개최
심포지엄	심포지엄은 교육적 행사로 컨퍼런스와 비슷하지만 범위와 규모가 더 작은 특징이 있음
무역박람회	특정 산업의 많은 기업과 전문가들이 한자리에 모여 제품을 선보이고 새로운 서비스를 시연하며 네트워크를 구축하기 위한 목적으로 개최

출처: 비즈니스 이벤트의 20가지 유형(https://www.socialtables.com/blog/event-planning/types-of-corporate-events/) 저자 재작성

르지 않고 Business Event로 주로 통칭하고 일부 Meetings Industry로 언급하고 있다(이준 · 이병철, 2021).

비즈니스 이벤트라는 용어는 전적으로 비즈니스적인 것으로 생각할 수 있지만, 행사 주최자는 다양한 이유로 이벤트를 개최한다. 비즈니스 이벤트는 다양한 목적에서 진행되고 있으며 가장 일반적인 비즈니스 이벤트 개최 목적은 정보 제공, 교육, 인센티브, 잠재고객 유치, 판매, 마케팅, 사교, 커뮤니티 구축 등이다.

2) 비즈니스 이벤트의 중요성

공동회의산업협의체(JMIC; Joint Meeting Industry Council)는 1978년 회의산업에 종사하는 국제협회 간의 커뮤니케이션과 업계 상황 및 전략을 종합적으로 검토하는 수단을 제공하기 위해 설립되었으며, 이후 매년 두 차례 회의를 개최하고 있다. JMIC는 적극적인 홍보 프로그램을 개발하여 비즈니스 이벤트에 대한 인식을 높이기 위해 노력한다. 동시에 업계 교류 및 커뮤니케이션을 강화할 수 있는 플랫폼을 구축하기 위해 노력하고 있다.

• 경제 회복과 성장 전략으로의 비즈니스 이벤트

출처 : 공동 회의산업 협의체(2023), The JMIC Global Manifesto

JMIC는 2020년과 2023년 "The JMIC Global Manifesto"를 발간하였는데, 2020년 보고서의 부제는 '포스트 팬데믹 시대에 경제 회복과 재생을 위한 촉매제로서 비즈니스 이벤트 활용을 위한 산업 논리'였다. 이 보고서는 코로나19로 피해를 입은 경제를 회복시키는 데 가장 효과적인 수단으로 비즈니스 이벤트의 중요성을 강조했다.

2023년 5월에 발표한 2차 보고서의 부제는 '비즈니스 이벤트를 다차원적 성장과 혁신의 핵심 동력으로 활용하기 위한 산업보고서'였다. 이 보고서는 비즈니스 이벤트가 경제 회복과 성장을 위한 전략적인 수단으로 15가지 전략을 제시했다.

(1) 혁신과 재구성(Innovation & Reinvention)

비즈니스 이벤트는 상업, 혁신, 재창조, 지식 이전 및 전환을 주도하며 성장과 혁신을 위한 중요한 요구 사항을 충족시킨다. 이러한 행사의 목적은 커뮤니케이션, 정보 공유 및 집단 참여를 통해 모든 부문에서 진전을 가속화하는 것이다. 이는 자연스럽게 경제 성장의 원동력이 되는 혁신과 재창조를 촉진한다. 특히, 미래 경제 환경과 이러한 변화된 환경으로 인한 수요와 기대에 부합하기 위해 비즈니스 이벤트는 중요한 역할을 수행할 것이다.

(2) 복합적 영향(Multi-sector Impacts)

비즈니스 이벤트는 다양한 분야를 동시에 발전시킨다. 비즈니스 이벤트는 다양한 경제, 학술 및 비즈니스 부문의 발전을 지원하는 효율적인 수단이다. 따라서 비즈니스 이벤트는 다양한 분야의 활성화, 참여, 변화를 촉진할 수 있다. 그리고 단순히 제한된 범위의 부문을 개별적으로 다루기보다는 다차원적인 성장을 이룰 수 있도록 한다.

(3) 관계 구축 및 신뢰도 형성(Relationships & Trust)

비즈니스 이벤트는 관계를 발전시키고 신뢰를 구축한다. 비즈니스 이벤트는 집단 역학과 사고의 힘을 효율적으로 활용하여 적극적인 참여를 유도한다. 또한 현재와 미래 글로벌 긴장(경제 불안정, 지정학적 갈등, 공중 보건 안보)에 직면하여 매우 중요한 협력적이고 생산적인 네트워크를 만들고 유지하도록 한다.

(4) 다양화 및 자급자족(Diversification & Self-sufficiency)

비즈니스 이벤트는 경제 다각화와 자급자족을 촉진한다. 최근 글로벌 공급망의 붕괴를 경험하면서 경제적 자급자족이 더욱 중요해지고 있다. 많은 지역 사회에서는 보다 자립적이고 다각화된 지역 경제의 힘과 회복력에 초점을 맞추고 있다. 비즈니스 이벤트는 새로운 관계, 투자, 비전통적인 비즈니스 활동으로 이어지는 교류를 지원함으로써 이러한 과정을 촉진한다.

(5) 전환과 재생(Transition & Renewal)

비즈니스 이벤트는 새로운 경제환경에서 변화와 전환을 주도하는 핵심적인 역할을 수행한다. 사회적, 경제적 여건이 변화하면서 새로운 경제는 경험, 지식, 디지털 경제의 요소를 구현하는 지금과는 상당히 다른 경제가 될 가능성 높다. 비즈니스 이벤트는 진취적인 경제활동과 안정적이고 회복력 있는 경제를 보장하기 위한 변화와 혁신의 필수 요소로 작용할 것이다.

(6) 인재 육성 및 투자(Talent & Investment)

비즈니스 이벤트는 경제 다각화에 필요한 인재 육성과 투자를 유치할 수 있다. 비즈니스 이벤트, 특히 국제 이벤트는 주요 경제 및 전문 분야를 견인하는 인재 육성과 투자 유치를 가능하게 한다. 따라서 비즈니스 이벤트는 도시, 지역 또는 국가가 경제 및 사회적 우선순위를 선정하기 위한 중요한 전략적 도구로 활용될 수 있다. 특정 비즈니스 이벤트의 유치 기준은 사회 발전을 위한 정부의 정책 우선순위에 따라 조정될 수 있다.

(7) 지속 가능한 발전(Path to Sustainable Development)

비즈니스 이벤트는 지속 가능 발전을 위한 새로운 경제를 선도한다. 지속 가능 발전목표는 비즈니스 이벤트 업계에서 오랫동안 주목해 온 주제이다. 유엔의 지속 가능 발전(UNSDG) 프로그램과 연계된 탄소중립 이벤트 산업 이니셔티브는 폐기물 관리와 에너지 절약부터 현지 소싱 및 고용 관행에 이르기까지 종합적으로 다루면서 비즈니스 이벤트 산업 관행과 고객의 기대에 지속 가능성 원칙을 확고히 내재화하고 있다.

(8) 통제된 환경(Controlled Environment)

비즈니스 이벤트는 보건 및 안전 조치가 마련된 고도로 통제된 환경에서 진행된다. 비즈니스 이벤트는 개최 시설의 구조화된 특성으로 인해 다른 형태의 공공 집회에 비해 훨씬 더 안전한 모임 형태이다. 대부분의 경우 참가자는 사전 등록을 하고 주최자는 행사 전, 도중, 후에 참가자와 소통할 수 있는 다양한 옵션이 있다. 또한 일반적으로 정책과 관련된 행사가 진행되는 비즈니스 이벤트 개최 시설은 일반 공공장소, 콘서트장, 스포츠 경기장과 같은 다른 개최 장소보다 훨씬 더 엄격한 기준을 적용하며 행사 프로토콜을 준수하도록 하고 있다.

(9) 지역 사회 레거시(Community Legacies)

비즈니스 이벤트는 지역과 관련된 레거시를 지역사회 유산으로 남긴다. 주요 비즈니스 및 전문 분야 이벤트는 개최지 명성, 기술 및 지식 전수, 새로운 네트워크 확장, 이미지 제고 측면에서 개최지 지역사회에 중요한 유산을 창출한다. 이러한 유산은 주최자와 협업 및 공동 목표 수립을 통해 지역사회의 우선적인 요구 사항을 해결하고, 동시에 새로운 비즈니스를 위해 더 효과적으로 경쟁할 수 있도록 한다. 또한 영향력 있는 참석자들이 해당 개최지를 긍정적 시각으로 볼 수 있도록 변화시킬 수 있다.

(10) 기투자된 인프라 활용(Uses Existing Investments)

비즈니스 이벤트 개최를 위한 예산은 자체적인 조달 메커니즘이 마련되어 있는 경우가 많다. 비즈니스 이벤트 특성상 대부분 사용자가 비용을 지불하기 때문에 투자에 대한 레버리시 효과가 크다. 따라서 지원을 필요로 하는 다른 분야들만큼 자본집약적이지는 않지만 원하는 성과를 촉진할 수 있다. 또한 개최 시설, 교통 시스템, 인프라 등 이미 구축된 정부의 기존 투자를 효율적으로 활용하면서 완전히 새로운 재원을 투입할 필요 없이 비즈니스 성과를 효과적으로 창출할 수 있다.

(11) 디지털화 선도(Digitalization)

비즈니스 이벤트는 그 중요성이 더욱 부각되는 디지털화를 향한 변화에 대응하고 있고 버추얼과 대면 행사에서 효과적으로 콘텐츠와 결과물들을 전달할 수 있다. 오늘날 대부분의 비즈니스 이벤트는 참석 범위를 더욱 확대할 수 있는 디지털 요소가 갖추어져 있고 더욱 정교해지고 있다. 즉, 비즈니스 이벤트의 잠재적 영향력을 전 세계로 확대할 수 있으며, 그에 따라 행사 목적지에 대한 이미지 제고 또한 기대할 수 있다.

(12) 공공정책을 위한 실험실(Laboratories for Public Policy)

비즈니스 이벤트는 새로운 정부 정책과 경제 개발 전략의 테스트베드로 활용될 수 있다. 정부는 비즈니스 이벤트를 통해 새로운 정책과 경제 개발 계획 등에 대한 정책을 제시하고, 영향을 평가할 수 있는 무대를 만들 수 있다. 그리고 비즈니스 이벤트에서 참여 범위와 의제를 구체화하여 정책과 전략을 전달하고 실시간으로 현장 피드백을 받을 수 있다.

(13) 방문자 경제 지원(Support for the Visitor Economy)

비즈니스 이벤트는 방문자 경제를 지원한다. 비즈니스 여행에 대한 구체적 동기와 인센티브를 제공한다. 비즈니스 이벤트는 시간에 쫓기는 여행객들에게 비즈니스 여행의 필요성을 제시하고 관련 업체들이 수익을 높일 수 있도록 지원한다. 또한 일과 여가를 함께 추구하는 사람들이 늘어나고 근무 환경이 변화하면서 일과 삶의 균형 및 전반적인 웰빙 요소를 갖춘 비즈니스 이벤트 개최지에 대한 관심이 높아지고 있다. 비즈니스 이벤트는 새로운 개최지로 출장을 원하는 참가자들에게 2, 3차 순위의 목적지들이 두각을 나타낼 수 있는 기회를 제공한다.

(14) 이미지 및 명성 제고(Image & Reputation)

시그니처 비즈니스 이벤트는 행사 개최지가 비즈니스 중심지로서 명성을 공고히 할 수 있도록 한다. 세계적으로 널리 알려진 비즈니스 이벤트는 개최지의 명성을 전 세계에 가시적으로 보여줄 수 있다. 경제가 발전하고 끊임없이 변화하는 세계에서 기존의 목적지는 새로운 조건하에서 리더십 위치를 공고히 하기 위해 노력한다. 또한 새로운 목적지가 비즈니스 이벤트 목적지로서 적절한 사회적, 환경적 조건을 제공할 수 있다면 매력적인 비즈니스 목적지로서 인지도를 높일 수 있는 기회를 확보할 수 있다.

(15) 측정 가능한 ROI(Measurable ROI)

비즈니스 이벤트의 성과는 측정 가능하기 때문에 투자수익률(ROI)을 명확하게 입증할 수 있다. 비즈니스 이벤트의 가치 측정은 참가자의 소비 효과와 같은 관광 측면과 경제 및 전문 분야 발전의 결과까지 포함한다. 정교한 경제파급 효과 모델과 신뢰성 있는 측정 방법들이 개발되어 있다. 비즈니스 이벤트 대표단과 참가자들은 우연한 방문자들이 아니다. 따라서 그들의 여행 목적과 소비 형태는 정확한 측정이 가능하며, 명확하게 보고할 수 있다.

JMIC에서 발표한 비즈니스 이벤트의 15가지 중요성을 간략하게 요약하면 다음과 같다. 첫째, 비즈니스 이벤트는 본질적으로 경제적, 과학적, 전문적이며 부수적으로 환대산업을 지원한다는 면에서 관광산업과 관련이 있다. 따라서 관광 정책보다는 무역, 경제 개발, 사회 및 투자 정책의 맥락에서 바라봐야 한다. 둘째, 비즈니스 이벤트와 전반적인 정부 정책 우선 순위를 일치시켜 보건, 교육, 혁신, 주요 행사 등 발전시킬 수 있는 잠재력이 가장 큰 이벤트를 타기팅하고 이를 위해 보다 효과적으로 활용할 수 있도록 노력해야 한다. 셋째, 인프라 및 기관에 대한 기존 투자가 비즈니스 이벤트 시장에서 경쟁력을 강화할 수 있는 잠재력이 있는지 면밀히 검토해야 한다. 새로운 인센티브 프로그램을 만들기보다는 기존 정부 소유 시설을 사용하는 이벤트 주최자에게 감면 혜택을 제공함으로써 재정 지원과 경쟁력 향상을 도모할 수 있는 경우가 많다. 넷째, 비즈니스 이벤트는 공개 모임이 아니라 고도로 통제된 회의이기 때문에 일반 대중 모임과는 구분하여 분류해야 한다. 다섯째, 오늘날 정부는 다차원적인 성장과 변화를 위한 비전을 명확히 제시하고 실행할 것을 요구받고 있다. 비즈니스 이벤트는 이러한 목표를 달성하기 위한 전략적 도구로 활용될 수 있다.

REFERENCE
참고문헌

김성태 · 윤은주 · 정광민 · 김미성(2024), 『비즈니스이벤트』, 백산출판사

박의서 · 장태순 · 이창현(2019), 『MICE산업론』, 학현사

이준 · 이병철(2021), 「비즈니스 이벤트의 개념적 연구」, 『호텔리조트연구』, 20(2): 295-317

JMIC(2023), 『The JMIC Global Manifesto』

20 Types of Corporate Events You Should Know About(https://www.socialtables.com/blog/event-planning/types-of-corporate-events)

BECA(https://www.businesseventscouncil.org.au)

CHAPTER

15

MICE산업의 ESG

Meeting

Incentive

Convention

Exhibition

CHAPTER 15

MICE산업의 ESG

1. MICE산업의 ESG 등장배경

ESG 경영은 비재무적 요소에 해당하는 '환경(Environmental), 사회(Social), 지배구조(Governance)'로 구성되어 있다. ESG 추구를 통한 지속 가능한 성장은 우리 사회, 기업, 그리고 금융권의 공존을 위해 필요하고, 소비자들 역시 ESG 경영을 통해 지속 가능한 미래 실현이 필요하다는 인식을 가지고 있다(이채은, 2023). 우리나라의 경우, 2021년 산업통상자원부에서 '한국형 ESG(K-ESG)' 지표를 발표하면서 4개 영역, 61개 진단 항목을 제시하였다. 한국기업지배구조원에서도 'ESG 평가 모범규준'을 개정하여 변경된 평가 모형으로 상장회사의 지속 가능경영 수준을 평가하고 있다(정선윤, 2023). 한국관광공사에서는 'MICE산업 지속 가능 발전을 위한 ESG 운영가이드'를 2022년 6월에 발간하였다.

2021년 5월 '2021 P4G(Partnering for Green Growth and the Global Goals 2030) 서울 녹색미래 정상회의(2021.5.30.~31./서울 DDP)'에서 회의 참가자들은 녹색 회복을 통한 코로나 극복, 지구 온도 상승 1.5도 이내 억제, 탈석탄 에너지 전환 가속화 선언 등의 내용을 담은 '서울선언문'을 채택하였다. 이는 정부를 비롯한 각 부처, 공공기관, 민간기업 등이 기후변화 대응책을 강구하는 계기가 되었다. MICE행사에서 해당 행사를 기획한 PCO가 혁신적인 디지털 기술을 활용하여 가상 관객에게 탄소중립 이벤트를 제공한 내용으로 IAPCO(The International Association of Professional Congress Organizers) 혁신상을 수상하기도 하였는데 이는 MICE 현장에 접목한 ESG 우수사례이다.

세계자원연구소(WRI)에서 제시한 GHG Protocoal(온실가스 회계처리 보고 기준)에 따르면, 'Scope 1. 기업 직접 발생, Scope 2. 기업 간접 발생, Scope 3. 기업이 통제하지 않는 가치사슬에서 발생한 온실가스 배출'을 의미한다. 이 중 'Scope 3'가 MICE산업에서 특히 우려되는 부분이다.

첫째, 전 세계적인 ESG 규제 기조에 의해 보다 강화된 정부의 규제로 MICE 업체들의 공공 입찰 참여 시 불이익 발생이 우려된다. 둘째, 필요한 시기에 자금 조달의 어려움을 겪을 수 있다. 투자자 및 금융기관들이 점차 ESG 우수 기업에 우선 투자 혹은 자금 조달을 할 가능성이 높다. 셋째, 공급망 실사 시 ESG 반영으로 인해 협력업체 선정에서 탈락할 위험이 증가할 수 있다. MICE는 국제협력과 무역 거래가 중심인데 미리 대비하지 않으면 주요 글로벌 사업 리그에서 빠질 수도 있다. 독일은 최우선적으로 공급망 실사법을 2023년 1월부터 시행하고 있다.

• Scope 1, 2, 3의 구분

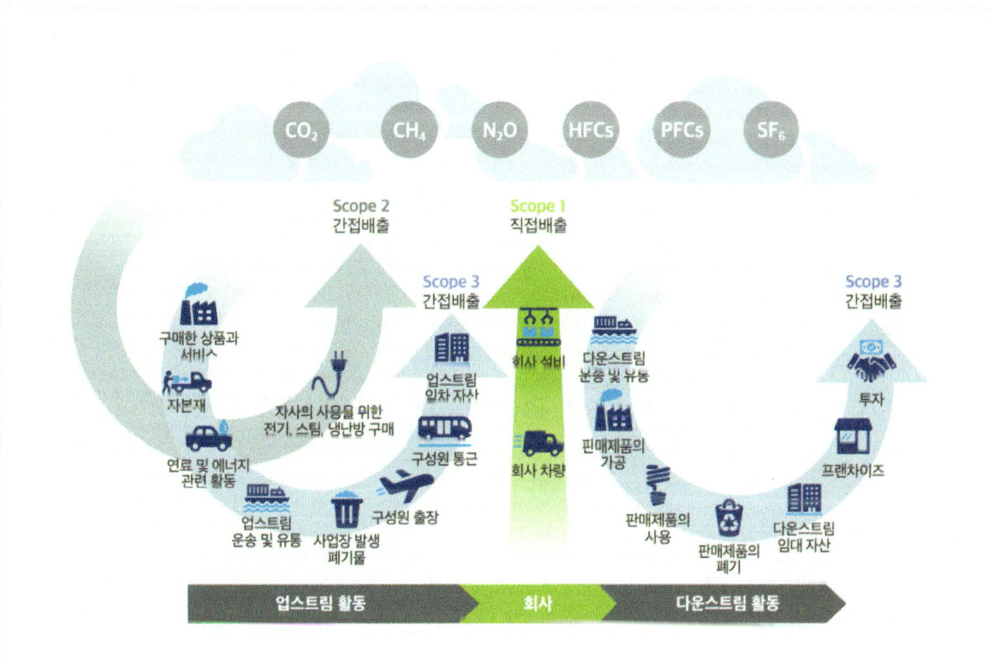

출처 : 사회적가치연구원(2023), Scope 3 측정 가이드북; GHG Protocol(2011), Corporate Value Chain Accounting Reporting Standard, p.11

예를 들어 PEO가 '포장재'와 관련한 B2B 전시회를 개최할 경우, 해외 바이어를 초청하려면 전시회에 출품하는 포장재 상품이 '탄소 배출 기준'에 준하는 상품이어야 할 것이다(윤영혜, 2022).

'Scope 3'는 기업 활동으로 인해 발생하는 모든 직간접적인 배출량 중 'Scope 1'과 'Scope 2'를 제외한 것을 포함한다. 그중 기업이 돈을 지불하고 사용하는 것과 관련된 모든 것을 업스트림(Upstream), 기업이 돈을 제공받아 판매하는 것과 관련된 모든 것을 다운스트림(Downstream)이라 칭한다.1)

2. MICE산업의 ESG 운영가이드

MICE산업에서도 지속 가능성과 ESG의 중요성은 계속 높아지고 있다. 특히 MICE 행사 개최에 따른 파급효과가 개최지에 다양한 영향을 끼치기 때문에 MICE산업에서도 그동안 추진해 온 Green MICE에 인권, 지역발전, 공정거래 등 사회적 이슈가 추가되면서 급속하게 지속 가능한 MICE로의 전환이 이루어지고 있다. 따라서 MICE산업에서의 지속 가능경영과 ESG는 '지속 가능한 MICE 행사'라는 목표 달성을 위하여 이해관계자의 요구사항을 반영한 혁신적이고 창조적인 MICE 행사 기획과 공정하고 투명한 행사 운영을 통해 경제적, 사회적, 환경적 성과를 달성하는 것으로 정의할 수 있다.

ESG는 비재무적 성과를 평가하는 중요한 요소로서 인식되고 있으며, MICE산업에서도 점차 그 가치가 더해지고 있다. MICE 개최 목적지 결정 과정에서 해당 국가의 시설과 비용, 서비스 수준뿐만 아니라 ESG 추진 현황 역시 중요한 고려 요소로 포함되고 있기 때문이다.

이러한 상황 속에서 한국관광공사는 국내 상황을 반영한 『MICE산업 지속 가능발전을 위한 ESG 운영가이드(2022.06)』를 제작·발간하였다. 운영가이드의 목적은 국내 MICE산업에서 ESG 전략을 적용·실행하는 방안을 제시하는 데 있으며, 더 나아가 국내 MICE산업의 ESG 역량을 강화하여 MICE산업의 지속적 발전을 도모하는 것이다.2)

1) 사회적가치연구원(2023), 『Scope 3 측정 가이드북』, p.7
2) 한국관광공사(2022), 『MICE산업 지속가능발전을 위한 ESG 운영가이드』

• MICE산업의 지속 가능경영과 ESG

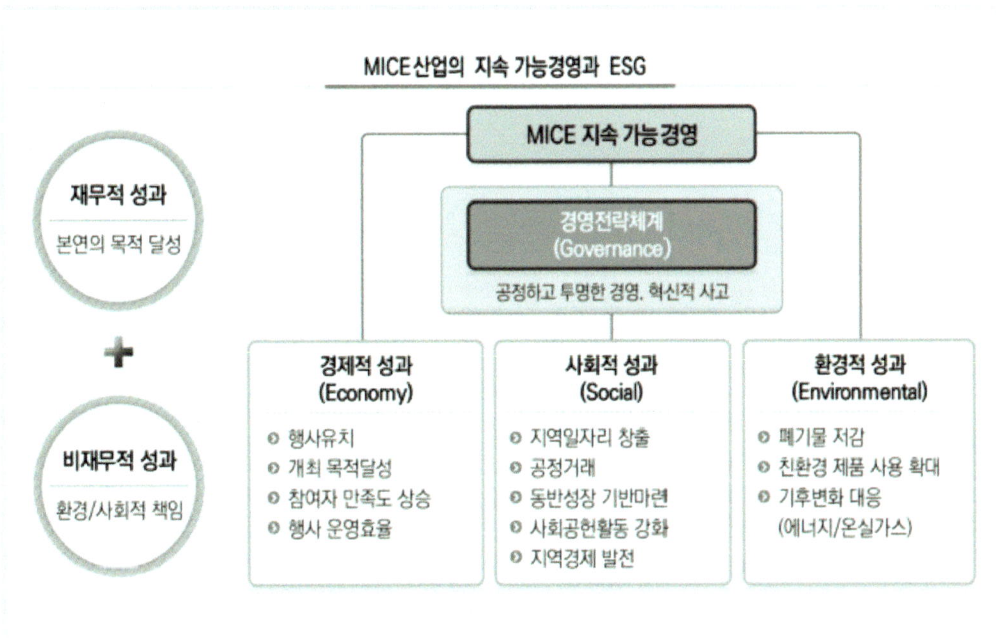

출처 : 한국관광공사(2022), MICE산업 지속 가능발전을 위한 ESG 운영가이드, p.4

1) MICE산업에서의 ESG 핵심 요소

MICE산업 측면에서 ESG는 기업이 '지속 가능한 MICE'를 달성하기 위한 핵심 요소로 MICE산업 중장기 핵심가치에 영향을 주는 비재무적 지표이다.

환경(E) 측면에서 가장 핵심적인 사안은 기후변화와 탄소 배출 관련 이슈이기 때문에, MICE 행사에서 탄소 배출을 과감히 절감해야 하며, 탄소중립 행사 또는 탄소 제로화 행사를 추구해야 한다. MICE 행사 개최 및 사업을 추진할 때 발생하는 환경오염 저감을 위한 자원 및 폐기물 관리, 에너지와 자원 소모 절감 · 효율화도 중요한 이슈로 떠오르고 있다.

사회(S) 측면에서는 MICE 행사 개최 및 사업을 통한 사회공헌, 일자리 창출, 지역관광 활성화 등 지역사회 발전을 위한 내용과 더불어 인권의 향상, 참가자의 개인정보 보호, 사회적 약자 및 문화적 다양성을 고려한 행사의 기획 및 실행이 중요한 이슈로 제기되고 있다.

거버넌스(G) 측면에서는 환경과 사회 가치를 기업이 실현할 수 있도록 뒷받침하는 부분으로 담당자 또는 전담조직 구성, 내 · 외부 인적 역량, 이해관계자의 식별과 참여를 통한 정책

및 목표 수립, 투명하고 신뢰도 높은 MICE 행사 개최 및 사업 운영과 관련된 이슈가 제기되고 있다.3)

MICE산업 ESG 핵심 요소

구분	MICE산업 ESG 핵심 요소	
환경(E)	• 온실가스 및 에너지 • 자원 및 폐기물 관리 • 친환경 교통	• 친환경 숙소 • 로컬푸드 및 친환경 식자재 • 책임 있는 구매·조달 등
사회(S)	• 사회공헌 • 동반성장 • 지역사회 발전	• 지역사회 관계, 일자리 창출 • 공급망 관리 • 지역관광 활성화
거버넌스(G)	• 담당자 • 역량 강화 • 정책 및 목표 수립	• 행사 기획 • ESG 평가 및 확산 • 모니터링 및 정보제공

출처 : 한국관광공사(2022), MICE산업 지속 가능발전을 위한 ESG 운영가이드, p.7

REFERENCE 참고문헌 ▼

사회적가치연구원(2023), 『실무자를 위한 온실가스 배출량 Scope3 측정 가이드북』
윤영혜(2022), 「MICE 분야 ESG 적용의 필요성과 실천방안」, Brunch Story(https://brunch.co.kr)
정선윤 · 이세준 & 김이태(2023), 「컨벤션센터의 ESG 평가지표 표준화 방안 연구」, 『호텔경영학연구』, 32(4): 133–153
한국관광공사(2022), 『KOREA MICE EXPO 2022 지속 가능경영보고서』
한국관광공사(2022), 『MICE산업 지속 가능발전을 위한 ESG 운영가이드』

3) 한국관광공사(2022), 『MICE산업 지속 가능발전을 위한 ESG 운영가이드』

저자 소개

홍성화

email: hotel5757@daum.net

한양대학교 관광학과에서 박사학위를 취득하였고 현재 제주대학교 관광경영학과에 재직 중이다. 제주관광학회장, 제주관광공사 이사, 제주특별자치도 관광협회 이사, 제주컨벤션뷰로 이사직을 역임하였다. 제주 MBC 시사토론 진행자 역할을 수행하였고 산업통상자원부의 대한민국 MICE 대상, 한국관광학회의 한국관광진흥대상 등의 수상경력이 있다.

서광용

제주대학교 관광경영학과에서 박사학위를 취득하였고 관심분야는 MICE산업, 에너지 국제협력, 지방외교, 저탄소관광, 관광커먼즈, 환경경영 등이다. (사)제주관광학회 이사, (사)제주문화관광연구소 총무, 글로벌 EMAS 인증지원 컨설턴트 등 비영리단체에서도 활동하고 있다.

김은미

제주대학교 경상대학 관광경영학과에서 박사과정을 수료하였으며, 미서비스아카데미, (주)휴에듀플랜의 대표로서 리더십, 조직활성화, 소통커뮤니케이션, 직원교육 등 기업교육과 이벤트/전시 및 지역축제기획 그리고 만족도관련 리서치 사업 등도 병행하고 있다.

장미연

제주대학교 경상대학 관광경영학과에서 박사과정을 수료하였으며, 주요 연구분야는 호텔직원의 교육훈련, 관광산업의 지속가능경영이다. 제주테크노파크 인재경영팀 연구원과 제주대학교 LINC 3.0 사업단 부장으로 재직하였으며, 한국ESG경영인증원 수석전문위원으로 지속가능경영 컨설팅 활동을 하고 있다.

김미경

제주대학교 관광경영학과 박사과정을 수료하였으며, 유니크 베뉴, MICE 개최지, FIT 인바운드 관광을 주요 연구 분야로 삼고 있다. 현재 (주)예하DMC 대표이사로서 MICE 행사 운영을 총괄하며, 풍부한 실무경험과 연구를 통해 MICE산업 발전에 기여하고 있다.

저자와의
합의하에
인지첩부
생략

현대 MICE산업의 이해

2025년 8월 5일 초판 1쇄 인쇄
2025년 8월 10일 초판 1쇄 발행

지은이 홍성화 · 서광용 · 김은미 · 장미연 · 김미경
펴낸이 진성원
펴낸곳 (주)백산출판사
교 정 성인숙
본문디자인 오행복
표지디자인 오정은

등 록 2017년 5월 29일 제406-2017-000058호
주 소 경기도 파주시 회동길 370(백산빌딩 3층)
전 화 02-914-1621(代)
팩 스 031-955-9911
이메일 edit@ibaeksan.kr
홈페이지 www.ibaeksan.kr

ISBN 979-11-7385-051-6 93320
값 27,000원